Eckart Peterich · Pierre Grimal
Götter und Helden

Eckart Peterich · Pierre Grimal

Götter
und Helden

Die Mythologie der Griechen,
Römer und Germanen

Albatros

Originalausgabe: © Walter Verlag, 1971
Erweiterte Neuausgabe (Teil I und III) herausgegeben von Harald Ehrhardt:
© Patmos Verlag GmbH & Co. KG, Düsseldorf, 2000

Bibliographische Information der Deutschen Nationalbibliothek
Die Deutsche Nationalbibliothek verzeichnet diese Publikation
in der Deutschen Nationalbibliographie;
detaillierte bibliographische Daten sind im Internet
über http://dnb.d-nb.de abrufbar.

© Bibliographisches Institut GmbH, Dudenstraße 6, 68167 Mannheim, 2011
Alabatros Verlag, Mannheim
Alle Rechte vorbehalten.
Umschlaggestaltung: butenschoendesign.de
Umschlagmotiv: Hera und Prometheus, Wikipedia
Druck: CPI Moravia Books s. r. o., Bměnská 1024, 69123 Pohořelice
Printed in Czech Republic
ISBN 978-3-538-07625-9
www.albatros-verlag.de

INHALT

I. GÖTTER UND HELDEN DER GRIECHEN
von Eckart Peterich

II. GÖTTER UND HELDEN DER RÖMER
von Pierre Grimal (de l'Institut)

III. GÖTTER UND HELDEN DER GERMANEN
von Eckart Peterich

ANHANG

I.
GÖTTER UND HELDEN
DER GRIECHEN

EINLEITUNG

Über anderthalb Jahrtausende sind vergangen, seit das Christentum die antiken Religionen überwunden hat, und immer noch sind die Gedanken und Gestalten, die Märchen und Sagen der antiken Überlieferung allgegenwärtig in der Kultur und Kunst unseres Erdteils. Keinen unserer großen Dichter können wir lesen, keines unserer Museen besuchen, ohne etwa den griechischen Göttern und Helden zu begegnen. Die einst die Unsterblichen hießen, sind im Reiche der Phantasie wirklich unsterblich. Was aber verleiht ihnen solch ewiges Leben? Die Größe und Schönheit ihrer Erscheinungen, die tiefe Lebens- und Weltweisheit, die in ihnen bildhaften Ausdruck fand, die dichterische Kraft, die sie formte und mit immer neuem Zauber auf uns einwirkt, vor allem aber eine geistesgeschichtliche Tatsache, die uns selten ganz bewußt wird: daß der griechische Mythos am Anfang unserer Kultur steht, daß die Geschichte des abendländischen Geistes mit dem Götterglauben der Hellenen beginnt.

Wir wissen, daß die Griechen nach Hellas einwanderten, viele Jahrhunderte bevor die homerischen Gesänge entstanden, die für uns die ältesten schriftlichen Zeugnisse ihrer Religion sind. Die Götter- und Heldensagen, die in der Ilias und der Odyssee erzählt werden, haben nicht die Dichter einer Generation, sondern alle hellenischen Stämme im Ablauf eines langen Zeitraumes geschaffen. Gewiß brachten die Hellenen einen Teil ihrer Gottesvorstellungen schon mit, als sie in ihre neue Heimat kamen; einige davon haben sie mit anderen indoeuropäischen Völkern gemeinsam. Auch die Religionen der nichtgriechischen Urbevölkerung von Hellas und die der Kreter müssen wohl ihre Göttervorstellungen beeinflußt haben, doch wissen wir über diese Zusammenhänge wenig Sicheres. Große Elementargottheiten, wie Gaia, die Erdmutter, Okeanos, der Weltenstrom, Zeus, der Wetter und Himmelsgott, waren in der ältesten Zeit die mächtigsten Göttergestalten; außerdem haben sie, ähnlich wie die Römer, dazu geneigt, rein gedankliche Begriffe wie «Liebe», «Recht», «guten Rat», «rächendes Schicksal» zu vergöttlichen, wodurch Wesen wie Eros, Themis, Metis, Nemesis entstanden. Es liegt also ein Zug zum Abstrakten in dieser frühesten griechischen Religion, aus deren Theologie später die griechische Philosophie hervorgegangen ist. Als die Griechen das Meer kennenlernten, bildete sich bei ihnen aus ihrem uralten Glauben an die Heiligkeit des Wassers eine Religion der Meeresgötter; sie ist bei Homer schon ganz in den Hintergrund getreten. Dionysos scheint mit seinem orgiastischen Wesen ein Fremder unter den Olympiern gewesen zu sein; aber sehr früh ist er völlig zum Griechengott geworden. Wie die Ausgrabungen zeigen, haben die Hellenen der Frühzeit auch einen Totenkult gekannt; vor allem genossen die großen Stammesfürsten nach ihrem Tode göttliche Ehren. Aus den Geschichten, die sich die Nachlebenden von den Wunder- und Heldentaten ihrer göttlichen Vorfahren erzählten, ist die Heroensage entstanden, die wir aus den Epen kennen. In der ältesten Religion der Griechen mag der Glaube an die großen Elementargottheiten und an vergöttlichte Begriffe ziemlich unvermittelt neben einem göttlichen Ahnenkult gestanden haben; im Laufe der Zeit aber vermischten sich diese beiden Glaubenszonen. Während die Heroen, je märchenhafter die Sagen und Gesänge von ihren Taten klangen, immer mehr zu Göttern emporwuchsen, wobei manche ortsheilige Gottheit, die an Bedeutung verloren hatte, Aufnahme in ihren Kreis fand, wurden die eigentlichen, die großen Götter, die bisher fern und unvorstellbar, mehr Gedanken als Gestalten gewesen waren, in der Nachbarschaft der einst gänzlich menschlichen Heroen, immer menschlicher. Nun dichtete man von Helden, die Lieblinge der Götter sind, von Göttern, die mit sterblichen Frauen Helden zeugen. In den homerischen Epen ist diese Mischung bereits vollendet: menschlich, manchmal fast allzu menschlich, treten uns die Götter entgegen; Helden und Heldinnen aber sind von göttlicher Schönheit und Größe. An dieser religiösen Vorstellung, in dem Göttliches und Menschliches miteinander verschmelzen, Diesseits und Jenseits ein einziges Reich werden, haben die Griechen und nach ihnen die Römer bis zum Untergang der Antike festgehalten. Dichtung hatte diese Religion gestaltet. Sie gab der bildenden Kunst das Gesetz, die Götter nach dem Bilde des Menschen zu formen; sie gab dem Drama die Charaktere, sie bestimmte die Bildung der Jugend und dadurch das Wesen des Staates. Ilias und Odyssee wurden zu geradezu kanonischen Büchern der Griechen, weil in ihnen die Welt der olympischen Götter den vollendetsten Ausdruck fand. Vergeblich liefen gewaltige Denker wie Heraklit, Xenophanes, Platon Sturm gegen die homerische, die allzu menschliche Vorstellung von den Göttern; sie blieb bis zum Einzug des Christentums die herrschende.

Wohl verlor, als das Christentum die Oberhand gewann, der antike Mythos seine religiöse Bedeutung ganz; Philosophie, Dichtung und Kunst dienten nun dem neuen Glauben; aber der Mythos lebte weiter, nicht nur weil er der reinste und vollkommenste Ausdruck hellenischen Denkens war, sondern weil vieles, was die Menschen bewegt, gar nicht einfacher, klarer und schöner, großartiger und allgemeingültiger gesagt und gestaltet werden konnte als in der griechischen Sage. Denn sie umfaßt mit ihrem unerschöpflichen Reichtum die ganze Welt: Natur und Menschheit, Kultur und Kunst, Diesseits und Jenseits, das Vergängliche und das Ewige. Jeder der griechischen Götter und Helden ist ein Charakter, ein lebendiges Geschöpf; jede der griechischen Sagen bezeugt tiefe Kenntnis vom Seelenleben der Menschen. Der Mythos enthält Schwänke wie den vom betrogenen Hephaistos, Fabeln wie die von den Eselsohren des Midas, Märchen wie das von Eros und Psyche, grausige Verbrechergeschichten wie die von Prokne und Philomele, Epen wie den Kampf um Troja und die Irrfahrten des Odysseus, Lustspiele wie das von Alkmene, Tragödien wie die von Agamemnon oder von Oidipus, lyrische Erdichtungen wie die von Echo und Narkissos. Wenn der Mythos erzählt, daß Amphion durch den Klang seiner Leier die Steine bewegte, so daß sie sich in harmonischer Ordnung zu den Mauern von Theben zusammenfügten, so ist das Erkenntnis über das Wesen der Kunst. Der Mythos spricht seine eigene Sprache. «Glaukos» heißt «meerblau», und Glaukos ist der Gott der Meeresbläue; «thaumazein» heißt «staunen», und Thaumas heißt der Gott des Erstaunlichen im Meere. Mnemosyne, das Gestalt gewordene Gedächtnis, ist die Mutter der Musen. Eros, die Liebe, ist der Bruder des Anteros, der Gegenliebe; Himeros und Pothos, das Begehren und das Verlangen, begleiten ihn, und Psyche, die Seele, ist seine Geliebte. Und in dieser Sprache, die ihm eigen ist, kann der Mythos alles sagen, was er will, und sagt tatsächlich alles, was die Griechen gedacht, geglaubt, gestaltet haben.

Eine solch reiche komplexe literarische und philosophische Überlieferung mußte nachhaltige Wirkung ausüben. Sie ist in der Tat überall in der abendländischen Kunst und Kultur greifbar. Der ziegengestaltige Pan spuckt als Wasserspeier vom Dach gotischer Kathedralen und, zum Teufel geworden, als Versucher aller Heiligen durch die mittelalterliche Malerei; Botticelli malt der Venus Meergeburt, das Rokoko liebt die Eroten, der Zopfstil Leda mit dem Schwan, Böcklin erdenkt sich eine neue Welt von Nereiden und Waldnymphen. Gluck steigt mit dem mythischen Dichter Orpheus in die Unterwelt hinab, bei Offenbach wird Helena zur Soubrette, und Straussche Musik umrauscht Ariadne auf Naxos. Auf Charons Schiff fährt Dante in die christliche Hölle, Fénelon erzieht seinen «Télémaque», bei Goethe wandelt sich die deutsche Walpurgisnacht schließlich zur klassischen, und die schönste Frau des antiken Mythos, Helena, liebt Faust, die größte Gestalt der deutschen Dichtung. Auch die neueren Lyriker der Deutschen, Däubler und Hofmannsthal und Rilke, leben im antiken Sagenbereich, und in vielen geistigen Zonen, in denen der Mythos schon bedeutungsarm zu werden schien, ist er wieder lebendig und wirksam geworden.

Solange als Bildung ausschließlich humanistische Bildung galt, war die Kenntnis der griechischen Mythologie Allgemeingut. Das ist anders geworden, seit andere Bildungsformen neben dem Humanismus als gleichberechtigt angesehen werden. Dennoch: der Wunsch zu wissen, wer die göttlichen Wesen waren, die noch nach

Jahrtausenden in Kunst und Kultur eine Rolle spielen, ist immer noch lebendig. Nun ist es nicht jedermanns Sache, die umfangreichen wissenschaftlichen Werke durchzuarbeiten, die von der griechischen Religion handeln, zumal sie ohne Kenntnisse mythischer Namen und Ereignisse nur schwer zu verstehen sind. Darum wurde hier die mythologische Überlieferung der Griechen so knapp wie möglich wiedergegeben. Wenn dies dazu beiträgt, die Gedanken und Gestalten, die Märchen und Sagen der Griechen wieder ein wenig bekannter zu machen, so sehe ich den Zweck dieses Buches erfüllt.

DAS REICH DES URANOS

Mein erst Gebet der ersten Zukunftskünderin,
Urmutter Erde.
AISCHYLOS

Im Anfang, so erzählt der Dichter Hesiod in seiner Schöpfungs-
geschichte der Götter, war das Chaos: die Leere, das ungeformte
Nichts. Aus dem Chaos ging Gaia, die Erde, hervor; neben ihr erschien als gestaltende Kraft Eros, die im Kosmos wirkende Fruchtbarkeit. Gaia zeugte aus sich allein Uranos, den Himmel, und
Pontos, das Meer. Dann verband sie sich, von Eros bewegt, zeu-
gend mit beiden. Pontos machte sie zur Mutter eines großen Meer-
götterstammes. Durch Uranos gebar sie die riesigen einäugigen
Kyklopen, die Erfinder der Blitze, und die Titanen, zwölf gewaltige Söhne und Töchter, Väter und Mütter späterer Göttergeschlechter. Unter den Titanen sind die größten: Okeanos, der Ur- und Weltenstrom, der die ganze Erde umfließt, und seine Gattin Tethys,
die nährende Feuchtigkeit, die Eltern aller Quellen und Flüsse;
Hyperion und Theia, zwei Lichtgestalten, Erzeuger von Sonne,
Mond und Morgenröte, Themis, das Naturgesetz, die Gerechtigkeit, und Mnemosyne, das Gedächtnis, große göttliche Mächte der
Weltordnung; Kronos und Rhea, die Uranos und Gaia in der
Weltherrschaft folgen sollten. Denn im Anfang war Uranos der
höchste Gott. Da ihm seine eigenen Geschöpfe, die Kyklopen, zu
mächtig wurden, warf er sie in den Tartaros, die finsterste und
fernste Unterwelt. Gaia aber forderte die Titanen auf, die gefangenen Brüder zu befreien. Nur der jüngste von ihnen, Kronos, wagte den Kampf. Die Erde ließ in ihren Tiefen das erste Eisen wachsen, schmiedete eine Sichel daraus, und mit dieser Waffe ent-
mannte Kronos den Vater. Aus dem Blute des Uranos gingen die
Erinyen, die Göttinnen der Blutrache, hervor, auch die gewaltigen
Giganten, ein den Titanen ähnliches Geschlecht bewaffneter
Riesen. Kronos aber wurde durch dieses Verbrechen König über
die Schöpfung.

DER TITANENKAMPF

Die wilde Jugend, vertrauend auf grausige
Kraft ihrer Arme, erschreckte sogar den Zeus
Gewaltig, als sie versuchte, den Pelion
Auf den schatt'gen Olymp zu türmen.

HORAZ

Der fallende Uranos hatte dem Kronos vorausgesagt, daß einst
auch ihn einer seiner Söhne entthronen werde. Darum verschlang
der Gott gleich nach der Geburt alle Kinder, die er mit Rhea gezeugt hatte: die Söhne Hades und Poseidon, die Töchter Hestia,
Demeter und Hera. Um nun Zeus, ihren Letztgeborenen, vor dem
Schicksal seiner Geschwister zu bewahren, verbarg ihn Rhea auf
dem kretischen Berge Ida und ließ Kronos statt des Kindes einen in
Windeln gewickelten Stein verschlingen. In einer Höhle wuchs der
göttliche Knabe auf; Nymphen erzogen ihn, Bienen nährten ihn
mit ihrem Honig; er trank die Milch der Ziege Amaltheia, und
wenn er schrie, machten die Kureten, die Priester seiner Mutter,
einen großen Lärm, damit Kronos das Versteck seines Sohnes nicht
entdecke. Als Zeus aber erwachsen war, zog er gegen den Vater,
zwang ihn, seine unsterblichen Brüder und Schwestern wieder aus-
zuspeien, und entfesselte im Bunde mit ihnen den Titanenkampf
um die Weltherrschaft, in dem ein Teil der Titanen auf seiner Seite
focht, ein anderer dem Kronos beistand. Doch Zeus befreite die
Kyklopen aus der Unterwelt; der Blitz, den sie für ihn schmiedeten,
wurde seine Waffe, der Olymp, Griechenlands höchster Berg, seine
Burg, der Othrys die Feste des Kronos, Thessalien das Schlachtfeld.
Felsen und ganze Berge schleuderten die riesigen Kämpfer; bis in
die Tiefen des Tartaros hallte die Schöpfung wider vom Tosen dieser Schlacht. Kronos unterlag, und Zeus gewann die Weltherrschaft. Er teilte sie mit seinen Brüdern, gab Hades die Unterwelt,
Poseidon das Meer und behielt sich selbst als Sitz und Thron der
obersten Gewalt den Himmel vor. Doch die neue Ordnung der
Dinge war noch nicht befestigt. Zeus hielt die Titanen gefangen, die

gegen ihn gefochten hatten. Um sie zu befreien, gebar Gaia den hundertköpfigen, feuerspeienden Typhon. Zeus aber schlug den Drachen nach erderschütterndem Ringen mit seinem Blitz und warf ihn in den Tartaros. Dann mußte er noch eine Gigantenschlacht bestehen; denn diese Riesen, von Gaia angestachelt, versuchten den Himmel zu erobern, indem sie die Berge Olymp, Ossa und Pelion wie Sturmleitern aufeinandertürmten. Zeus siegte auch in diesem Kampf. Von da an war seine Herrschaft unbestritten. Auf dem Olymp erbaute Hephaistos die Paläste der Götter. Dort leben sie in ewiger Jugend und erfreuen sich an Nektar und Ambrosia, dem Trank und der Speise, die ihnen die Unsterblichkeit erhalten.

ZEUS

Gütiger Zeus, ich bewundere dich, denn allem gebeutst du,
Und mit der Ehre vereinst auch du die höchste Gewalt;
Tief auch kennst du der Menschen Gemüt und jedes Gesinnung,
Doch ragt deine Gewalt, König, vor jeder hervor.
Aber warum doch erträgt dein Sinn, o Kronide, daß Frevlern
Ganz du das nämliche Los wie den Gerechten bescherst?
THEOGNIS

Zeus, als Sohn des Kronos auch der Kronide genannt, ist der mächtigste der Götter. Wenn er die Aegis schüttelt, jenen gewaltigen Schild, den Hephaistos aus dem Fell der Ziege Amaltheia für ihn gefertigt hatte, dann bewegt er die Wolken, erregt die Gewitter, löst den Donner und schleudert seine furchtbarsten Waffen, die Blitze. Denn er ist vor allem ein Gott des Himmels; auf Berggipfeln, um die sich die Wetter sammeln, wird er verehrt. In ihm liegt aber auch die höchste Weisheit der Welt: die Harmonie der himmlischen Dinge, Ordnung und Gesetzmäßigkeit auf Erden. Sterbliche und Unsterbliche sind ihm untertan, und er wägt die Geschicke der Menschen auf goldener Waage. Er wacht über die Familie und die Ratsversammlung. Von ihm, dem König der Könige, empfangen die

Herrscher ihre Macht, und er straft den Mißbrauch dieser Macht. Als Zeus Horkios schützt er die Heiligkeit des Eides, als Zeus Xenios die Heiligkeit des Gastrechtes; als Zeus Eleutherios ist er der Urheber der Völkerfreiheit. Da er um die Zukunft aller Wesen weiß, ist er die mächtigste aller Orakelgottheiten. Im Gewitter, im Vogelflug und in Träumen, im Rauschen des Eichenhaines von Dodona, wo sein ältestes Heiligtum stand, gibt er seinen Willen kund. Sein Lieblingssohn ist Apollon, der wahrsagende Gott. Auch in Olympia, wo man Zeus zu Ehren alle vier Jahre die Olympischen Spiele feierte, wurde er als Orakelgottheit verehrt. In der Gestalt eines Adlers, der sein heiliges Tier ist, entführte er Ganymedes, den schönen Sohn des Trojanerkönigs Tros, und machte ihn zum Mundschenk der Götter. Hera, seine Schwester, ist seine Gemahlin, und mit ihr zeugte er Ares, Hephaistos, Hebe; doch ohne Zahl sind seine sterblichen und unsterblichen Geliebten. Denn Zeus, der Erzeuger und Schöpfer, ist auch der fruchtbarste Vater. In göttlicher und menschlicher Gestalt, als Tier, als goldener Regen nähert er sich den Frauen, die er begehrt; gewaltige Götter, Göttinnen und Helden sind seine Kinder, und noch in später Zeit glaubte man von Alexander dem Großen, daß er ein Sohn des Zeus gewesen sei.

HERA

Von Hera singe ich, der goldenthronenden, der Rhea Kind. Sie herrscht über alle Unsterblichen; schöner ist sie als alle Götter, die Schwester und Gattin des lautdonnernden Zeus.
HYMNOS

Hera ist die höchste der Göttinnen, die Königin des Himmels. Wie Zeus herrscht sie über Wolken und Wetter, wie er greift sie ordnend und richtend ein in das Dasein der Menschen. Sie wacht vor allem über das Leben der Frauen, beschützt Mutterschaft, Geburt. Gemahlin des Zeus zu sein, ist ihre vornehmste Bestimmung. Aber etwas Hartes und Unerbittliches liegt in ihrem Wesen. Ihre Söhne, die nicht von Zeus stammten, hat sie nie wirklich anerkannt. So schleuderte sie etwa ihren neugeborenen Sohn Hephaistos, weil er häßlich war, vom Olymp zur Erde hinab. Alle, die die heiligen Gesetze der Ehe brechen, Sterbliche und Unsterbliche, trifft ihr Haß, am meisten die Geliebten ihres Gatten und deren Kinder. Ihre Hochzeit mit Zeus galt den Griechen als die mythische Ursache jeglicher Fruchtbarkeit bei Pflanzen, Tieren und Menschen. Mit Opfern und Hochzeitszeremonien haben die Menschen diese heilige Verbindung gefeiert. Heras berühmteste Kultstätten waren die Heraien bei Mykenae und auf der Insel Samos. Argos, um dessen Besitz sie mit Poseidon gerungen, ist ihr heiliges Land. An manchen Orten ehrte man die Mutter des Kriegsgottes Ares mit Waffenspielen, und wie kriegerisch sie selbst fühlte, zeigt die Leidenschaftlichkeit, mit der sie im Krieg gegen Ilion die Trojaner verfolgte, weil Paris den Preis der Schönheit nicht ihr, sondern der Liebesgöttin zuerkannt hatte. An manchen Orten wurde sie zusammen mit ihrer Tochter Hebe, der Göttin ewiger Jugend, verehrt, die, wie die unverheirateten Töchter in den Häusern der Heroenzeit, als Mundschenkin an der Tafel der Göttin diente.

ATHENA

Göttin der Burg, o Pallas, du
Schirmerin dieses heiligsten,
Dieses an Ruhm, an Kriegsgewalt,
An Poesie, an jeder Macht
Herrlich begabten Landes,
Eile daher.
ARISTOPHANES

Athena, mit einem anderen Namen Pallas genannt, ist die Tochter des Zeus und der Metis, des Gestalt gewordenen guten Rates. Als Metis schwanger war, verschlang Zeus seine Geliebte; denn auch er fürchtete wie Kronos, daß ihn einer seiner Nachkommen vom

Athene · Tetradrachme (Paris, Cabinet des médailles)

Dionysos und der kelternde Silen · Attische Vase (Basel, Antikenmuseum)

Thron stoßen könne. Aber das unsterbliche Kind wurde dennoch geboren, Athena entsprang in kriegerischer Rüstung dem Haupte des Zeus: die Gestalt gewordene Weisheit ihres Erzeugers. Bei ihrer Geburt geriet die gesamte Natur in Bewegung, die Erde erbebte, die Sonne blieb in ihrem Laufe stehn. Wie der Himmel, dessen Tochter Athena ist, finster und sturmbewegt oder still und leuchtend sein kann, liegt im Wesen der Göttin zugleich kriegerische Kraft und ruhig strahlende Weisheit. Die Eule ist ihr heiliges Tier. Diese Kriegsgöttin, die auch Promachos, die Vorkämpferin, heißt, ist nicht gewaltsam wie der Kriegsgott Ares; Kriegslist und politische Klugheit lehrt sie die Helden, die sie beschützt; der schlaue Odysseus ist ihr Liebling. Ihr erfinderischer Verstand erdachte den Kriegswagen, die Kriegstrompete, aber auch Flöte, Pflug und Webstuhl. Und die Göttin ist so stolz auf ihre Webekunst, daß sie Arachne, eine Sterbliche, die darin mit ihr wetteifern wollte, zur Strafe in eine Spinne verwandelte. Sie beschützt das Handwerk, die Künste, die Wissenschaften, als Athena Polias das Leben der Städte und vor allem die Stadt der Künste, Athen. Die athenische Akropolis war ihrem Kult geweiht; Attika, um das sie mit Poseidon im Wettstreit lag, ist ihr heilig. Denn Zeus hatte den Besitz Attikas der Gottheit versprochen, die der Landschaft das nützlichste Geschenk machen könne. Poseidon schenkte das Pferd, Athena aber den Ölbaum und siegte. Im Erechtheion auf der Akropolis zeigte man diesen ersten Ölbaum und eine Spur des poseidonischen Dreizacks, den der Gott im Zorn über seine Niederlage in den Burgfelsen gestoßen hatte. Im Parthenon wurde Athena als Parthenos, das heißt die Jungfrau, verehrt. Auf der Brust trägt sie die schildartige Aegis mit dem Haupt der Medusa. Weil Medusa, eine Sterbliche, gewagt hatte, sich an Schönheit mit ihr zu vergleichen, verwandelte sie das Mädchen in ein Ungeheuer mit Schlangenhaaren und entsetzlichen Augen, deren Blick alles versteinert. Perseus, von Athena beraten und beschützt, trennte dies Haupt vom Rumpf und brachte es der Göttin.

APOLLON

Ihn hörete Phoibos Apollon.
Schnell von den Höhn des Olympos enteilet' er, zürnenden Herzens,
Auf der Schulter den Bogen und rings verschlossenen Köcher.
Laut erschollen die Pfeile zugleich an des Zürnenden Schulter,
Als er einher sich bewegt'; er wandelte düster wie Nachtgraun.

HOMER

Als Leto, die Geliebte des Zeus, schwanger ging mit den Zwillings-
geschwistern Apollon und Artemis, irrte sie, umhergetrieben von
der eifersüchtigen Hera, lange von Land zu Land, bis sie am Berge
Kynthos auf der schwimmenden Insel Delos eine Stätte fand, an
der sie die Kinder zur Welt bringen konnte. Delos, das Poseidon
nun mit gewaltigen Säulen am Meeresgrund befestigte, wurde von
da an ihr und ihrer Kinder heiliges Land. Ihr Sohn Apollon ist ein
lichter Gott; Phoibos heißt er, der Reiniger, der Strahlende. Mit seinem Bogen versendet er Verderben bringende, lautlose Pfeile. Sie
vernichten schädliches Getier: Mäuse, Heuschrecken und die her-
denbedrohenden Wölfe. Sie überwinden dunkle Mächte der Erde
wie den erdgeborenen Giganten Tityos, der die Leto begehrte, oder
die erdgezeugte Schlange Python, die die Ebene von Krissa in der
Umgebung von Delphi heimsuchte. Und furchtbar treffen sie die
Feinde des Gottes: neun Tage schleuderte er mit ihnen die Pest in
das Lager der Griechen vor Troja, die seinen Priester Chryses beleidigt hatten. Doch Apollon kann auch Krankheit heilen, und kann
von schwerer Schuld reinigen. Sein Licht durchdringt das Dunkel
der Zukunft, und den Willen seines Vaters Zeus verkündet er in
seinem delphischen Heiligtum durch den Mund der Pythia. Sie sitzt
auf goldenem Dreifuß über einem Erdspalt, dem berauschende
Dämpfe entströmen, und murmelt, von diesen Dämpfen wunderbar erregt, dunkle Worte, die dann von Priestern gedeutet werden.
Als religiöser Gesetzgeber der griechischen Staaten und ihrer Kolonien hat der delphische Gott über Hellas geherrscht, anfeuernd,
mahnend, ordnend; seine große, reine, unnahbare Gestalt ist den

Hellenen eine der heiligsten geworden. Ein anderes Heiligtum des Gottes stand zu Amyklai. Dort hatte er beim Wettspiel versehentlich mit dem Diskos seinen Liebling Hyakinthos getötet, aus dessen Blut die dunkle und unheimliche Blume entsproß, die die Griechen nach diesem schönen Knaben genannt haben. Auch als Gott der Musik und der Dichtung wurde Apollon verehrt; er spielt die Kithara im Kreise der Götter, führt den Chor der Musen an. Heilig ist ihm der Lorbeer; und in einen Lorbeerstrauch verwandelte sich die scheue Nymphe Daphne, um sich dem Gott zu entziehn, der sie mit seiner Liebe verfolgte.

ARTEMIS

Wohnen will ich in den Bergen, und in die Städte der Menschen
Misch' ich mich nur, wenn Weiber gequält von schmerzenden Wehen
Meine Hilfe erflehn.
KALLIMACHOS

Artemis ist die Göttin der freien Natur, eine gewaltige Jägerin. Wie ihr Zwillingsbruder Apollon führt sie den Bogen und goldene Pfeile, vor denen Meer und Erde erzittern. Begleitet von Jagdhunden und dem Gefolge lieblicher Nymphen, durchstreift sie Wälder und Berge und stellt dem Wilde nach. Schön ist dies göttliche Mädchen, schlank und von hohem Wuchs, eine Beschützerin der Tiere, der kleinen Kinder, der gebärenden Frauen; doch kann sie auch grausam und unerbittlich sein. Den Orion, der sich mit ihr in den Künsten der Jagd messen wollte, tötete sie mit einem Pfeilschuß. Den Aktaion, der es wagte, die jungfräuliche Göttin beim Bad zu überraschen, verwandelte sie in einen Hirsch, so daß ihn seine eigenen Hunde zerrissen. Denn Artemis ist auch die Göttin der Reinheit und der Keuschheit. Zu ihr beten die Jungfrauen vor der Hochzeit. Unter den Namen Diktynna oder Britomartis galt sie auf Kreta auch als Gottheit der Fischer; denn ein Fischer fing sie in seinem Netze auf, als sie sich von hohem Felsen ins Meer stürzte, um den Verfolgungen des Kreterkönigs Minos zu entgehen. Gemeinsam mit Leto und Apollon wurde Artemis auf Delos, der Insel ihrer Geburt, verehrt. Der Göttin der Jagd, der Pflegerin des Wildes und der Herden widmete das Hirtenland Arkadien einen besonderen Kult. Der Artemis mit dem Beinamen Orthia wurden in früher Zeit Menschenopfer dargebracht, vor allem zu Brauron in Attika und zu Sparta. Ein Brauch der Spartaner, Knaben am Festtag der Göttin bis aufs Blut zu peitschen, erinnerte daran. Ein uraltes Kultbild der Artemis, das man zu Ephesos verehrte, zeigte sie in seltsamer Gestalt: wie ein Muttertier mit zwei Reihen schwellender Brüste bedeckt. Es stand noch zur Zeit des Paulus in so hohem Ansehen, daß das Volk mit dem Ruf «Groß ist die Artemis der Epheser!» gegen die Predigt des Apostels aufstand.

ARES

Doch sie wich und erhob mit nervichter Rechte den Feldstein;
Hiermit traf sie des Wüterichs Hals und löst' ihm die Glieder.
Sieben Hufen bedeckt' er im Fall und bestäubte das Haupthaar;
Und ihn umklirrte das Erz. Da lächelte Pallas Athena.

HOMER

Ares ist der Gott des Krieges. Homer sagt, nichts erfreue ihn so sehr wie wildes Kampfgeschrei und das Getümmel der Schlacht. Bewaffnet von Kopf bis Fuß, die mächtige Lanze schwingend, auf dem Haupte den Helm mit dem wehenden Busch, stürmt er über das Schlachtfeld und sät Tod und Vernichtung. Enyo, das Verderben, Deimos, die Furcht, Phobos, der Schrecken, Eris, der Streit, die Keren, furchtbare Göttinnen des Schlachtentodes, sind seine Begleiter. Seine Wildheit und Gewalttätigkeit ist allen Göttern, sogar seinem Vater Zeus verhaßt. Daß aber im Kriege rohe Kraft nicht das Höchste ist, daß Umsicht und Klugheit Höheres wirken, zeigt die Erzählung von den Siegen, die Athena über Ares erfocht. Als der Kriegsgott, von Diomedes, einem Kämpfer vor Troja, verwundet niederstürzte, bedeckte sein Leib eine Fläche von sieben Bauerngütern, und sein Schrei war so laut wie der Schlachtruf eines ganzen Heeres. Ares ist der Vater der kriegerischen Amazonen. Seine Söhne sind Verbrecher wie der Thrakerkönig Diomedes, der seine Pferde mit Menschenfleisch fütterte, oder wie der König Phlegyas, der, weil seine Tochter Koronis sich dem Apollon hingegeben, dessen Tempel anzündete und darum von dem Gotte getötet wurde. Die Athener sahen in Ares den Gründer ihres Blutsgerichtshofes, der nach ihm Areopag hieß. Den wilden, kriegerischen Thrakern galt der Kriegsgott als der höchste der Götter. In der Odyssee wird erzählt, wie der Sonnengott, dessen Licht alles Verborgene erhellt, Ares und Aphrodite bei einer geheimen Zusammenkunft überraschte und die beiden dem Hephaistos, dem Gatten der Liebesgöttin, verriet. Der Gott des Feuers eilte herzu, fesselte die Liebenden, die sich fest umschlungen hielten, in einem Netz von unsichtbaren Maschen und rief die Olympier zusammen, die das gefangene Paar mit ihrem Spott überschütteten. Ares und Aphrodite, der stärkste Gott und die schönste Göttin, zeugten Harmonia, den Gestalt gewordenen Zusammenklang; sie wurde die Mutter des thebanischen Königsgeschlechtes.

HEPHAISTOS

Aber Hera gebar aus sich, ohne Zeus, dem sie grollte,
den berühmten Hephaistos, der in allen Gewerben
der geschickteste ist von den Söhnen des Himmels.
HESIOD

Hephaistos ist der Gott des Feuers. Hinkend kam er zur Welt, und da Hera sich des mißgestalteten Kindes schämte, schleuderte sie es vom Olymp ins Meer hinab. Aber die Okeanostöchter Eurynome und Thetis retteten es und erzogen es in einer verborgenen Grotte. Um sich an seiner Mutter zu rächen, sandte ihr der kunstfertige Hephaistos einen goldenen Thron mit unsichtbaren Fesseln, von dem sie nicht wieder aufstehen konnte, bis er selbst, von Dionysos trunken gemacht und in den Olymp zurückgeführt, die Himmelskönigin befreite. Nach einer andern Sage war es Zeus, der den Sohn in die Tiefe stürzte, weil dieser in einem Streit zwischen seinen Eltern für Hera Partei ergriffen hatte. Einen ganzen Tag dauerte dieser Sturz, dann fiel der Gott auf die Insel Lemnos, deren Bewohner, die Sintier, ihn gesundpflegten. Hephaistos ist auch der Gott der Schmiede. Im Innern vulkanischer Berge liegen seine Werkstätten: im Mosychlos auf Lemnos, wo die Kabiren seine Gesellen und Priester sind; im Ätna wo ihm die Kyklopen bei der Arbeit helfen. Bearbeitung der Metalle, Erzguß, Kunsthandwerk haben die Menschen von ihm gelernt; Aegis und Zepter des Zeus, der Dreizack des Poseidon die Waffen des Achilleus sind seine Werke.

ASKLEPIOS

Gebüßt hat der eine, der Tote zum Licht
zu führen verstand,
durch Zeus mit dem eigenen Leben.
AISCHYLOS

Asklepios, ein Sohn des Apollon und der Koronis, ist der Gott der Gesundheit, der Heilung, der Medizin. Als Koronis das göttliche Kind schon unter dem Herzen trug, wollte sie einem andern Mann ihre Liebe schenken, doch ein Rabe verriet dem Gott ihre Untreue. Da fluchte Apollon dem Unglücksboten, so daß er für alle Zeiten schwarz wurde, und Artemis tötete mit ihren fernhintreffenden Pfeilen die Geliebte des Bruders. Der aber entband die Tote und brachte den Asklepiosknaben zu dem Kentauren Chiron, einem Meister in der Heilkunst. So vollkommen lernte Asklepios diese Kunst, daß er es schließlich wagte, einen Toten zum Leben zu erwecken. Doch Zeus strafte den Übermut und vernichtete den Heilsgott mit seinem Blitz. Um den Sohn zu rächen, tötete Apollon

die Kyklopen, die Erfinder des Blitzes; als Sühne für diese Tat mußte der gewaltige Gott eine Zeitlang dem thessalischen König Admetos als Hirte dienen. Das berühmteste Heiligtum des Asklepios
stand zu Epidauros. Dort verehrte man neben ihm auch seine
Tochter Hygieia, eine Göttin der Gesundheit.

HERMES

Denn sie gebar einen Sohn, einen listenreichen, einen schmeichlerischen
und schlauen, einen Räuber, einen Viehtreiber, einen Bringer
der Träume, der in den Nächten wacht, einen Dieb an den Pforten,
dazu bestimmt, bald unter unsterblichen Göttern viele herrliche
Taten zu tun.
HYMNOS

Hermes, Sohn des Zeus und der Pleiade Maia, wurde in einer
Höhle des arkadischen Berges Kyllene geboren. Gewandtheit und
Schlauheit sind die Grundzüge seines vielgestaltigen Wesens. Am
Morgen zur Welt gekommen, schlüpft er schon am Mittag aus den
Windeln, fertigt aus dem Schild einer Schildkröte die Lyra, spielt
und singt; gegen Abend wandert er dann nach Pierien, wo Apollon
die Herden der Götter hütet, stiehlt fünfzig Kälber, verbirgt sie und
kehrt, bevor es Nacht wird, still und unbemerkt auf die Kyllene
und in seine Wiege zurück. Zwar sagt ihm Apollon den Diebstahl
auf den Kopf zu; aber der Hermesknabe leugnet so geschickt, daß
der allwissende Zeus den Streit entscheiden und Hermes befehlen
muß, die Tiere herauszugeben. Da beginnt der junge Gott zu spielen und zu singen, und als Apollon diese bezaubernde Musik hört,
tauscht er die Lyra gegen die gestohlenen Kälber ein. Enge Freundschaft verband von da an die beiden: den Gott des praktischen Ver-
standes und den Gott des hohen, wahrsagenden Geistes. Von Apollon erhielt Hermes jenen Herolds- und Zauberstab, der Wohlstand
und Gedeihen verbreitet: das dreiteilige Kerykeion. Hermes ist der
Bote der Götter. Als Vollstrecker ihrer Befehle durcheilt er auf ge-

flügelten Schuhen Länder und Meere. Er bringt den Schlaf und die Träume, die von Zeus kommen, geleitet die Seelen der Toten in die Unterwelt. Als Hirtengott segnet er die Fruchtbarkeit der Herden; als Gott der Geschicklichkeit und List beschützt er Geschäft und Handel, die Sicherheit der Straßen, die Reisenden. Sein Bild, die Herme, steht an Wegkreuzungen, dient oft als Wegweiser. Die Diebe nennen Hermes, der die Herden der Götter stahl, ihren Patron. In Palästren und Gymnasien opferte man ihm als dem Gott der gymnastischen und rhetorischen Gewandtheit. Auch scheint er eine Wind- und Wettergottheit gewesen zu sein; denn ein Hymnos erzählt, er sei wie herbstliche Lüfte oder wie Nebel durch ein Schlüsselloch geschlüpft.

APHRODITE

Goldenthronend göttliche Aphrodite,
Kind des Zeus, listspinnendes, hör mein Flehen!
Nicht durch Schmach und bitteres Leid, o Hohe,
Beuge den Stolz mir.
SAPPHO

Aphrodite ist die Göttin der Liebe und Schönheit. Homer nennt sie eine Tochter des Zeus und der Okeanostochter Dione, die in Dodona als Gemahlin des Göttervaters verehrt wurde; doch wissen spätere Sagen von einer anderen, geheimnisvolleren Geburt: bei der Insel Kythera ging sie aus dem Schaume der Meereswellen hervor und stieg bei der Insel Kypros zuerst ans Land. Darum heißt sie auch Anadyomene, die Emporgetauchte, und Kypris, die Kyprierin. Der kunstvolle Hephaistos war ihr Gatte, der gewaltige Ares ihr Geliebter. Leidenschaftlich liebte Aphrodite den wunderschönen Adonis, den ein wilder Eber zerriß, so daß er hinab mußte ins Reich der Toten. Flehentlich bat sie Zeus, ihr den Jüngling zurückzugeben; aber Persephone, die Königin der Schatten, war in Liebe zu Adonis entbrannt, und da sie nicht von ihm lassen wollte, bestimmte Zeus, daß er einen Teil des Jahres bei ihr in der Unterwelt, den andern aber im Sonnenlicht bei der Liebesgöttin verbringen solle. In Aphrodites mächtiger Hand liegt das Liebesschicksal der Menschen. Ein großes, herrliches Gefolge begleitet sie: ihre Söhne Eros und Anteros, die sie mit Ares gezeugt; Hymenaios, der Gott der Hochzeit; Phosphoros und Hesperos, der Morgen- und der Abendstern; die Chariten und die Horen. Die Chariten Aglaia, Euphrosyne und Thalia, drei Töchter des Zeus und der Okeanide Eurynome, sind die Göttinnen alles Lieblichen, Schönen, Entzückenden. Im Chor mit Apollon und den Musen singen und tanzen sie bei den Festen der Unsterblichen. Drei Schwestern sind auch die Horen, Töchter des Zeus und der Titanin Themis, die die Götterversammlung beruft. Homer nennt die Horen Pförtnerinnen des Himmels, dessen Tore sie mit Wolken verschließen. An manchen Orten wurden sie als Gottheiten der Jahreszeiten, der Blüte, des Wachstums und des Fruchtbringens verehrt; bei Hesiod aber tragen sie die Namen: Eunomia, Dike und Eirene, die Ordnung, das Recht und der Friede.

HELIOS

Helios, der Hyperionide,
Stieg nun wieder in die goldne Schale,
Um, den stillen Ozean durchschiffend,
Heimzukehren zu der heil'gen Tiefe
Dunkler Nacht, wo sein die holde Gattin,
Wo die Mutter und die Kinder harren.
STESICHOROS

Helios, Sohn des Hyperion und der Theia, ist der Sonnengott und zugleich der Gott des Lichtes, das alles durchdringt und sieht und daher alle guten und bösen Taten kennt und Unrecht an den Tag bringt. Helios kann Blindheit heilen, aber auch Schuldige mit Blindheit schlagen. Er ist Symbol des Lebens und verkörpert schöpferische Lebenskraft. In einem Wagen, den vier feurige Rosse ziehn, steigt er am Morgen über dem Land der Äthiopier auf, umkreist in regelmäßiger Fahrt die Himmelskuppel und taucht am Abend im Okeanos unter. In der Nacht fährt er dann auf einer goldenen Schale, die Hephaistos gefertigt hatte, nach Äthiopien zurück, wo sein prächtiger Palast steht. Als Herakles durch die libysche Wüste zog, um die Herden des Geryoneus zu rauben, brannten ihn die Strahlen der untergehenden Sonne so heftig, daß er aus Ärger darüber den Sonnengott mit seinen Pfeilen bedrohte. Voll Staunen über diese Kühnheit lieh ihm Helios die goldene Schale, mit der Herakles den Okeanos überquerte und zu Geryoneus gelangte. Heilig ist dem Sonnengott vor allem die Insel Rhodos, wo sein Bild, der rhodische Koloß, mit gespreizten Beinen über der Hafeneinfahrt stand. Mit Perseis, seiner Gattin, zeugte Helios den Aietes, König im Zauberland Kolchis, und die Zauberin Kirke. Auf der Insel Thrinakia hüten seine Töchter, die Nymphen Phaethusa und Lampetie, sieben Rinder- und sieben Schafherden, jede von fünfzig Stück. Die Zahl der Tiere mindert oder mehrt sich nie; sie bedeuten vielleicht die Tage des Sonnenjahres, das ursprünglich in fünfzig Wochen zu je sieben Tagen und sieben Nächten eingeteilt wurde. Phaethon, der Sohn des Helios, bat seinen Vater einmal, er möge ihm das Sonnengespann für einen einzigen Tag anvertrauen. Helios willigte ein, aber Phaethon, der die feurigen Pferde nicht meistern konnte, kam auf der Himmelsfahrt der Erde so nahe, daß furchtbares Unglück geschah. Berge gingen in Flammen auf, Libyen trocknete zur Wüste aus, die Äthiopier wurden schwarz gebrannt, und der Nil verbarg seine Quellen. Da tötete Zeus den Phaethon durch seinen Blitz; flammend stürzte er in den Eridanos, einen Strom im hohen Norden. An den Ufern dieses Flusses beweinten ihn seine Schwestern Aigle, Phaethusa und Lampetie, bis ihre Tränen zu Bernstein erstarrten, sie selbst aber in Pappeln verwandelt wurden.

MOND UND MORGENRÖTE

Die Luft, unerhellt zuvor, glüht vom Licht ihrer goldenen Krone,
und ihre Strahlen scheinen klar, wann immer die leuchtende Selene,
nachdem sie ihren lieblichen Leib gebadet in des Ozeans Flut und ihre
fernhin schimmernde Kleidung angetan und angeschirrt ihr stark-
nackiges Gespann, ihre langmähnigen Rosse lenket zu voller Fahrt.

HYMNOS

Wenn am Abend der Sonnenwagen im Westen untergegangen ist,
steigt Selene, die Mondgöttin, mit ihrem Gefährt, das zwei herrliche weiße Rosse ziehn, im Osten empor und umkreist den Nacht-
himmel. In jenen stillen Stunden schleicht sie sich zum schönen
Endymion, ihrem Geliebten, der in einer Höhle des Berges Latmos
einen ewigen Schlaf schläft. Eos, die Morgenröte, Selenes schöne
Schwester, fährt mit ihren Pferden Lampos und Phaethon, dem
Glanz und dem Funken, dem Wagen des Sonnengottes voraus, um
der Welt das erste Licht zu bringen. Rosig sind ihre Finger und ihre
Arme, ihre strahlende Gestalt ist in einen goldenen Mantel gehüllt.
Ihr Gatte ist Astraios, der Sternenmann. Ihre Geliebten sind Kepha-
los, den die Jagdlust zur Zeit der Morgenröte in die Berge lockte,
der Jäger Orion, dessen Sternbild am Morgenhimmel steht, und
der Trojanerkönig Tithonos. Für Tithonos erbat und erhielt sie von
Zeus die Unsterblichkeit; aber sie vergaß, auch die ewige Jugend für
ihn zu erbitten, so daß der König immer älter, immer kleiner und
wesenloser wurde, bis nur noch seine Stimme übrig blieb und er zu
einer zirpenden Zikade zusammenschrumpfte. Mit Tithonos zeugte Eos den Äthiopierkönig Memnon. Als Achilleus Memnon tötete, weinte Eos ewige Tränen um ihn: den Tau. Da sich die Winde
bei Sonnenaufgang erheben, sind sie die Söhne der Eos mit
Astraios, der Morgenröte vom Sternenhimmel. Boreas, der Nord-
wind, ist der gewaltigste unter ihnen, ein Mädchenräuber, der
Oreithyia, die Tochter des Erechtheus, entführte und mit ihr die
Boreaden Kalais und Zetes zeugte. Wild ist auch Notos, der Süd-
sturm, mild dagegen Zephyros, der West, ein Bote des Frühlings.

Die Winde sind im rauhen Thrakien daheim oder auf der Insel Aiolia, wo ihr König Aiolos sie in einer Höhle gefangen hält. Wenn die Götter es befehlen, öffnet er diesen Felsenkerker, und die Winde stürzen sich auf die Erde. Eine Lichtgöttin wie Selene und Eos ist Iris, der Regenbogen, der Erde und Himmel verbindet, darum die Botin der Götter. Silberne Tautropfen, in denen sich das Licht irisierend widerspiegelt, sind ihr Gewand. Wie Hermes trägt sie das Kerykeion und steigt zur Erde, bis in die Tiefen der See, sogar zu den Wassern der höllischen Styx hinab, um den Willen der Himmlischen zu verkündigen oder zu vollstrecken.

DIE STERNE

Der schöne Chor der Sterne tanzt
Am Olympus dir, dem Könige, Reihentanz,
Entzückt von der phöbeischen Leier Klang.
MESOMEDES

Der Planet, der den Namen der Liebesgöttin trägt, leuchtet uns als Abend- und Morgenstern, und darum gehören auch zum Gefolge der Aphrodite der Morgenstern Phosphoros, ein Jüngling, den die Göttin wegen seiner großen Schönheit entführte, und der Abendstern Hesperos, der in ihrem Auftrag die Hochzeitszüge der Menschen geleitet. Unter den Fixsternbildern leuchtet der gewaltige Riese Orion. Als Morgensternbild des Sommers ist er der Geliebte der Morgenröte, als Sternbild, das im Winter die ganze Nacht über den Himmel beherrscht, der wilde Jäger, der sich mit Artemis in den Künsten der Jagd messen wollte und darum von ihr getötet wurde. Bis zu den goldgegürteten Hüften steht er im Meer. Sirios, der hellglühende Stern, der die Sommerglut ankündigt, ist sein Jagdhund; die Pleiaden, ein Schwarm schüchterner Tauben, fliehen vor ihm, und die Bärin schaut sich unverwandt und angstvoll nach ihm um, während sie um den Pol kreist. Die Pleiaden, die im Herbst erscheinen, wenn die Erntezeit naht, sind sieben Töchter des Riesen Atlas. Sie bringen Zeus den Ambrosia; auf ihrem Flug zum Olymp verliert jedesmal eine von ihnen in den Symplegaden, den Schlagfelsen, durch die ihr Weg führt, das Leben, so daß Zeus eine neue Pleiade erschaffen muß. Schwestern sind auch die Hyaden, das Sternbild des Regens und der Meeresstürme. Die Bärin ist Kallisto, eine Nymphe, die sich Zeus hingab. Als Artemis, zu deren Gefolge sie gehörte, im Bad entdeckte, daß Kallisto schwanger war, verwandelte sie die Nymphe in eine Bärin, die Zeus verstirnte. Ihr Sternbild hieß schon bei den Griechen: der Wagen; dessen Führer ist Arkas, der Sohn des Zeus und der Kallisto. Neben vielen andern mythischen Wesen stehen unter den Sternen: Myrtilos, der ungetreue Wagenlenker des Oinomaos, als der Fuhrmann; Kynosura, eine idäische Nymphe und Amme des Zeus, als der Polarstern; die Dioskuren als die Zwillinge; Demeter mit der Ähre als die Jungfrau; Chiron als der Schütze und Deukalion als der Wassermann.

Die Musen

*Denn durch die Musen geschieht's, durch den fernhintreffenden
Apollon, daß es Sänger gibt und Harfenspieler auf Erden;
die Fürsten aber sind von Zeus. Glücklich der, den die Musen
lieben: süß fließet die Sprache von seinen Lippen.*
Hesiod

Nach ihrem Sieg über die Titanen baten die Olympier den Zeus, Geschöpfe zu schaffen, die die Taten des Titanenkampfes durch ihren Gesang verherrlichen könnten. Da zeugte er mit Mnemosyne, der Erinnerung, die neun Musen. Geboren in Pierien, am Fuß des wasserreichen Olymp, waren sie vielleicht in ihrer ursprünglichen Gestalt die Nymphen der klingenden, singenden Bäche jener Landschaft. Apollon führt ihren Chor. Heilig sind ihnen die Berge Helikon und Parnaß, die Quelle Hippokrene, die das geflügelte Pferd Pegasos mit einem Hufschlag aus dem Felsen schlug, und jene Kastalia bei Delphi, von der römische Schriftsteller sagen, daß ein Trunk ihres Wassers die Dichter zu Gesängen mitreiße. Die neun Musen heißen: Klio, die Muse des Heldenliedes und der Geschichte; Urania, der Lehrdichtung und Sternkunde heilig sind; Melpomene, die der Tragödie; Thalia, die dem Lustspiel vorsteht; Terpsichore, die den Tanz und die chorische Lyrik beschützt; Erato, die das Liebeslied eingibt, den Schauspieler zu seiner Kunst begeistert; Kalliope, die dem heroischen Gesang Kraft verleiht; Euterpe, die das Flötenspiel beschwingt; Polyhymnia, die dem Dichter Mut gibt zu Hymnen und frommen Gesängen.

DIE SCHICKSALSGOTTHEITEN

Wer aber führt das Steuer der Notwendigkeit?
Der Moiren Dreiheit und die wachen Erinyen.
Und also Zeus selbst ist der mindermächtige?
Dem ihm beschiednen Lose kann er nicht entfliehn.
AISCHYLOS

Den drei Moiren, den «Zuteilerinnen», in deren Hand das Geschick liegt, sind Menschen und Götter, sogar Zeus untertan. Sie sind Töchter der Nacht und Schwestern der Erinyen. Klotho spinnt den Schicksalsfaden, Lachesis ist das Los, die Zuteilung der Lebenszeit; Atropos, die Unbeugsame, die Todesstunde, der niemand entrinnt. Die Gottheit des rächenden Schicksals ist Nemesis, der heilige Zorn, der jede Verletzung der ewigen Ordnung der Dinge, das übermäßige Glück, die Gewalttätigkeit der Mächtigen straft. Hybris heißt die Selbstüberhebung, der dreiste Frevelmut; Ate die überwältigende, gefahrbringende Leidenschaft, hinter der Litai, die reumütigen Bitten, einherhinken. Die Erinyen, die aus dem Blut des Uranos hervorgingen, sind die Göttinnen der Rache. Sie tragen die Namen: Alekto, der unversöhnliche Groll; Tisiphone, die Blutrache; Megaira, der Neid mit dem bösen Blick. Mit ihren Fackeln hellen sie das Verborgene auf, verfolgen erbarmungslos und ohne

Unterlaß den Verbrecher, den ihre Schlangenhaare, ihre furchtbaren Augen mit Entsetzen erfüllen, in den Wahnsinn oder in den Tod treiben. Eine gütige Schicksalsgottheit ist Tyche. Auch jeder einzelne Mensch, jede Familie, jedes Feld und jede Stadt haben eine besondere Schicksalsmacht: den Dämon.

EROS

Wieder unter schwarzen Wimpern
Mit betörenden Augen schaut mich
Eros an und treibt mit tausend
Süßen Lockungen mich in Kypris'
Unentrinnbar festes Netz.
IBYKOS

Den Liebesgott verehrten die Griechen in zweierlei Gestalt. Als die alles verbindende Weltliebe ging er im Anfang der Dinge aus dem Chaos hervor; als Gott der Liebesleidenschaft ist er der Sohn des Ares und der Aphrodite: ein schöner, geflügelter Knabe, der sich mit Rosen bekränzt, Bogen und Köcher trägt, verwundet, zur Liebe entflammt. Nicht einmal Zeus ist gegen seine Geschosse gefeit. Aphrodite gab ihm, damit er sich freue und gedeihe, einen Bruder zum Gespielen: Anteros, die Gegenliebe, die den Liebenden beglückt. In seiner Gesellschaft wuchs Eros glücklich heran, heiter, wenn Anteros bei ihm war, traurig, wenn er sich von ihm trennen mußte. Der Schriftsteller Apuleius erzählt die Sage von Eros und Psyche. Dieses sterbliche Mädchen war so schön, daß sie die Eifersucht der Aphrodite erregte. Darum befahl die Göttin ihrem Sohn, in Psyche heftige Liebe zu einem häßlichen und niedrigen Manne zu entzünden. Eros aber, bezaubert von ihrer Schönheit, machte sie zu seiner Geliebten; doch durfte sie mit ihren sterblichen Augen niemals den Unsterblichen sehn, der in ihren Armen lag. Da weckten Psyches Schwestern Mißtrauen gegen den geheimnisvollen Liebhaber in ihr; sie übertrat das Verbot, und als sie Eros erblickte, verschwand der Gott. Vergeblich suchte sie ihn in aller Welt, vergeblich flehte sie zu den Göttern; Aphrodite verfolgte sie, zwang sie zu den härtesten Diensten und befahl ihr sogar, zu Persephone in den Hades hinabzusteigen. Die Königin der Schatten gab dem Mädchen eine verschlossene Büchse; Psyche aber öffnete diese aus Neugier und wäre an den Dämpfen der Styx, die daraus hervorquollen, zugrunde gegangen, wenn ihr Eros nicht Hilfe gebracht und von Zeus erlangt hätte, daß seine Geliebte unter die Unsterblichen aufgenommen wurde. Zum Gefolge des Eros gehören auch Himeros und Pothos, das Begehren und das Verlangen; Peitho, die Gestalt gewordene Macht der Überredung, der Hermaphroditos. Dieser war als Sohn des Hermes und der Aphrodite zur Welt gekommen. In enger Liebesumschlingung mit der Nymphe Salmakis verwuchs er völlig mit dem Leib seiner Geliebten und wurde so zu einer Zwittergestalt aus Knabe und Mädchen.

POSEIDON

Ein zwiefach Amt verliehen dir die Götter, o Erdenerschütterer:
Rosse zu zähmen, Schiffe zu retten. Heil dir, Poseidon, Erdumfasser,
dunkelhaariger, seliger Fürst! Sei freundlich im Herzen und hilf
den Menschen, die mit Seglern reisen.

HYMNOS

Poseidon ist der Beherrscher des Meeres. In einem schimmernden Schloß wohnt er am Grunde der See. Stürmische Pferde mit ehernen Hufen ziehen seinen Wagen über die Wellen. Mit dem Dreizack, dem Zepter seiner Macht, erregt er Stürme, zersplittert Felsen, erschüttert die Erde, läßt neue Inseln erstehen; doch ein Blick, ein Wink von ihm genügen, um die Flut zu besänftigen. Mit Medusa zeugte er in Pferdegestalt den Pegasos. Einer der vielen Söhne, die er mit göttlichen und sterblichen Göttern hatte, ist Polyphemos. Seine Gattin ist Amphitrite. Er raubte sie auf Naxos aus dem Kreis ihrer Schwestern, der Nereiden; aber sie entkam ihm noch einmal, bis Poseidons heiliger Delphin ihr Versteck entdeckte und sie dem Meeresbeherrscher zurückbrachte. Amphitrite gebar ihm den Triton, einen Meeresgott mit menschlichem Oberkörper, einem Fischleib mit gespaltenem Schwanz und den Vorderfüßen eines Pferdes. Wenn Triton laut auf dem Muschelhorn bläst, erregt sich die Flut, und der Sturm erhebt sich; aber ein hellerer, süßerer Ton von seinem Instrument kann die Wellen wieder beruhigen. In späterer Zeit glaubte man an ein ganzes Heer von Tritonen, Götter der Wellen, die die Genossen der Nereiden sind und mit ihnen in den Wassern spielen. Ein Diener des Poseidon ist Proteus, der Hirte der Seetierherden. Wie die meisten Wassergottheiten besitzt er die Gabe der Weissagung und die Fähigkeit, immer neue Gestalt anzunehmen. Als ihn Menelaos um die Zukunft befragen wollte, mußte er ihn mit starken Banden fesseln, denn Proteus versuchte, sich dem Frager durch hundert Verwandlungen zu entziehen, wurde Löwe, Drache, riesige Pflanze, glühendes Feuer und fließendes Wasser, bis er sich endlich ergab und den göttlichen Willen kundtat. Glaukos Pontios ist der Gott der Meeresbläue und Meeresstille. Er war zuerst ein sterblicher Fischer. Als er eines Tages Fische gefangen und sie halbtot auf den Strand geworfen hatte, sah er, daß sie bei der Berührung mit einem dort wachsenden Kraut die Lebenskraft wiedergewannen und ins Meer zurücksprangen. Da aß er von diesem Kraut, wurde von dessen Wunderkraft ergriffen und stürzte sich in die Flut, wo ihn die Meeresgötter in ihren Kreis aufnahmen. Sterblicher Herkunft wie er war auch Ino, die Schwester der Semele. Von ihrem Gatten, dem König Athamas, hatte sie zwei Söhne. Als Semele, die mit Zeus den Dionysos gezeugt, durch die List der eifersüchtigen Hera starb, nahm Ino den göttlichen Knaben in ihre Pflege. Um sie dafür zu strafen, schlug Hera den Athamas mit Wahnsinn, so daß er einen seiner Söhne tötete und Ino verfolgte, bis die Unglückliche in ihrer Angst mit dem anderen ins Meer sprang. Dort nahm sie Poseidon auf Bitten Aphrodites unter dem Namen Ino Leukothea unter die anderen Meergottheiten auf. Sie wird von Seeleuten in Seenot angerufen.

OKEANOS

Und es glätteten sich vor seinen Schritten die Fluten,
Ringsum tummelten sich zu seinen Füßen die Fische,
Fröhlich sprang der Delphin in die Luft aus der Tiefe des Meeres,
Und es tauchten empor aus der Flut die Töchter des Nereus,
Reihten sich alle um ihn, gelagert auf Tieren der Tiefe.

MOSCHOS

Von den göttlichen Mächten des Meeres sind Okeanos und Tethys
die ältesten. Dies Titanenpaar wohnt im fernen Westen, am atlan-
tischen Ozean. Dort trägt der Riese Atlas die Himmelskuppel auf
seinen Schultern, und die Nymphen des Sonnenuntergangs, die
schönen Hesperiden, Töchter der Nacht, hüten auf einer Insel, auf
der sich Zeus und Hera zuerst liebend umarmt, jene goldenen Äpfel, die Gaia der Himmelskönigin zum Hochzeitsgeschenk gemacht
hatte. Töchter des Okeanos sind die Okeaniden, Göttinnen des
fließenden Wassers, die Quellen und Bäche, seine Söhne die Flüsse.
Die Hellenen dachten sich die Flüsse als Jünglinge, Männer und
Greise, die wahrsagende Kraft und die Fähigkeit besitzen, ihre Gestalt hundertfältig zu wandeln: wie sich die griechischen Flüsse
wandeln, die je nach der Jahreszeit wasserarm oder wasserreich,
trockene Kieshalden oder reißende Ströme sind. Als ihr König galt
Acheloos, der größte unter ihnen. Mächtig ist auch Alpheios, der
die Nymphe Arethusa liebte und sie unter dem ionischen Meer hindurch bis nach Sizilien verfolgte, wo sie zu Syrakus als Quelle wieder aus dem Boden sprang. Ein anderes göttliches Geschlecht der
Gewässer zeugte Pontos, das Meer, mit der Erdmutter Gaia. Ihr ältester Sohn ist Nereus, ein milder, weiser, gerechter Greis aus der
Salzflut: der Gott der Meeresruhe und Meeresschönheit; dessen
Geschwister sind Thaumas, der Gott des Erstaunlichen und Wunderbaren im Meere, und das unheimliche Paar Phorkys und Keto,
die Beherrscher aller Seeungeheuer. Nereus und die Okeanostochter Doris sind die Eltern der Nereiden: ein Geschlecht schöner
Nymphen der See, die Gestalt gewordenen Eigenschaften des un-

endlichen Meeres; denn ihre Namen bedeuten, wie Hesiod dichtet, Windstille und glänzende Flut, Wogenschnelle und Wellenverschlagenheit, sanftes Tragen und brandende Gewalt, bergende Grotte, die vom Vorgebirge und die von der Insel, aber auch Geschäft und Gewinn, Redlichkeit, Rechtlichkeit und Weisheit. Zu ihnen gehört die sizilische Galatea, die Milchweiße, die der ungeschlachte Kyklop Polyphemos mit seiner Liebe verfolgte. Thaumas zeugte mit der Okeanide Elektra Iris, den Regenbogen, dazu die Harpyien: Göttinnen des Sturmes, Vögel mit Frauenköpfen und scharfen Krallen, die der Schrecken der Schiffer waren und auch Entrafferinnen der Toten heißen. Die Musen des Meeres sind die Sirenen. Durch ihren süßen Gesang lassen sie die Seeleute Familie und Heimat vergessen, verzaubern und zerreißen sie schließlich. Um die Sirenen dafür zu strafen, daß sie ihre Gespielin Persephone nicht beschützt hatten, als Hades das Mädchen raubte, gab ihnen Demeter Vogelleiber. Dem Meer gehören auch die Telchinen an, ein Geschlecht bösartiger, neidischer, aber kunstvoller Handwerker und Zauberer, die vor allem auf der Insel Rhodos verehrt wurden.

RHEA

Erde, du alles ernährende, Göttin der Berge,
Die selbst Mutter des Zeus ist,
Die du an Paktolos' großem,
Goldesreichem Strome wohnst,
Sel'ge Göttin, deren Wagen
Stierbezwingende Löwen ziehn.
SOPHOKLES

Rhea, Tochter des Uranos und der Gaia, Gemahlin des Kronos, wurde als Gottheit der bergigen Natur in vielen Gebirgslandschaften verehrt, vor allem auf Kreta, wo die Kureten ihre Priester waren. Dort ließ sie den Zeusknaben in einer Höhle des Berges Ida erziehn und hieß darum auch die idäische Mutter. In Kleinasien verbanden sich ihr Wesen und ihr Kult mit dem der Kybele, einer Göttin der Erdfruchtbarkeit, die in Lydien und Phrygien unter dem Namen «die Große Mutter» in hohen Ehren stand. Auf einem Wagen, den Panther und Löwen ziehn, fährt Rhea Kybele durch jenes waldreiche Land; die Korybanten, ihre Verehrer und Begleiter, folgen ihr mit Zimbeln, Hörnern, Flöten, mit dem Tympanon, das sie erfunden haben, und machen eine wilde, orgiastische Musik. Leidenschaftlich liebte Rhea den schönen Attis, einen phrygischen Jüngling, der ihre Liebe zuerst erwiderte, dann aber ein sterbliches Mädchen freite. Bei seiner Hochzeit erschien die beleidigte Göttin unter den Gästen, erfüllte sie mit furchtbarem Schrekken und schlug sie mit Wahnsinn. Attis floh in die Berge und tötete sich: aus seinem Blut erblühten die Veilchen. An den Schmerz der Rhea über den Tod des Jünglings erinnerte ein großes Fest, das alljährlich zur Zeit der Tagundnachtgleiche gefeiert wurde. Wild lärmend und musizierend drangen die Korybanten in die Berge ein, um Attis zu suchen; und wenn sie ein Bild, das den Jüngling darstellte, gefunden hatten, gaben sie sich toller Freude hin und verwundeten sich in orgiastischen Waffentänzen bis aufs Blut. Ein ähnliches Fest wurde auf dem trojanischen Ida gefeiert. Dort bildeten das Gefolge der Rhea an Stelle der Kureten und Korybanten die idäischen Daktylen, kunstvolle Handwerker und Waffenschmiede, die Erfinder des Tones und des Rhythmus' in der Musik. Hestia, der Rhea älteste Tochter, ist die Göttin des Herdfeuers und der Familie, auch des Staates. Ihr heiliges Feuer, das nie verlöschen durfte, brannte im Staatshaus, dem Prytaneion. Apollon und Poseidon hatten um die Göttin gefreit; sie aber erbat von Zeus ewige Jungfräulichkeit. Der Götterkönig gewährte ihr den Wunsch und bestimmte zugleich, daß jedes Opfer der Menschen mit einem Opfer für sie anfangen solle, weswegen man sprichwörtlich sagte: «Mit Hestia beginnen.»

DIONYSOS

Doch da die Göttinnen ihn aufgezogen, den oft besungenen Gott,
begann er zu wandern ohne Unterlaß durch die waldigen Schluchten,
mit Lorbeer bedeckt und mit Efeu. Und die Nymphen folgten seinem
Zug, und der grenzenlose Wald widerhallte von ihrem Schrei.

HYMNOS

Vielgestaltig und geheimnisvoll ist das Wesen des Dionysos.
Nährend und reifend wirkt seine göttliche Kraft in den Pflanzen;
erfreuend, berauschend, begeisternd bewegt sein Geist den Menschen. In seinem Gemüt wechseln Heiterkeit und jubelnde Lust
mit tiefer Melancholie; zur Raserei, sogar zum Wahnsinn führt und
verführt seine Macht. Er ist ein Gott der Seele und der Seelen, dem
Jenseits verbunden und den unterirdischen Göttern. Die freie Natur
ist sein Reich, mit wilden Tieren und tierhaften Satyrn feiert er seine Feste; aber die Menschen erzieht er zu milderer Sitte, lehrt sie
den Weinbau, überhaupt den Ackerbau. Er ist ein Freund der Chariten und der Musen; oft wurde er zusammen mit Apollon verehrt.
Als Alexander der Große nach Indien zog, erzählte man vom indischen Dionysos, der auch den Osten seinem Kult und damit der
hellenischen Kultur gewonnen habe. In den Mysterien der Orphiker galt er als ein Sohn der Unterweltsgöttin Persephone und des
Zeus, wurde Zagreus genannt, der Zerrissene, und als der mächtigste aller Götter gefeiert. Von Hera dazu angestachelt, so lehrten
die Orphiker, schnitten die Titanen den Dionysos in Stücke und
verschlangen ihn; das Herz des Kindes setzte die Eifersüchtige dem
Zeus als Speise vor. Darauf gab Zeus einem zweiten Dionysos das
Leben. Aus der Asche der Titanen aber entstanden die Menschen,
in denen darum ein Teil vom göttlichen Wesen, nämlich der von
den Titanen verschlungene Dionysos, wirkt, doch auch die Sündhaftigkeit des Titanentums. Der zweite Dionysos, nach seinem Ge-
burtsort der thebanische genannt, ist ein Sohn der Semele. Von
Hera dazu verleitet, wollte Semele ihren göttlichen Geliebten Zeus
in all der Herrlichkeit seiner Blitze sehn; aber sie verbrannte in den

himmlischen Flammen. Doch Zeus entband sie von der noch un-
reifen Frucht, nähte das Kind in seinen Schenkel ein und brachte es,
als die Zeit erfüllt war, zur Welt. Ino, Semeles Schwester, pflegte
den Knaben. Nach andern Sagen übergab ihn Hermes den Nymphen von Nysa; Silenos erzog ihn in der Einsamkeit. Aus dieser
Stille trat er sieghaft und erobernd in die Welt: ein gewaltiger Gott,
den die Griechen als Lyaios, Löser aller menschlichen Sorgen, und
als Soter, Retter aus körperlicher und geistiger Not, tief verehrt
und begeistert gefeiert haben. Seltsam sind seine heiligen Feste: im
Herbst zogen Frauen und Mädchen, die Mänaden, allein in die
Wälder und Berge hinaus – denn die Männer waren von diesem
Kult ausgeschlossen – und schwärmten, Fackeln schwingend oder
den efeubekränzten Thyrsosstab, nächtlich in wildem Zug, dem
Thiasos, mit lärmender Musik und orgiastischen Tänzen, indem
sie Dionysos bei vielen Namen riefen: Bakchos, Iakchos, Iobakchos!
und Hymnen zu Ehren des Gottes sangen. Dabei zerfleischten sie
Tiere des Waldes und aßen ihr rohes Fleisch; im Frühling aber
streuten sie Blumen und sangen heitere Lieder. Im November und
Dezember wurden burleske Tänze getanzt, aus denen die drama-
tische Dichtung der Griechen hervorgegangen ist: so wurde Dionysos zum Gott des Theaters. Auch die Dionysossagen erzählen von
den Festen des Gottes. Der riesenhafte und gewalttätige König
Pentheus von Theben wollte die Feier der Bacchanalien verhindern; aber seine Mutter Agaue, die unter den Mänaden war, verwechselte in ihrer Raserei Pentheus mit einem Eber und tötete ihn.
Die Töchter des Königs Minyas von Orchomenos, die Dionysos
nicht feiern wollten, wurden hart gestraft: der Gott schlug sie mit
Wahnsinn, so daß sie einen Knaben wie ein Hirschkalb zerrissen.
Unwiderstehlich ist seine Macht; plötzlich erscheint er und nimmt
jähe Rache. Tyrrhenische Seeräuber, die den Dionysosjüngling gefangen hatten, ohne ihn zu erkennen, und auf ihrem Segler entführen wollten, sahen mit einemmal, wie Efeu und Reben den Mast
ihres Schiffes umrankten, Wein hervorquoll, der Gott in Gestalt
eines Löwen unter sie trat. Da warfen sie sich in die Flut, wo sie
sofort Delphine wurden. Lykurgos, König von Thrakien, der den
Dionysosknaben und seine Pflegerinnen, die Nymphen von Nysa,

verfolgte, erschlug seinen eigenen Sohn, den er im Wahnsinn für einen Weinstock hielt, mit der Axt und wurde schließlich von wilden Pferden zerrissen, die Dionysos gegen ihn hetzte. Die Gattin des Gottes ist die schöne Ariadne. Mit Gewalt entführte er sie dem Theseus; andere Sagen erzählen, Dionysos habe, als der Held das Mädchen auf Naxos treulos verließ, sich der Ariadne vermählt und ihr die Unsterblichkeit verliehen.

DIE NYMPHEN

Zum Winter kehr' ich in Höhlen ein
und spiele mit den Nymphen,
Speise rote Frühlingserdbeern,
Mädchennaschwerk, weiße Myrrhen,
Lauter Frucht aus dem Nymphengärtlein.
ARISTOPHANES

Überall, wo die Natur unberührt ist und geheimnisvoll, lebt das schöne und scheue Geschlecht der Nymphen. Im Murmeln der Quelle, im Plätschern des Bachs, im Rauschen von Busch und Hain flüstern die Stimmen dieser göttlichen Mädchen; aber auch im Schweigen des Waldes, der Bergeshöhen und einsamer Inseln glaubten die Griechen sie zu erlauschen. Aus solcher Stille treten sie jäh und erschreckend hervor, lieblich und grausam zugleich. Von verstorbenen Kindern sagte man, die Nymphen hätten sie geholt; ihrem Einfluß schrieb man manchmal Verwirrung und Wahnsinn zu. Sie meiden die Menschen, entfliehen den lüsternen Satyrn und Silenen, entziehn sich selbst mächtigen Göttern, die um sie werben, durch rasche Verwandlung; und doch erzählt manche Sage von ihrer Liebe zu sterblichen und unsterblichen Männern, von den Kindern, die sie mit ihnen zeugten. Bisweilen erscheinen sie im Gefolge des Apollon, des Dionysos und der Artemis. Wenn sie sich mit Sterblichen verbinden wie jene sizilische Nymphe, die den schönen Hirten Daphnis liebte, dann fordern sie unverbrüchliche

Treue. Denn als Daphnis seine Nymphe verließ, um eine Königstochter zu heiraten, verlor er zur Strafe dafür das Augenlicht; seine süßen schmerzvollen Lieder, Klagen um das verlorene Glück,
sollen die ersten Hirtengedichte der Griechen gewesen sein. Die
Nymphen sind von dreierlei Art: Naiaden, Dryaden und Oreaden.
Die Naiaden sind die Nymphen des Wassers. Zu den Dryaden, den
Baumnymphen, gehören die Hamadryaden, die nicht unsterblich
sind, sondern mit der Pflanze, in der sie leben, entstehen und vergehen. Eine Oreade oder Bergnymphe ist Echo, die den Narkissos
leidenschaftlich liebte und sich im Schmerz über seine Sprödigkeit
so sehr verzehrte, daß nichts von ihr übrig blieb als die hallende
Stimme. Narkissos aber wurde für seine Gefühllosigkeit hart gestraft. Als der schöne Knabe, gleich einer Blume, die am Bachufer
wächst, sein Gesicht im Spiegel des Wassers sah, verliebte er sich
so heftig in sein eigenes Bild, daß er an dieser hoffnungslosen Liebe
starb.

DIE SATYRN

Zwei Jünglinge sahen
In einer Grotte liegen Silenus, vom Schlaf überwältigt
Schwellend wie immer die Adern vom Wein, den er gestern getrunken.
Wie wenn eben vom Haupte geglitten, lag abseits sein Kranz noch,
Hing der gewichtige Humpen am abgegriffenen Henkel.
VERGIL

Naturgeister wie die Nymphen sind auch die Satyrn: arglistige,
sinnliche, halbtierische Gesellen mit Bockshörnern, Bocksschwän-
zen und stumpfen Nasen, die tanzend, singend, lärmend Wälder
und Berge durchschwärmen. Den Menschen sind sie nicht wohlgesinnt; sie überfallen Herden, schrecken Wanderer, verfolgen
Frauen mit lüsterner Zudringlichkeit. Sie tummeln sich im Gefolge
des Dionysos, und bei den Festen, die man ihnen feierte, entstand
das Satyrspiel des griechischen Theaters. Ihnen sind die Silene ver-

wandt; sie haben Pferdeohren und Pferdeschwänze. Ursprünglich gab es wohl nur einen Silenos: einen Alten mit kahlem Schädel und zottiger Brust, dick und rund wie ein Weinschlauch. Er erzog den Dionysos. Da ihn seine Beine nicht mehr tragen, reitet er im Zuge des Gottes auf einem Esel, von Satyrn gestützt. Der Gott liebte ihn sehr, und als sich Silenos einmal in der Trunkenheit in die Gärten des phrygischen Königs Midas verirrte, doch von diesem dem Dionysos zurückgebracht wurde, gab der Gott dem König zur Belohnung dafür einen Wunsch frei. Midas, ein Sohn der Kybele, der ebenso reich wie geldgierig war, wünschte sich, daß alles sich in Gold verwandele, was er berühre. Und so geschah es. Doch auch das Brot, das er essen, das Wasser, das er trinken wollte, wurde zu Gold, und verzweifelt flehte er Dionysos an, ihn von dieser Qual zu erlösen. Da befahl ihm der Gott, sich in dem Flusse Paktolos zu reinigen, dessen Wasser seitdem goldhaltig ist. Als Midas in einem musikalischen Wettstreit zwischen Apollon und Pan für Pan Partei nahm, rächte sich Apollon, indem er dem König Eselsohren wachsen ließ. Vergeblich versuchte Midas die Schande unter einer Krone zu verstecken. Sein Haarkräusler, der sie entdeckte, wagte zwar nicht, das Geheimnis auszuplaudern; aber er grub ein Loch in den Boden und flüsterte es in die Erde hinein. Und Binsen, die an jener Stelle emporwuchsen, wiederholten, vom Wind bewegt, die Worte des Dieners und erzählten dadurch die Binsenwahrheit, wie es um Midas stand. Ein Silen ist auch Marsyas, der als der Erfinder der Flöte galt. Doch attische Sagen berichten, Athena habe die Flöte erfunden, sie aber fortgeworfen, da das Flötenspiel ihren Mund entstellte. Da fand Marsyas das Instrument, ließ sich wie Pan in einen Wettkampf mit Apollon ein, unterlag und wurde zur Strafe für seinen Übermut von dem Gott zu Tode geschunden.

PAN

Sokrates betet: Geliebter Pan und ihr andern Götter hier um uns,
gebt mir, daß ich schön werde in der Seele, und daß alles, was mir
zukommt, zu meiner Seele freundlich strebe! Gebt mir, daß ich den
Weisen für reich halte, und vom Golde sei mir stets nur so viel,
als der Mäßige bedarf. – Soll ich noch mehr sagen, Phaidros?
Ich habe um alles gebeten, was ich brauche.
PLATON

Pan, der ziegengestaltige Hirtengott Arkadiens, ist ein Sohn des
Hermes und der Nymphe Penelope. Als er zur Welt kam, erschrak
seine Mutter über die Zottigkeit des Neugeborenen. Hermes aber
wickelte sein Söhnchen in Hasenfelle, trug es zum Olymp hinauf,
und alle Götter hatten große Freude an seinem lustigen Wesen. Wo
Nymphen und Satyrn schwärmen, da ist auch das Reich des Pan.
Wie sie liebt er Wälder und Berge und schattige Höhlen, Tanzen
und Singen und das Spiel auf der Hirtenflöte, der Syrinx. Vor allem
aber gehört ihm die gespenstische Stille der heißen Mittagsstunde:
da wagt kein Hirte die Ruhe des mächtigen Gottes zu stören, denn
mit seltsamem Geräusch, plötzlichem Lärm kann er den «pani-
schen Schrecken» erregen, so daß die Herden auseinanderstieben
oder blindlings in den verderblichen Abgrund rennen. Im Titanenkampf blies Aigipan, der Ziegenpan, so furchterregend auf dem
Muschelhorn, daß die Feinde des Zeus vor Angst erstarrten. Weil
die Athener glaubten, der panische Schrecken sei in der Schlacht
von Marathon ihre stärkste Hilfe gewesen, weihten sie, als der
Krieg beendet war, dem Gott auf der Akropolis ein Höhlenheilig-
tum. Pan liebte die Nymphe Syrinx; sie aber entzog sich seinen Um-
armungen, sich selber in Schilfrohr verwandelnd, und ihre süße
Stimme, die aus dem flüsternden Rohr hervorklang, gab dem Gott
die Erfindung der Syrinx ein. Die Priesterin des arkadischen
Pan-Orakels war die Nymphe Erato, die Geliebte des Arkas. Da das
Wort «pan» All bedeutet, galt Pan in späterer Zeit vielen als ein all-
mächtiger Weltgott. Plutarch erzählt, daß zur Zeit des Kaisers

Tiberius Schiffer an der ionischen Insel Paxos vorbeigefahren sei-
en und eine Stimme gehört hätten, die rief: »Wenn ihr nach Epirus
kommt, so verkündet: Der große Pan ist tot!« Als aber die Schiffer
nach Epirus kamen und taten, wie ihnen geheißen, begannen
Felsen und Bäume und Tiere zu weinen: Ein großes Klagen in der
Natur hob an, die Klage um Pan und, so hat man die Sage gedeutet, um das Sterben der alten Naturreligion.

DIE DIOSKUREN

Als Leda geliebt den dunkelumwolkten Kroniden, da gebar sie unter
dem Gipfel des großen Berges Taygetos zwei Söhne, Erretter der
Menschen und der schnellreisenden Schiffe, wenn stürmische Winde
rasen über die grausame See.

HYMNOS

Ehre gleich den Göttern, sagt Homer, genießen die Dioskuren
Kastor und Polydeukes, ein ritterliches Brüderpaar aus dem Lande
Lakedaimon. Den Spartanern galten sie als göttliche Schutzherren
ihres Staates; überall in Hellas rief man sie als Retter im Schlachten-
sturm, als Helfer in Seenot an. Denn auf schimmernden Rossen
erscheinen sie plötzlich im Getümmel des Kampfes oder verkünden
in Gestalt der Sankt-Elms-Feuer den Schiffern das Ende des Sturmes. Leda, die Geliebte des Zeus, war ihre Mutter, die schöne
Helena ihre Schwester; in ältester Zeit galt der Spartanerkönig
Tyndareos als ihr Vater, weswegen sie auch die Tyndariden genannt
wurden. Andere Sagen berichten, daß Kastor ein sterblicher Sohn
des Tyndareos, Polydeukes aber ein unsterblicher Sohn des Zeus
gewesen sei. Später erzählte man, Leda habe, schwanger von Zeus,
der ihr in der Gestalt eines Schwanes genaht, ein leuchtendes Ei
gelegt, aus dem die Dioskuren und Helena hervorgingen. Kastor
war ein gewandter Rossezähmer, Polydeukes ein mächtiger Faustkämpfer. Sie begleiteten Jason und Herakles auf ihren Fahrten. Mit
Gewalt entführten die zwei Phoibe und Hilaeira, die Töchter ihres

Onkels Leukippos. Die schönen Mädchen waren mit den Söhnen des Aphareus verlobt: dem starken Idas und dem scharfsichtigen Lynkeus, dessen Blick Bäume und Felsen durchdringen konnte. Hart war das Ringen zwischen den beiden Brüderpaaren, der sterbliche Kastor fiel im Kampf. Da flehte Polydeukes seinen Vater Zeus an, auch ihn zu dem geliebten Bruder ins Schattenreich hinabzusenden. Dem unsterblichen Sohn konnte Zeus diese Bitte nicht gewähren; aber er gab den Dioskuren das Recht, gemeinsam im regelmäßigen Wechsel einen Tag in der Unterwelt, den andern im Olymp zu verbringen.

HEKATE

Auf denn, Selene,
Leuchte mir schön! Dir heb ich Gesang an, schweigende Göttin,
Drunten der Hekate auch, die winselnde Hunde verscheuchet,
Wenn über Grüfte der Toten und dunkeles Blut sie einhergeht.
THEOKRIT

Die Göttin Hekate, so heißt es in der Theogonie des Hesiod, waltet im Himmel, auf Erden und im Meer, bringt Glück und Sieg, verleiht Weisheit im Rat und vor Gericht, hilft Schiffern und Jägern, fördert das Wachstum der Herden und das Gedeihen der Jugend. Auch als Mondgöttin galt sie, als geheimnisvolle Beherrscherin der Nacht und Schützerin der Tore und Straßen. Später wandelte sich die Gestalt dieser gütigen und mächtigen Hekate: sie wurde eine gespenstische Gottheit, die nachts an den Scheidewegen spukt. Wenn sich der Mond erhebt, dann geht sie um an den Gräbern, die sich längs der Straßen reihen, begrüßt vom Geheul der Hunde, die ihr heilig sind. Am Dreiweg steht oft ihr dreigestaltiges Bild. Sie ist eine große Zauberin, und alle Zauberer sind ihr ergeben. Im Schattenreich ist sie daheim und ruft die Geister der Toten hervor, um die Menschen damit zu schrecken. Viele Spukgestalten sind ihr untertan. Unter ihnen ist Mormo oder Mormolyke, ein weibliches

Gespenst, mit dem Ammen die Kinder das Gruseln lehren, und Empusa, die immer neue Gestalten annimmt, um die Menschen zu ängstigen. Mit einem Fuß aus Erz und einem andern aus Eselsmist, sagt Aristophanes, hinkt Empusa daher; oder sie hüllt sich in eine blutgeschwollene Blase ein. Wie Mormo gelüstet es sie nach Menschenfleisch. Lamia aber, ein anderes weibliches Gespenst, von dem die Ammen tuscheln, ist lüstern auf Kinderfleisch. Sie war einst eine schöne Königin und hatte mit Zeus herrliche Söhne und Töchter gezeugt; doch die eifersüchtige Hera entriß ihr diese Kinder durch den Tod. Da verwandelte sich Lamia in ein abscheuliches Ungeheuer, das in einer finsteren Höhle hockt und aus Neid und Verzweiflung die Kinder glücklicher Mütter raubt und verschlingt. Die Empusen, Lamien, Mormolyken hat man sich oft als Vielheit von furchterregenden Schreckgestalten gedacht.

DEMETER

Willkommen, die das Brot uns gibt, das Korn uns gibt, Demeter.
Den Wagen mit dem Korbe ziehn vier blanke Schimmelstuten:
So blinken soll der Frühling uns, soll Sommer uns und Winter.
So blinken soll uns auch der Herbst. Das bringt der großen Göttin
Allmacht uns mit, das läßt sie uns bis nächstes Jahr genießen.
KALLIMACHOS

Demeter ist die milde und mächtige, segenbringende Göttin der Erdfruchtbarkeit und vor allem des Korns. Durch ihre Tochter Persephone, die sie mit ihrem Bruder Zeus zeugte und die zur Herrscherin im Totenbereich wurde, ist Demeter allem Unterirdischen verbunden. Als Persephone, die auch Kore, das Mädchen, genannt wurde, eines Tages mit ihren Gespielinnen auf einer Wiese Blumen pflückte, öffnete sich plötzlich der Boden, Hades sprengte auf seinem Wagen hervor und entführte sie. Verzweifelt durchirrte die göttliche Mutter auf der Suche nach ihrem Kind die Erde, bis ihr schließlich Helios, der alles sieht, den Aufenthalt der Kore verriet. Da floh Demeter vom Olymp und zog sich voll Schmerz in die Einsamkeit zurück; die Fruchtbarkeit der Erde schwand, Hungersnot bedrohte die Menschen. Vergeblich versuchte Zeus, sie zu versöhnen; vergeblich forderte er Hades auf, das Mädchen herauszugeben: die Göttin blieb unerbittlich, und Persephone, die schon vom Granatapfel gekostet, den ihr Hades gereicht hatte, war durch diesen Liebeszauber dem Unterweltsbeherrscher verfallen. Da bestimmte Zeus, daß Persephone zwei Drittel des Jahres, die Zeit des Blühens und Reifens, bei ihrer Mutter, das andere Drittel aber, die Winterszeit, bei ihrem Gatten verbringen solle, und die Fruchtbarkeit kehrte auf die Erde zurück. Auf ihren mühevollen Irrfahrten kam Demeter in der Gestalt eines alten Weibes auch in das Haus des Königs Keleos von Eleusis. Dessen Frau Metaneira erkannte die Göttin nicht und bestellte sie als Pflegerin ihres Sohnes Demophon. Wie einen Gott nährte Demeter das Kind mit Nektar und Ambrosia. Eines Tages aber überraschte Metaneira ihre Amme dabei, wie sie das Knäblein in die Flamme hielt, und erschrak sehr. Da gab sich die Göttin zu erkennen und erklärte der ängstlichen Mutter, daß sie ein großes Werk gestört habe: Demophon sollte im Feuer von allem Irdischen gereinigt und zum Gott geläutert werden. Nun blieb er ein Sterblicher. Nach anderen Sagen war sein Bruder Triptolemos das Pflegekind der Göttin. Triptolemos durchzog auf einem geflügelten Zauberwagen die Welt, lehrte die Menschen den Ackerbau und den Demeterdienst. Die Göttin selbst aber soll es gewesen sein, die dem Keleos und seinen Söhnen riet, das eleusinische Demeterheiligtum zu gründen, dessen Mysterienkult im ganzen Altertum in hohem Ansehen stand.

DER HADES

Die Menschen erwartet nach ihrem Tode,
was sie sich nicht träumen lassen oder wähnen.
HERAKLIT

Hades heißt die Unterwelt, aber auch ihr Beherrscher. In den äußersten Tiefen des Hades liegen der Tartaros, das bronzene Gefängnis der aufrührerischen Titanen, und Erebos, die unterweltliche Finsternis. Furchtbar und geheimnisvoll wie die Unterwelt ist ihr König, der Gott Hades. Ein Zauberhelm macht ihn unsichtbar. Ihm gehören alle Schätze der Erde; darum heißt er Pluton, der Reiche. An seiner Seite thront die unerbittliche Persephone. Vulkane und Höhlen sind die Tore zur Unterwelt, durch die Hermes die Seelen hinabgeleitet. Durch das Land der Kimmerier, der Männer des Dunkels, gelangte Odysseus zu den unfruchtbaren Hainen der Persephone und den blassen Asphodeloswiesen, auf denen die Toten als Schatten wandeln. Styx, der Haßfluß, bei dem die Götter schwören, umströmt das Totenreich; Acheron, die Wehströmung, Pyriphlegethon, der Feuerstrom, Kokytos, der Tränenstrom, Lethe, der Strom des Vergessens, durchfließen es. Charon, der Seelenfährmann, führt die Toten in seinem Nachen über die Styx, und Kerberos, der dreiköpfige Höllenhund, wacht darüber, daß sie nicht wieder zur Oberwelt entfliehen. Die drei Totenrichter Minos, Rhadamanthys und Aeakos richten sie. Im Tartaros strafen die Erinyen die Schuldigen, und die großen Verbrecher leiden dort ihre besonderen Strafen. Dem Tityos benagen zwei Geier die immer neu wachsende Leber. Tantalos, zu ewigem Hunger und Durst verurteilt, steht zwischen üppigen Fruchtbäumen in einem klaren See; doch die Zweige der Bäume weichen zurück, das Wasser des Sees versickert, sobald er essen oder trinken will. Der Felsblock, den Sisyphos mit ungeheurer Mühe auf einen Berg hinaufrollen muß, stürzt stets von neuem in die Tiefe. Ixion, der Hera begehrte, ist zur Strafe dafür auf ein Rad geflochten, das niemals stillsteht. Die Danaiden schöpfen unaufhörlich mit Krügen ohne Boden Wasser in ein Faß. Im Hades wohnen der schwarzgeflügelte Thanatos, die Gottheit des Todes, und sein Bruder, Hypnos, der Schlaf. Ihnen sind die Träume verwandt: Morpheus, der stets in der Gestalt eines dem Träumer bekannten Menschen erscheint, und der vielgestaltige Phantasos. Die griechischen Dichter aber erzählen auch vom Elysion und von den Inseln der Seligen, wo immer der milde Zephyros weht und wo die Helden, denen Zeus wohlgesinnt ist, ein ewig glückliches Dasein führen.

PROMETHEUS

Auf Zeus' Befehl schuf Prometheus Menschen und Tiere. Als aber Zeus
sah, daß der Tiere weit mehr waren als der Menschen, befahl er ihm,
von den Tieren einige zu Menschen umzuformen. Prometheus tat das,
und so kommt es, daß mancher eine menschliche Gestalt hat,
aber eine tierische Seele.

AESOP

Prometheus, der Sohn des Titanen Iapetos, war ein Freund der Menschen. Als Zeus ihnen das Feuer genommen, so erzählt Hesiod, stahl es Prometheus im Olymp und gab es ihnen zurück; nach andern Sagen war er es, der sie aus Erde und Wasser schuf und ihnen gegen den Willen des Zeus das Feuer brachte. Hart wurde er dafür bestraft, daß er dem göttlichen Willen entgegengehandelt und die Allmacht der Unsterblichen geschmälert hatte; und auch an seinen Schützlingen, den Menschen, rächte sich dieser Frevel bitter. Zeus kettete Prometheus an einen Felsen im Kaukasus; ein Adler benagte ohne Unterlaß die Leber des Titanensohns, die in jeder Nacht neu wuchs. Zwar befreite Herakles den Prometheus von dieser Qual und söhnte ihn aus mit dem Himmelskönig, doch Zeus strafte statt seiner das Menschengeschlecht. Er befahl dem kunstvollen Hephaistos, eine schöne Frau zu bilden: Pandora hieß sie, die Allbeschenkte, weil alle Götter halfen, sie mit herrlichen Gaben des Körpers und des Geistes auszustatten. Aber Zeus gab ihr eine verschlossene Büchse, die alle Übel und Leiden enthielt, und sandte sie zu den Menschen. Vergeblich warnte Prometheus, der Vorausehende, seinen Bruder Epimetheus, den Nachherdenkenden, ein Geschenk von Zeus anzunehmen. Epimetheus ließ sich von Pandoras Schönheit verführen und nahm sie zum Weib. Pandora aber öffnete aus Neugier die Büchse, die Übel und Leiden flogen heraus und kamen über die unglücklichen Menschen. Und immer tiefer verstrickten sich bald die Sterblichen in Sündhaftigkeit, bis Zeus beschloß, sie durch eine Sintflut zu vernichten. Davon erfuhren der fromme Deukalion, ein Sohn des Prometheus, und seine Gattin Pyrrha, eine Tochter der Pandora. Sie bauten sich ein Schiff und entkamen der Flut. Und als sich die Wasser am neunten Tage wieder verzogen und das Schiff auf dem Gipfel des Parnaß landete, baten sie Zeus um neue Menschen. Da gab man ihnen den Rat, die Knochen der Großen Mutter hinter sich zu werfen. Prometheus deutete ihnen das dunkle Wort: die große Mutter sei die Erde, ihre Knochen seien die Steine. Und aus den Steinen, die Deukalion nun hinter sich warf, wurden Männer, aus denen, die Pyrrha hinter sich warf, Frauen. So entstand das neue Menschengeschlecht.

DIE KENTAUREN

Da jene Bestien nun den süßen Wein gekostet, der Männer bezwingt, stießen sie die weiße Milch von den Tischen und begannen zu trinken, tüchtig aus silbernen Hörnern, und augenblicks verloren sie die Sinne.
PINDAR

Im rauhen Lande Thessalien ist das Geschlecht der Kentauren daheim: wilde, trunkenboldige, sinnliche Gesellen, in deren Gestalt der Reiter mit seinem Roß zum Pferdemenschen verwachsen ist. Sie sind Personifikationen der Bergwildnis. Ixion und Nephele, die Wolke, sind ihre Eltern. Denn als Ixion es wagte, die Liebe der Hera zu begehren, sandte ihm Zeus eine Wolke, der er das Aussehn der

Himmelskönigin gab, und der getäuschte Frevler zeugte mit diesem Luftgebilde das Kentaurenvolk. Dessen Nachbarn waren die Lapithen, ein Volk gewaltiger Riesen. Als der Lapithenkönig Peirithoos mit der schönen Hippodameia Hochzeit hielt, lud er auch die Pferdemenschen zum Fest. Dabei vergriff sich eines der Ungeheuer an der Braut, die beiden Stämme gerieten in Streit; aber Peirithoos besiegte die Wildlinge, jagte sie aus dem Lande und bis in die Waldgebirge des Pelion, die von da an ihre Heimat wurden. Milderen Wesens sind die Kentauren im Gefolge des Dionysos: die Lyra spielend, begleiten sie den Wagen des Gottes. Gütige Gestalten unter ihnen waren der milde, heilkundige Chiron und der gastfreie Pholos. Als Herakles einmal zu Pholos kam, öffnete dieser das gemeinsame Weinfaß der Kentauren, um den Helden zu bewirten. Die Pferdemenschen, darüber ergrimmt, griffen Herakles an; er aber trieb sie zurück bis in die Höhle des Chiron. Dabei traf er diesen versehentlich mit einem seiner vergifteten Pfeile, deren Wunden unheilbar waren. Da verzichtete der weise Chiron zugunsten des Prometheus auf die Unsterblichkeit: seitdem steht er als Sternbild des Schützen am Himmel.

ALKESTIS

Wisse es Hades, der dunkellockige Gott, und der Alte,
Welcher das Ruder am Griff hält, der Seelenfährmann,
Daß das trefflichste, weit das beste Weib durch
Den Acheron-See zur Ruhe sein pflügendes Ruder hinführt.
EURIPIDES

In Thessalien lebte ein schönes und den Göttern zugetanes Mädchen mit Namen Alkestis. Ihr Vater, der König Pelias, hatte sie dem Manne als Gattin versprochen, der stark genug sei, einen Löwen und einen Eber zusammen vor einen Wagen zu spannen. Nun weilte zu jener Zeit Apollon im Lande; denn zur Strafe dafür, daß er die Kyklopen getötet hatte, mußte er als einfacher Hirte die Herden des

Königs Admetos von Pherai hüten. Enge Freundschaft verband den sterblichen Herrn mit seinem unsterblichen Diener, und als Admetos um Alkestis warb, war es der Gott, der für ihn die schwere Bedingung des Pelias erfüllte. Bei der Hochzeitsfeier benebelte er dann die Moiren mit süßem Wein, so daß sie schworen, den Admetos niemals in die Unterwelt hinabzuholen, wenn in des Königs Todesstunde ein anderer Mensch bereit sei, für ihn zu sterben. Doch als diese Stunde kam, wollten nicht einmal die alten Eltern des Admetos das Opfer ihres Lebens bringen; nur seine junge Gattin zögerte nicht und stieg für ihn in den Hades hinab. Die gestrenge Persephone aber, bewegt von solcher Treue, gab Alkestis dem Admetos zurück. Andere Sagen berichten, Herakles sei es gewesen, der sie in hartem Ringen dem Todesgotte entriß.

KADMOS

Eine Kuh wird dir im einsamen Felde begegnen
Saget der Gott, der nimmer dem Joch und dem Pfluge gefrönet.
Eile der Führerin nach; und wo im Grase sie ausruht,
Gründe die Mauern daselbst; und Böotien nenne die Gegend.
OVID

Als Zeus Europa aus dem Lande Phönikien entführte, zog ihr Bruder Kadmos aus, um sie zu suchen. Doch das Delphische Orakel, das er befragte, befahl ihm, nicht länger nach der Schwester zu forschen, sondern einer Kuh mit halbmondförmigen Flecken zu folgen und dort, wo sie sich niederließe, eine Stadt zu gründen. Kadmos fand die Kuh, und diese geleitete ihn zu einer Stelle in Böotien, dem Kuhland, an der er später die Stadt Theben erbauen sollte. Als er das Tier der Athena opfern wollte und seine Genossen an eine Quelle sandte, um Wasser für das Trankopfer zu schöpfen, erschien ein dem Ares heiliger Drache, der die Quelle hütete, und verschlang die meisten von ihnen. Kadmos aber überwand in hartem Ringen den Drachen, und Athena befahl ihm, die Zähne des

Ungeheuers in die Erde auszusäen. Aus dieser Saat ging ein Geschlecht gewappneter Männer hervor, die Spartoi, die sich so lange untereinander bekämpften, bis nur noch fünf von ihnen am Leben waren. Diese fünf Kämpfer halfen Kadmos beim Bau von Theben und wurden die Stammväter der thebanischen Adelsfamilien.

Lange Zeit mußte Kadmos, zur Strafe dafür, daß er den Drachen getötet hatte, dem Ares dienen. Endlich söhnte ihn Zeus mit dem Kriegsgott aus und gab ihm die Tochter des Ares und der Aphrodite, Harmonia, zur Frau. Bei jener Hochzeit schenkten die Götter der Harmonia ein herrliches, doch verhängnisbringendes Halsband, das noch in späteren Geschlechtern unheilvoll werden und die Geschicke der Stadt Theben bestimmen sollte. Kadmos und Harmonia aber wurden bei ihrem Tod in unsterbliche Drachen verwandelt.

AMPHION UND ZETHOS

Auch Antiope kam,
Rühmend, sie habe geruht in Zeus' des Kroniden Umarmung.
Und sie gebar dem Gott zwei Söhne, Amphion und Zethos.
Diese bauten zuerst das siebentorige Theben.
HOMER

Nach dem Tode des Kadmos wurde Nykteus König von Theben. Einer Tochter des Nykteus, der schönen Antiope, nahte sich Zeus in der Gestalt eines Satyrn und da sie schwanger wurde von dem Gott, floh sie, um dem Zorn ihres Vaters zu entgehen, zum König Epopeus von Sikyon, der sie zur Frau nahm. Aber der Bruder und Nachfolger des Nykteus, Lykos, überwand und tötete den Epopeus und eroberte Antiope zurück. Auf der Heimfahrt gab die Gefangene zwei herrlichen Knaben das Leben: Amphion und Zethos, den weißrossigen Dioskuren Böotiens, wie manche Dichter die Brüder nennen. Nachdem Lykos, der um seine Königsmacht fürchtete, die beiden auf dem Berge Kithairon ausgesetzt hatte, nahm er Antiope als Sklavin in sein Haus. Dirke aber, die eifersüchtige Gattin des Lykos, mißhandelte die junge Frau so sehr, daß Antiope entfloh. Bei einem Hirten, der die Zwillinge gefunden hatte und bei dem sie zu jungen Männern herangewachsen waren, fand Antiope Zuflucht und erkannte ihre Söhne. Furchtbar rächten die beiden ihre Mutter: sie banden Dirke zwischen die Hörner eines wildgewordenen Stieres, der sie zu Tode schleifte, und warfen den Leichnam in einen Fluß, der von da an den Namen der Königin trug. Auf Befehl des Zeus kam nun die Herrschaft über Theben an die Zwillinge. Sie waren sehr ungleiche Brüder: Zethos rauh, ein Jäger und Krieger, Amphion sanft, ein Musiker und Dichter. Zusammen bauten sie die Mauern von Theben. Zethos trug auf seinen Schultern gewaltige Felsblöcke herbei, Amphion aber bewegte durch das wunderbare Spiel seiner Leier die Steine, so daß sie sich wie von selbst in der gewollten Ordnung zusammenfügten.

NIOBE

Kunde hörte ich, wie vor Schmerz
Tantalos' Tochter, die Phrygerin,
Auf des Sipylos Gipfel starb.
Gleich umklammerndem Efeu schlang
Sich der sprossende Fels um sie.
Stets im Regen, so heißt es, schmilzt
Sie dahin; es verläßt sie der Schnee
Niemals, und von den Wangen strömt
Ihr zum Busen der Tränen Flut.
SOPHOKLES

Schweres Unglück kam durch die Schuld ihrer Gattinnen über die Zwillingsbrüder Amphion und Zethos; denn der eine wurde all seiner blühenden Nachkommen, der andre seines einzigen Sohnes beraubt. Niobe, Amphions Frau, eine Tochter des Tantalos, hatte

ihrem Gemahl sechs Söhne und sechs Töchter geboren (nach anderer Überlieferung jeweils sieben Söhne und Töchter); aber da sie
hochmütig war wie ihr Vater, der sich rühmen konnte, an der Tafel
der Götter zu speisen, und blinder Stolz auf ihre Fruchtbarkeit und
ihr Mutterglück sie erfüllte, wagte sie es, den Frauen von Theben
zu verbieten, der Leto Opfer zu bringen, weil diese Göttin nur zwei
Kindern das Leben gegeben habe. Doch Apollon und Artemis straften ihren Hochmut entsetzlich: getroffen von den Pfeilen der göttlichen Geschwister, sanken die Niobiden, die Söhne und Töchter
der Niobe, eines nach dem andern dahin. Amphion nahm sich aus
Verzweiflung selbst das Leben. Die Mutter, in ihrer Trauer versteinert, wurde zum Felsen, der auf dem Berge Sipylos in ihrer
Heimat Phrygien steht und unaufhörlich Tränen vergießt. Aëdon,
des Zethos Gattin, hatte nur einen einzigen Sohn, den kleinen
Itylos. Voll leidenschaftlicher Eifersucht auf Niobe, die so reich mit
Kindern gesegnet war, wollte Aëdon den ältesten Sohn der Niobe
töten; aber sie verwechselte ihn in der Dunkelheit mit ihrem eigenen und erschlug Itylos. Aus Mitleid über ihren furchtbaren
Schmerz verwandelte sie Zeus in eine Nachtigall, die nun Nacht
für Nacht ihr klagendes «Itylos! Itylos!» singt.

BELLEROPHON

Pegasos, das geflügelte Pferd, warf seinen Herrn Bellerophon ab, als er
vordringen wollte bis zu den Wohnungen des Himmels und sich
drängen in den Rat des Zeus. Denn das bitterste Leiden erwartet die
Freuden, die dem Rechte zuwider sind.
PINDAR

Gründer der reichen Kaufmannsstadt Korinth war Sisyphos, der
schlaueste und gewinnsüchtigste unter den Menschen. Als Zeus
die Nymphe Aegina raubte, verriet jener ihrem Vater, dem Flußgott
Asopos, ihr Versteck, und zum Lohn dafür erhielt Korinth von
Asopos die Quelle Peirene. Da sandte der ergrimmte Zeus dem

Sisyphos den Thanatos; doch der König fesselte ihn, so daß das Sterben unter den Menschen aufhörte, bis Ares den Todesgott befreite. Nun mußte Sisyphos zur Unterwelt hinab. Bevor er aber das Diesseits verließ, befahl er seiner Frau, ihm keine Totenopfer darzubringen, und beklagte sich dann vor dem Thron des Hades bitter über diese unfromme Vernachlässigung, redete und feilschte so lange, bis ihn die Unterirdischen wieder zur Oberwelt sandten, damit er seine Frau zur Rede stelle. Doch er kehrte nicht in den Hades zurück. Als er in hohem Alter starb, traf ihn in der Unterwelt eine harte Strafe. Aus dem Geschlechte des Sisyphos ging der Held Bellerophon hervor. Wegen eines Mordes, den er begangen hatte, mußte Bellerophon fliehen und gelangte an den Hof des Königs Proitos von Tiryns, dessen Gattin Stheneboia, eine Tochter des Lykierkönigs Iobates war. Stheneboia, in der Ilias Anteia genannt, verliebte sich in den schönen Bellerophon, und da ihr der Jüngling nicht zu Willen sein mochte, beschuldigte sie ihn bei Proitos, er habe ihr Gewalt antun wollen. Proitos sandte darum den Helden zu Iobates und gab ihm ein verschlossenes Schreibtäfelchen mit, in dem er seinen Schwiegervater bat, Bellerophon zu töten. Der Lykierkönig, dem der Mut dazu fehlte, schickte Bellerophon gegen die Chimaera, ein dreigestaltiges Ungeheuer, das den Löwen, die Schlange und die wilde Ziege in sich vereinigte. Von seinem fliegenden Pferd Pegasos aus, das er mit Hilfe der Athena gezähmt, überwand Bellerophon das Scheusal. Da erkannte Iobates, daß der Held unter dem Schutz der Götter stand, gab ihm seine Tochter zur Frau und einen Teil seines Reiches dazu. Dann entführte Bellerophon die Stheneboia auf dem Pegasos und warf sie, weil sie alle seine Leiden verschuldet, vom Rücken des fliegenden Rosses ins Meer. Homer erzählt, er habe sich später den Haß der Götter zugezogen und sei im Wahnsinn gestorben, und Pindar dichtet, daß der Held versucht habe, auf dem Pegasos in den Olymp zu gelangen; das Pferd aber, von Zeus zur Raserei gebracht, habe ihn abgeworfen und sei allein auf den Götterberg geflogen, wo es seitdem den Wagen des Donners und der Blitze zieht.

Io

Inachos reicht ihr gerupftes Gras, der alternde Stromgott;
Jene leckt ihm die Knöchel und küßt die Hände des Vaters.
Kaum auch hält sie die Tränen, und wenn die Worte nur folgten,
Ach, so flehte sie Hilfe und meldete Namen und Schicksal.

OVID

Inachos, der Gott des größten der argivischen Flüsse, hatte eine
schöne Tochter: die Herapriesterin Io. Weil Zeus die Io liebte, verwandelte die eifersüchtige Hera das Mädchen in eine weiße Kuh
und gab ihr den hundertäugigen Riesen Argos zum Hüten. Aber
Zeus sandte Hermes, der die hundert Augen mit seinem zaubermächtigen Kerykeion einschläferte und den Argos tötete. Da brachte Hera die Kuh Io zur Raserei, so daß sie viele Länder durchirrte,
bis sie endlich nach Ägypten kam. Dort gab ihr Zeus die menschliche Gestalt wieder, und sie gebar den Ägypterkönig Epaphos. Aus
dessen Geschlecht gingen die Brüder Aigyptos und Danaos hervor.
Aigyptos hatte fünfzig Söhne, Danaos ebenso viele Töchter, und da
Aigyptos seinen Bruder zwang, Ägypten zu verlassen, ging Danaos
mit seinen Töchtern in das Stammland seines Geschlechtes, nach
Argos. Nach diesem weisen König hießen die Bewohner von Argos,
oft auch alle Griechen, Danaer. Später aber kamen die Söhne des
Aigyptos nach Argos und zwangen Danaos mit Waffengewalt,
ihnen seine Töchter zu Frauen zu geben. Da schenkte der Vater
jedem der Mädchen einen Dolch und befahl ihnen, in der Hochzeitsnacht die Aigyptiaden zu töten. Die Danaiden folgten diesem
grausamen Befehl, wurden aber dafür in der Unterwelt hart gestraft. Nur eine von ihnen, Hypermestra, verschonte aus Liebe ihren
Gatten Lynkeus, der des Danaos Nachfolger wurde. Enkel des
Lynkeus waren die Brüder Akrisios und Proitos, feindliche Zwillinge, die sich schon im Leib ihrer Mutter balgten und später einander so lange bekriegten, bis sie die Herrschaft über das argivische
Land untereinander geteilt hatten. Proitos gab drei wunderschönen
Töchtern das Leben. Weil diese drei Mädchen in ihrem Übermut

Perseus und Medusa · Metope (Selinunt, Sizilien)

Ariadne mit dem Faden · Relief (Basel, Antikenmuseum)

die eigene Schönheit mit der der Hera verglichen hatten, wurden sie mit Wahnsinn geschlagen und durchirrten, Unheil verbreitend, den Peloponnes: viele Frauen, vom Leiden der Proitiden angesteckt, töteten in Geistesverwirrung die eigenen Kinder. Nach anderen Sagen straften die Götter die Mädchen wegen ihres Leichtsinns und ihrer Ausschweifungen mit einer ekelerregenden Krankheit. Der Seher Melampus entsühnte die Mädchen und heilte sie und das Land schließlich von diesem Leiden.

PERSEUS

Als sie im kunstvollen Boot
Dahinfuhr, das ringsum die Flut
Umtobt und das Wüten des Sturms,
Ganz Schrecken und Angst, das Gesicht
Mit bitteren Tränen bedeckt,
Da nahm sie das Kind in den Arm
Und klagte: O Perseus, mein Sohn,
Wie unendlich groß ist mein Leid.
SIMONIDES VON KEOS

Dem Akrisios, König in Argos, war geweissagt worden, daß einer seiner Enkel ihn töten werde. Darum hielt er seine Tochter Danaë in einem unterirdischen Gemach gefangen. Zeus aber, der das schöne Mädchen liebte, drang in der Gestalt eines Goldregens in ihren Kerker und zeugte mit ihr einen Knaben: Perseus, den Homer den herrlichsten Kämpfer der Vorzeit nennt. Als Akrisios entdeckte, daß er hintergangen war, setzte er Mutter und Kind in einem Nachen auf dem Meere aus. Zeus beschützte sie: Diktys, ein Fischer auf der Insel Seriphos, zog die beiden in seinem Netz an Land und brachte sie seinem Bruder Polydektes, dem König des Eilandes. Weil Polydektes die Danaë zu seiner Geliebten machen wollte, war ihm Perseus, der bald zu einem Helden heranwuchs, im Wege. Er sandte ihn darum aus, um das Haupt der Medusa zu holen: ein gefährliches Abenteuer, das der Jüngling ohne die Hilfe des Hermes und der Athena nicht bestanden hätte. Hermes gab ihm eine Sichel und sagte ihm, daß er, um Medusa zu töten, drei weitere Dinge brauche: eine Tarnhaube, ein Paar geflügelte Schuhe und eine magische Tasche. All das werde er bei den Nymphen finden, zu denen ihm nur die Graien den Weg weisen könnten. Diese drei Alten hatten ein gemeinsames Auge und einen gemeinsamen Zahn, dessen sie sich abwechselnd bedienten. Perseus raubte ihnen beides, als keine etwas sehen konnte, weil gerade eine von ihnen der andern das Auge weiterreichte. So zwang er sie, ihm den Weg zu den Nymphen zu weisen, die ihm Haube, Schuhe und Tasche gaben. Mit dieser Zauberrüstung gelangte er zu den Gorgonen, drei grausigen Schwestern der Graien. Zwei von ihnen, Sthenno und Euryale, sind unsterblich; die dritte, Medusa, war sterblich. Doch der Blick der schlangenhaarigen Medusa hatte die Kraft, alles, was er traf, zu versteinern. Perseus fand die drei Ungeheuer in tiefem Schlaf. Athena, die dem Helden wohlgesinnt war, zeigte ihm Medusa im Spiegel ihres blanken Schildes; rückwärts schreitend ging er auf die Furchtbare zu, schlug ihr mit der Sichel des Hermes das Haupt ab, steckte es in die magische Tasche, damit es keinen Schaden tue, und entkam mit Hilfe der tarnenden Haube und der geflügelten Schuhe der Verfolgung der andern Gorgonen. Aus dem Haupt der Medusa entsprang ein Wesen, das Poseidon mit ihr gezeugt hatte: das geflügelte Pferd Pegasos. Perseus aber versteinerte mit dem Medusenhaupt Polydektes und seine Insel, das steinige Seriphos, und brachte Athena das schlangenhaarige Haupt, das die Göttin auf ihrer Aegis befestigte. Die Gattin des Helden wurde Andromeda. Sie war eine Tochter des Äthiopierkönigs Kepheus und seiner Frau Kassiopeia. Weil Kassiopeia im Übermut ihre und ihres Kindes Schönheit mit der Schönheit der Nereiden verglichen hatte, sandte Poseidon ihrem Land einen grausamen, menschenfressenden Drachen. Die Äthiopier befragten darum das Orakel des Zeus Ammon, das in der Libyschen Wüste liegt, wie sie sich von diesem Unglück befreien könnten, und die Priester des Gottes antworteten ihnen, das Ungeheuer werde ihr Land nur verlassen, wenn sie ihm die Königstochter Andromeda opferten. Schon hat-

ten sie das Mädchen an einen Felsen gebunden, und der Drache
näherte sich ihr, um sie zu verschlingen – da erschien Perseus auf
seinen geflügelten Schuhen am Himmel. Hingerissen von ihrer
Schönheit, trat er vor den verzweifelten Kepheus und versprach
ihm, seine Tochter zu befreien, wenn er bereit sei, sie ihm zur Gattin zu geben. Der König ging auf die Bedingung des Helden ein.
Perseus tötete den Drachen, heiratete Andromeda und kehrte mit
ihr nach Argos zurück. Aus Furcht vor dem gewaltigen Enkel floh
des Perseus Großvater Akrisios, der König des Landes. Vergeblich
söhnte sich Perseus mit ihm aus, denn der Orakelspruch, der dem
Akrisios den Tod von der Hand seines Enkels vorausgesagt hatte,
sollte sich trotzdem erfüllen; beim Wettspiel tötete ihn Perseus versehentlich mit dem Diskos. In seinem Schmerz darüber wollte der
Held nicht Nachfolger des Akrisios in der Herrschaft über Argos
werden. Er ging darum nach Tiryns, gründete auch Mykenae, um-
mauerte diese Stadt und befestigte mit Hilfe der Kyklopen das
benachbarte Mideia. Perseus, der lichte Held, der Überwinder
finsterer Mächte, genoß in der Argolis, zu Athen, auf der Insel
Seriphos göttliche Ehren.

ERECHTHEUS

Des hochgesinnten Erechtheus
Wohlgebauete Stadt, des Königs, welchen Athena
Nährte, die Tochter des Zeus. Ihn gebar die fruchtbare Erde.
HOMER

Den Bewohnern von Attika galt eine Schlange mit menschlichem
Leib und Kopf, ein Geschöpf der Erde, als ihr erster König; denn
sie selbst hielten sich für Autochthonen. Dieser König hieß Kekrops. Die Tauschwestern Herse, Aglauros und Pandrosos waren
seine Töchter. Ihnen übergab Athena in einer verschlossenen Kiste,
die sie nicht öffnen durften, den Knaben Erechtheus, der wie
Kekrops ein erdgeborener Schlangenmensch war. Die Tauschwe-

stern aber übertraten das Verbot, wurden dafür mit Wahnsinn geschlagen und stürzten sich von der Akropolis hinab. Erechtheus folgte dem Kekrops im Königtum; von ihm stammen die ältesten Könige Attikas ab. Er soll es gewesen sein, der den Streit der Athena und des Poseidon um Attika entschied; er gründete den Dienst der Göttin und wurde später neben ihr im Erechtheion auf der Akropolis verehrt. Sein Sohn und Nachfolger war Pandion, der den Zwillingsschwestern Prokne und Philomela das Leben gab. Prokne, die lange Zeit hindurch mit dem Thrakerkönig Tereus in glücklicher Ehe gelebt hatte, kam eines Tages der Wunsch, ihre Schwester wiederzusehen, und sie bat darum ihren Gatten, nach Athen zu fahren und ihr Philomela für einige Zeit zu bringen. Auf der Reise aber vergewaltigte Tereus die Philomela und schnitt ihr die Zunge aus dem Mund, damit sie ihn nicht verraten könne. In ihrer Not sandte die Unglückliche der Schwester ein Gewand, in das sie mit Buchstabenzeichen die Geschichte ihrer Leiden gewebt hatte. Da befreite Prokne die Philomela; die beiden schnitten den kleinen Itys, das Kind der Prokne und des Tereus, in Stücke und setzten ihn dem Vater als Speise vor. Als Tereus von dem Verbrechen erfuhr, wollte er die Mörderinnen töten; die Götter aber verwandelten Prokne in eine Schwalbe, Philomela in eine Nachtigall und Tereus in einen Wiedehopf.

AIGEUS

Es hat dem Gott des Meeres, Poseidon,
Mich Pittheus' liebliche Tochter geboren,
Und Nereus' dunkelgelockte Töchter
Brachten der Braut einen goldenen Schleier.
BAKCHYLIDES

Aus dem Stamme des Kekrops ging Aigeus hervor, der König über Athen wurde. Er war lange Zeit ohne Nachkommen geblieben und begab sich darum zu dem weisen König Pittheus von Troizen, um sich bei ihm Rat zu holen, wie er zu einem Erben gelangen könne. Dort lernte er Aithra, des Pittheus Tochter, kennen und zeugte mit ihr den Theseus; doch da Aithra in der gleichen Nacht auch in den Armen des Poseidon gelegen hatte, galt Theseus als ein Sohn des Meeresbeherrschers. Als Aigeus Troizen verließ, um nach Athen zurückzukehren, verbarg er sein Schwert und seine Sandalen unter einem Felsblock und befahl Aithra, den Theseus nach Athen zu schicken, sobald er fähig sei, diesen Felsblock zu heben. Das Kind aber wuchs heran zu einem der herrlichsten Helden, dazu bestimmt, seine Vaterstadt aus arger Not zu erlösen. Denn an den Hof des Aigeus kam eines Tages der Prinz Androgeos, ein Sohn des gewaltigen Kreterkönigs Minos. Aigeus sandte den Jüngling aus, um den wilden Stier zu bekämpfen, den Herakles aus Kreta entführt hatte und der seitdem in der Ebene von Marathon hauste; doch der marathonische Stier tötete den Königssohn. Darüber ergrimmt, fiel Minos mit großer Macht in Attika ein. Zuerst belagerte er Megara, wo Nisos, des Aigeus Bruder, gebot. Dieser Nisos hatte ein einziges Haar auf dem Kopf; es war von purpurner Farbe, und sein Leben hing daran. Skylla, seine Tochter, von Liebe zu Minos ergriffen, riß es ihm aus, und er starb auf der Stelle. Er wurde in einen Seeadler verwandelt, Skylla in einen Seevogel, den der Seeadler ohne Unterlaß verfolgt. Der Kreterkönig aber, nachdem er sich durch diesen Verrat der Skylla die Stadt Megara unterworfen hatte, besiegte den Aigeus und legte den Athenern einen harten Tribut auf, von dem sie erst Theseus befreien sollte: alle neun Jahre mußten sie sieben Jünglinge und sieben Jungfrauen nach Kreta schicken, die dem furchtbaren Minotauros zum Fraß vorgeworfen wurden.

THESEUS

Durchs kretische Meer hin rauschte des Schiffes
Blaustrahlender Bug. Den Theseus trug es
Und sieben Paare ionischer Jugend.
Gewaltig fielen die nördlichen Winde
Ins weithin leuchtende Segel.

BAKCHYLIDES

Von dem weisen Kentauren Chiron erzogen, wuchs Theseus herrlich heran. Schon als Kind bewies er, wie tapferen Herzens er war. Denn als Herakles einmal nach Troizen an den Hof seines Großvaters Pittheus kam und die Löwenhaut, die er als Mantel um die Schultern trug, ablegte, flohen die troizenischen Knaben entsetzt, weil sie in der Haut einen wirklichen Löwen zu sehen glaubten; Theseus aber ergriff sein Schwert und ging mutig auf das vermeintliche Untier zu. Als er sechzehnjährig war, hob er mühelos den Felsblock, unter den Aigeus einst Schwert und Sandalen gelegt, und zog mit diesen Erkennungszeichen nach Athen. Trotz aller Warnungen wählte er für seine Reise den gefährlichen Landweg. Unterwegs aber verrichtete er sechs gewaltige Heldentaten, durch die das Land von furchtbaren Unholden befreit wurde: er machte den Periphetes unschädlich, der alle Vorübergehenden mit einer Keule erschlug. Auf dem korinthischen Isthmos überwand er Sinis, auch Pityokamptes, der Fichtenbeuger genannt; dieser Räuber brachte die Wanderer um, indem er sie zwischen zwei zusammengebundene Fichten band, die er dann auseinanderschnellen ließ. Er erlegte die wilde krommyonische Sau. Den Wegelagerer Skiron beseitigte er auf die gleiche Art, wie dieser die Reisenden ermordete, die den Weg über die skiradischen Felsen nahmen; er ließ sich von ihm die Füße waschen und stieß ihn dabei ins Meer hinab. Er tötete den Riesen Kerkyon, der alle Wanderer zwang, mit ihm zu ringen, und den Prokrustes, der seine Opfer in ein Bett legte und ihre Körper, je nachdem das Bett zu kurz oder zu lang für sie war, in die Länge zerrte oder um ein Stück kürzer machte. Endlich zu

Athen angekommen, fand er Aigeus in den Liebesbanden der Medea. Die Zauberin wollte Theseus vergiften. Aigeus aber erkannte seinen Sohn an Schwert und Sandalen, schlug Medea den Giftbecher aus der Hand und vertrieb sie aus Athen. Dann überwand der junge Held den marathonischen Stier. Als nun zum dritten Male der furchtbare Bluttribut seiner Vaterstadt an König Minos entrichtet werden sollte, zog er mit den athenischen Jünglingen und Jungfrauen nach Kreta, um seine Heimat von dieser Schmach zu befreien. Auf dieser Fahrt standen ihm die Götter bei. Um zu prüfen, ob Theseus wirklich unter dem Schutz der Götter stand, schleuderte Minos einen Ring ins Meer und ließ ihn von Theseus heraufholen. Dieser stieg in die Meerestiefe zu Amphitrite hinab, die dem Sohn ihres Gatten Poseidon einen leuchtenden, goldenen Kranz schenkte. Aphrodite aber half dem Helden, indem sie in Ariadne, einer Tochter des Minos, leidenschaftliche Liebe zu Theseus entflammte. Das Mädchen gab ihm einen Wollknäuel, damit drang er in die düsteren Irrgärten des Labyrinthes ein, den Faden, mit dessen Hilfe er später den Rückweg fand, hinter sich abwickelnd; der Kranz der Amphitrite leuchtete ihm voran, und so gelang es ihm, den Minotauros zu töten. Dann entfloh er mit Ariadne, verließ sie aber auf Naxos, nach einer Überlieferung, weil Dionysos Ariadne für sich behalten wollte, nach anderer Überlieferung aus Treulosigkeit. Als Theseus nach Kreta ausgezogen war, hatte er zum Zeichen der Trauer schwarze Segel gehißt, doch seinem Vater versprochen, bei der Heimkehr weiße Segel zu setzen, wenn die Reise glücklich verlaufen sei. In der Trauer über Ariadnes Verlust oder aber in der Freude über seinen Sieg vergaß er das, und als Aigeus die schwarzen Segel sah, stürzte er sich in die See, die von da an seinen Namen trug. Nun wurde Theseus König über Athen und einige Attika, indem er den Bewohnern des Landes das gemeinsame Fest der Panathenaeen gab. Zusammen mit seinem Freund, dem Lapithenkönig Peirithoos, zog er auf Frauenraub aus. Zuerst entführten die beiden aus Sparta Helena, des Tyndareos Tochter, die damals kaum zehn Jahre alt, aber von wunderbarer Schönheit war, brachten sie nach der attischen Burg Aphidna, wo Aithra, des Theseus Mutter, sie in ihre Obhut nahm, und losten um den Besitz des Mädchens. Dabei fiel Helena dem Theseus zu; die beiden Freunde aber zogen aus, um auch dem Peirithoos eine Geliebte zu rauben, und stiegen voll Übermut in den Hades hinab, um die Unterweltkönigin Persephone zu entführen. Doch Hades sandte den Helden die Erinyen entgegen, die Theseus und Peirithoos fesselten und gewaltsam auf einen zauberischen Stein setzten, von dem niemand mehr aufstehen kann, der sich einmal darauf niedergelassen. Später befreite Herakles den Theseus, der Lapithenkönig aber blieb für alle Zeit in der Unterwelt. Inzwischen waren auch die Dioskuren in Attika eingefallen und hatten ihre Schwester Helena befreit, Aithra gefangen nach Sparta geschleppt. Vergeblich verfolgte der Held die göttlichen Zwillinge, das schöne Mädchen war ihm für immer verloren. Später zog er auch gegen die Amazonen, ein kriegerisches Frauenvolk, das in Kappadokien am Fluß Thermodon rings um die Hauptstadt Themiskyra lebte. Die Amazonen waren dem Krieg so leidenschaftlich ergeben, daß sie sich die rechte Brust abschnitten, um beim Bogenspannen nicht behindert zu sein. Oft drangen sie in die hellenischen Lande ein, und viele griechische Helden hatten schwere Kämpfe mit ihnen zu bestehen. Theseus nahm ihre Königin Hippolyte gefangen und brachte sie nach Athen. Nach einer anderen Erzählung soll sie ihm aus Liebe gefolgt sein, und als die Amazonen nach Attika zogen, um ihre Königin zurückzuerobern, fiel sie, gegen ihr eigenes Volk fechtend, an seiner Seite. Als Theseus alt war, raubte ihm Menestheus, ein Volksaufwiegler, die Herrschaft über Athen. Theseus floh auf die Insel Skyros, und dort ist er gestorben. Später wurde sein Leichnam nach Athen gebracht und in einem Tempel beigesetzt, in dem er als attischer Landesheros göttliche Ehren genoß.

HIPPOLYTOS

Fluch auf euch,
Nie tu ich meinem Weiberhaß genug,
Mag auch mein Reden überschwenglich scheinen,
Denn überschwenglich ist auch ihre Tücke.
Solang sie nicht zur Tugend sich bekehren,
Laßt mich dabei, mit Haß sie zu verfolgen.
EURIPIDES

Theseus hatte mit der Amazonenkönigin Hippolyte einen Sohn gezeugt: den Hippolytos. Dieser Jüngling haßte die Frauen und lebte so keusch, daß er ein besonderer Schützling der jungfräulichen
Artemis war. Phaidra aber, eine Schwester der Ariadne, die sich
Theseus zur Gattin genommen, verliebte sich leidenschaftlich in
den schönen Sohn ihres Gemahls, und als dieser ihr nicht zu Willen
war, beschuldigte sie ihn bei seinem Vater, er habe ihr nachgestellt.
Dann nahm sie sich in wilder Verzweiflung selbst das Leben. Doch
Theseus bat in seinem eifersüchtigen Haß Poseidon, Hippolytos
für seine vermeintliche Schuld zu strafen, und als der Unschuldige
eines Tages am Ufer der See entlangfuhr, sandte ihm der Meeresgott einen entsetzlichen Stier: die Pferde scheuten, der Jüngling
verlor die Gewalt über sie, verwickelte sich in die Zügel und wurde so von den eigenen Rossen elend zu Tode geschleift.

MINOS

Die aber saß auf dem Rücken des Stier gewordenen Gottes
Hielt mit der einen Hand das Horn des Tieres, die andre
Faßte den Saum ihres purpurnen Kleids, daß er nicht sich benetze,
Schleppend über des dunklen Meeres unendliche Wasser.
Um die Schultern bauschte sich hoch der Mantel Europas,
Gleich einem Segel am Schiff, und hob in die Höhe das Mädchen.

MOSCHOS

Als Europa, die Tochter des Phönikerkönigs Agenor, die Herden ihres Vaters hütete, erschien Zeus dem schönen Mädchen in der Gestalt eines herrlichen Stieres und entführte sie auf seinem Rücken über das Mittelländische Meer. Auf Kreta zeugte er mit ihr Minos und Rhadamanthys. Der König der Insel, Asterion, erzog die Knaben und vererbte dem Minos sein Reich. Minos, von seinem Vater Zeus beraten, gab Kreta weise Gesetze und dehnte seine Herrschaft weit über die Inseln des Ägäischen Meeres aus. Eines Tages bat er nun Poseidon, er möge ihm sein Thronrecht durch ein Geschenk bestätigen, und wirklich sandte ihm der Meeresbeherrscher einen wundervollen Stier; aber statt das Tier, wie ihm befohlen war, dem Gotte zu opfern, führte Minos ein anderes, schlechteres zum Altar. Zur Strafe für diesen Betrug wurde seine Gattin Pasiphae von wilder Liebesleidenschaft zu dem Stiere ergriffen. Sie ließ sich von Daidalos, einem vielgewandten attischen Künstler, der im Dienste des Minos stand, das bronzene Abbild einer Kuh anfertigen, verbarg sich darin und zeugte so mit dem Stier das menschenfressende Ungeheuer Minotauros: einen Bastard von menschlicher Gestalt mit einem Stierkopf. Er hauste im Labyrinth, einem Wunderbau mit tausend Irrgängen, den Daidalos geschaffen hatte. Aus Rache dafür, daß Daidalos dem Theseus beigestanden, als der Held den Minotauros tötete, ließ Minos den Künstler und seinen Sohn Ikaros in diesem Labyrinth einkerkern. Daidalos aber fertigte Flügel aus Federn an, die er mit Wachs an den Schultern befestigte, und beide entkamen fliegend. Doch da sich Ikaros auf dem

Fluge der Sonne allzusehr näherte, schmolz das Wachs; die Schwingen, die ihn so hoch emporgetragen, lösten sich, und er stürzte in die See, die von da an seinen Namen trug.

DIE JUGEND DES HERAKLES

Mut, o Weib, du Heldengebärerin, Same des Perseus!
Mut, und hoffe getrost von der Zukunft reichlichen Segen.
Manche Achäerin wird ihr weiches Gespinst um die Knie
Einst in der Hand umdrehen am Abende, singend Alkmenes
Namen und Ruhm.
THEOKRIT

Perseus hatte drei Söhne: Elektryon, Alkaios, Sthenelos. Alkmene, Elektryons Tochter, heiratete ihren Vetter Amphitryon, den Sohn des Alkaios. Da Amphitryon versehentlich seinen Schwiegervater erschlagen hatte und darum die Rache des Sthenelos fürchten mußte, floh er zu König Kreon von Theben. Während er auf einem Feldzug von daheim abwesend war, versuchte Zeus, die schöne Alkmene zu seiner Geliebten zu machen; sie aber war ihrem Gatten so treu, daß der Gott die Gestalt des Amphitryon annehmen mußte, um sich ihr zu nähern. Durch diese Täuschung zeugte er mit ihr Herakles, den gewaltigsten unter den griechischen Helden. An dem Tage, an dem Alkmene gebären sollte, rühmte sich Zeus in der Versammlung der Götter, daß heute ein Mensch das Licht der Welt erblicken werde, der bestimmt sei, über alle Männer aus dem Stamme des Perseus zu herrschen. Die eifersüchtige Hera bat Zeus, seine Worte durch einen Eid zu bekräftigen, verzögerte, wozu ihr als Gottheit der Geburten die Macht gegeben war, die Niederkunft der Alkmene und ließ das Weib des Sthenelos einen andern Perseïden, den schwächlichen Eurystheus, gebären. An diesem gingen nun Wort und Schwur des Zeus in Erfüllung: Eurystheus herrschte über das Perseïdenhaus, und der gewaltige Herakles wurde ihm untertan. Doch Hera tat noch mehr, um das Kind der Alkmene zu verderben. Sie legte ihm, als er acht Monate alt war, zwei Schlangen in die Wiege, die er spielend erwürgte. In Theben wuchs Herakles auf, erlernte leicht und vollkommen alle ritterlichen Künste; doch für die Musik hatte er so wenig Sinn, daß er seinen Musiklehrer Linos, der ihn einmal getadelt hatte, mit der Lyra erschlug. Zur Strafe dafür sandte ihn Amphitryon als Hirten auf den Berg Kithairon, wo er seine erste Heldentat, die Tötung des wilden kithaironischen Löwen, vollbrachte. Als Herakles in der Einsamkeit der Berge weilte, so erzählt der Philosoph Prodikos, und darüber nachdachte, welchen Lebensweg er einschlagen sollte, gelangte er an einen Scheideweg. Da erschienen ihm zwei Frauen von sehr verschiedener Gestalt: die Weichlichkeit und die Tugend. Jene malte ihm ein Leben voll üppiger Freuden aus, diese zeigte ihm den mühevollen Weg zum Ruhm. Herakles aber wählte den Weg, den ihm die Tugend wies. Doch war es der Wille des Zeus, daß er zuvor noch Schweres erdulden und im Dienst seines feigen, schwächlichen Vetters Eurystheus gewaltige Taten vollbringen müsse. Hart kam es den Helden an, sich dem göttlichen Ratschluß zu beugen, und als ihn Eurystheus zu sich rief und das Delphische Orakel Herakles befahl, dem Rufe zu folgen, geriet er in Raserei und tötete in Geistesverwirrung die Kinder, die er mit seiner Frau Megara, einer Tochter des Kreon, gezeugt hatte. Endlich vom Wahnsinn geheilt, ging er an das gewaltige Werk.

DIE TATEN DES HERAKLES

Einst wanderte er über unermeßliche Lande und Meere im Dienste des Eurystheus, und viele Gewalt tat er an und viele erlitt er.
HYMNOS

Zwölf sind die Taten, die Herakles im Dienst des Eurystheus vollbrachte, mit denen er die Welt von furchtbaren Übeln und Ungeheuern befreite und sich selber emporkämpfte zum größten Helden der Hellenen, zu unsterblichem Ruhm: I. Er tötete den Löwen von Nemea, der unverwundbar war, indem er ihn in seinen Armen erwürgte. Der Kopf des Ungeheuers wurde sein Helm, das Fell sein Mantel. II. Der Hydra, einer grausigen Schlange, die im Sumpfe von Lerna hauste und zahllose Köpfe hatte, darunter einen unsterblichen, schlug er alle diese Köpfe ab. Da aber statt jedes abgeschlagenen immer zwei neue wuchsen, brannte er die Stümpfe mit glühenden Baumstämmen aus; auf den unsterblichen warf er einen großen Felsblock. In das Gift der Hydra tauchte er seine Pfeile; die Wunden, die diese Geschosse seinen Feinden beibrachten, wurden dadurch unheilbar. III. Den erymanthischen Eber, der Arkadien verwüstete, trieb er in tiefen Schnee und fing ihn lebendig. Als er das Tier nach Tiryns zu Eurystheus brachte, flüchtete der König erschrocken in ein großes Faß. IV. Auch die kerynitische Hirschkuh, ein Tier mit goldenem Geweih, das der Artemis heilig war, fing er nach langer Jagd lebendig. V. Die stymphalischen Vögel in Arkadien, mit ihren ehernen Krallen und Schnäbeln und mit Federn, die sie wie Pfeile verschießen konnten, jagte er mit einer bronzenen Klapper, einem Geschenk Athenas, erlegte oder vertrieb sie. VI. Augias, ein Sohn des Helios, König in Elis, hatte ungeheure Herden, deren Mist sich in gewaltigen Mengen in den Ställen des Königs staute. An einem einzigen Tag reinigte der Held die Ställe, indem er die Flüsse Alpheios und Peneios hindurchleitete. Augias hatte ihm dafür den zehnten Teil der Herden versprochen; als er aber erfuhr, daß Herakles diese Tat nicht als freier Mann, sondern als Diener des Eurystheus vollbracht hatte, verweigerte er den Lohn. Herakles überzog darum den König mit Krieg, überwand und tötete ihn. VII. Er bekriegte die Amazonen, tötete ihre Königin Hippolyte und raubte ihr den prächtigen Gürtel, ein Geschenk des Ares, um ihn der Tochter des Eurystheus zu bringen. VIII. Herakles fing den kretischen Stier lebendig; Hera aber jagte das Tier nach Marathon, wo es später von Theseus überwunden wurde. IX. Herakles brachte dem Eurystheus die menschenfressenden Rosse des Diomedes, nachdem er ihnen den Diomedes selbst zum Fraß vorgeworfen hatte. X. Er raubte im fernen Westen die Herden des dreileibigen Unholdes Geryoneus, tötete dessen Hirten, den Giganten Eurytion, und den zweileibigen Wachhund Orthros. Auf dem

Wege zu Geryoneus überwand er den grausamen Ägypterkönig Busiris, der alle Landesfremden dem Zeus opferte, und rang mit Antaios, einem Sohn der Erde, dessen Kräfte sich immer wieder erneuerten, wenn er den Mutterboden berührte: Herakles hob Antaios in die Luft und erwürgte ihn. XI. Er raubte die Äpfel der Hesperiden. Unterwegs befreite er den gefesselten Prometheus. Dieser wies ihm die Straße zum Riesen Atlas, der die Himmelskuppel auf seinen Schultern trägt. Der gewaltige Herakles nahm ihm diese Last ab und sandte den Riesen aus, um die Äpfel zu holen. Freilich wollte Atlas die Gelegenheit nicht vorübergehen lassen und Herakles die Kuppel für immer aufbürden; aber unter dem Vorwand, sich rasch noch ein Kopftuch zu winden, damit ihn die Bürde weniger drücke, brachte Herakles den Atlas noch einmal unter das Joch. Nach einer andern Sage raubte der Held selbst die Äpfel und tötete die Schlange Ladon, die sie hütete. XII. Mit Hilfe der Athena und des Hermes fing er in der Unterwelt ohne Waffen den dreiköpfigen Höllenhund Kerberos, schleppte ihn vor Eurystheus und führte das Ungeheuer dann wieder in den Hades zurück.

DIE KRIEGE DES HERAKLES

Selbst Herakles, erzählt man, hat von Sklavenbrot,
Als er verkauft war, sich zu nähren nicht verschmäht.
AISCHYLOS

Nachdem Herakles die zwölf Taten vollbracht, kehrte er heim nach Theben, gab seine Frau Megara seinem treuen Kampfgefährten Iolaos zur Gattin und zog aus, um sich die blonde Iole zu gewinnen, die ihr Vater Eurytos dem Manne versprochen hatte, der fähig sei, ihn selbst und seine Söhne im Bogenschießen zu übertreffen. Obwohl Herakles die Bedingung erfüllte, gab ihm Eurytos das Mädchen nicht; denn er hatte gehört, daß der Held seine eigenen Kinder erschlagen hatte und als Unfreier dem Eurystheus dienstbar gewesen sei. Aus Rache dafür tötete Herakles den Iphitos, einen

Sohn des Eurytos. Als die Priester des Delphischen Orakels sich weigerten, ihn von diesem Morde zu reinigen, wurde er im Heiligtum gewalttätig und versuchte sogar den pythischen Dreifuß zu rauben, so daß Apollon seinen Priestern zu Hilfe eilen mußte. Herakles aber wagte den Kampf mit dem Gott. Zeus trennte endlich die Streitenden mit seinem Blitz. Zur Strafe für diesen Frevel mußte Herakles drei Jahre lang der Königin Omphale von Lydien als Sklave dienen und in Frauenkleidern mit ihren Dienerinnen Weiberarbeit tun, während Omphale sein Löwenfell und seine gewaltige Keule trug. Nach seiner Befreiung aus der Gefangenschaft bei Omphale zog er, unterstützt von andern Helden, unter denen sich Telamon befand, gegen Troja, um Rache an Laomedon zu nehmen. Denn als Herakles einst zu diesem König gekommen war, wütete ein furchtbarer Drache im Lande, und Hesione, des Königs Tochter, sollte dem Ungeheuer geopfert werden. Diesen Drachen hatte Poseidon gesandt, weil er den versprochenen Lohn für seine Hilfe beim Bau der Mauern von Troja von dem wortbrüchigen Laomedon nicht erhalten konnte. Herakles tötete den Drachen und befreite Hesione. Dafür sollte er die herrlichen Rosse bekommen, die einst Zeus dem Tros, Laomedons Vater, als Entschädigung für den geraubten Ganymedes geschenkt hatte. Doch der König hielt auch dem Herakles das gegebene Wort nicht. Nun überzog ihn der Held mit Krieg, tötete ihn und alle seine Söhne bis auf einen. Der Hesione räumte er nämlich das Recht ein, mit ihrem Schleier einen ihrer Brüder zu retten, und sie wählte den Podarkes, der von da an Priamos, der Befreite, genannt wurde. Hesione heiratete Telamon, Priamos aber erbte die Herrschaft über Troja.

DER TOD DES HERAKLES

Nun starren, wie zerrissen, Haut und Glieder mir,
Ein ungesehenes Wehe zehrt mich Armen aus,
Mich, der ein Sohn der besten Mutter heißt, ein Sohn
Des Zeus genannt wird, welcher bei den Sternen thront.
SOPHOKLES

Acheloos, der Mächtigste unter den griechischen Flußgöttern, liebte die Deianeira; aber Herakles gewann sich das schöne Mädchen, indem er siegreich mit dem gewaltigen Gotte um sie rang. In diesem Kampfe wechselte Acheloos immer von neuem die Gestalt, um sich dem Helden zu entziehen, und wurde schließlich ein Stier. Diesem Stier brach Herakles ein Horn ab, das die Nymphe Amaltheia mit Blumen und Früchten füllte: so entstand das Füllhorn. Auf einer Reise mit Deianeira kam Herakles einmal an einen tiefen Fluß und bat den Kentauren Nessos, Deianeira auf seinen Rücken zu nehmen und durch die Strömung zu tragen. Der Kentaur willigte ein, versuchte aber dann mit der schönen Frau zu entfliehen. Da verwundete Herakles den Nessos tödlich mit seinen Pfeilen. Um sich dafür zu rächen, gab der sterbende Kentaur der Deianeira von seinem eigenen Blut und versicherte ihr, dies sei ein Zaubertrank, mit dem sie sich die Liebe des Herakles für immer erhalten könne. Nun geschah es, daß der Held Deianeira verließ, gegen Eurytos auszog, den wortbrüchigen König tötete und sich Iole eroberte. Als er mit ihr heimwärts reiste, sandte ihm die eifersüchtige Deianeira ein Gewand, das mit dem Blute des Nessos getränkt war; denn sie hoffte, durch diesen Zauber die Liebe des Herakles zurückzugewinnen. Er legte das Gewand an, doch das Nessosblut war entsetzliches Gift. Schmerzvoll brannte sich das Gewebe in sein Fleisch; vergeblich versuchte er, es herunterzureißen. Von unerträglichen Qualen gepeinigt, ließ er schließlich auf dem Berge Oita einen Scheiterhaufen errichten und warf sich in die Flammen. Kaum aber lohte das Feuer empor, erschien die Göttin Athena und trug ihn in den Olymp hinauf. Dort verlieh ihm

Zeus die Unsterblichkeit und gab ihm Hebe, die Göttin der Jugend und ewigen Schönheit, zur Gattin.

DIE KALYDONISCHE JAGD

Rasch aus der Truhe langte sie das Scheit,
An das die Moira einst mein Lebenslos
Geknüpft – und in des Herdes Flammen warf
Sie es mit lautem Schrei.
BAKCHYLIDES

Als Oineus, König von Kalydon in Aitolien, es einmal versäumt hatte, der Artemis zu opfern, sandte die Göttin seinem Land einen wilden Eber, der die Fluren verwüstete. Darum lud des Oineus Sohn, der tapfere Held Meleagros, alle Fürsten der Griechen zur Jagd auf das gewaltige Untier ein. Viele Helden kamen, dazu zwei Onkel des Meleagros, die Thestiaden, Brüder seiner Mutter Althaia, und Söhne des Königs Thestios von Pleuron. Auch die arkadische Jägerin Atalante stellte sich ein. Ihr Vater hatte sie nach der Geburt ausgesetzt, eine Bärin war ihre Amme gewesen. Alle Jünglinge, die um sie warben, mußten sich mit ihr im Wettlauf messen; wenn sie aber einen der Freier einholte, so durchbohrte sie ihn von rückwärts mit dem Speer. Nachdem die Jäger in Kalydon einige Tage mit Festen verbracht hatten, zog die edle Gesellschaft aus. In hartem Kampf verwundete Atalante das Untier; Meleagros tötete es schließlich und erhielt darum das Fell des Ebers. Doch der Held, bezaubert von der schönen Jägerin, gab ihr den Jagdpreis. Das erregte die Eifersucht der Thestiaden, und sie entwendeten Atalante das Fell. Meleagros, darüber ergrimmt, erschlug seine Onkel, und so kam es zum blutigen Krieg zwischen denen von Kalydon und Pleuron. Zuerst waren die Kalydonier siegreich. Althaia aber fluchte aus Schmerz über den Tod ihrer Brüder dem Meleagros. Gekränkt zog sich der Held vom Kampf zurück. Vergeblich flehten seine Landsleute ihn an, die Heimat zu schützen;

erst seiner Gattin gelang es, ihn wieder für den Kampf zu gewinnen. Da unterlagen die von Pleuron rasch. Doch die Erinyen, die den Fluch der Althaia gehört, holten Meleagros in die Unterwelt hinab. Eine andre Sage erzählt, daß die Moiren bei der Geburt des Helden seiner Mutter gewahrsagt hätten, das Leben ihres Kindes werde so lange dauern, bis ein Holzscheit verkohlt sei, das gerade auf dem Feuer brannte. Damals löschte Althaia das Scheit und verbarg es in einer Truhe. Als aber Meleagros ihre Brüder tötete, legte sie es wieder auf die Flamme, und so starb der Held, wie von innerem Feuer verzehrt, in der Blüte der Jugend. Aus Schmerz darüber nahm sich Althaia das Leben.

DIE ARGONAUTEN

Deutlich stand ihr noch alles vor Augen, wie es gewesen.
Wie er selber erschien, in was für Kleidern er prangte,
Wie er sprach, wie er saß auf dem Thron, wie er ging aus dem Saale.
Und sie meinte, bewegten Gemüts, keinen anderen Helden
Gäb es wie ihn; es klangen in ihren Ohren beständig
Seine Stimme, die Worte, die süßen, die er gesprochen.
Und sie zittert' um ihn, daß ihn die Stiere bezwängen
Oder Aietes selbst.
APOLLONIOS

Athamas, ein Sohn des Aiolos und König der Minyer in Orchomenos, hatte von seiner Gattin Nephele, der Wolke, zwei Kinder: einen Sohn, Phrixos, den rauschenden Regen, und eine Tochter, Helle, das lebendige Licht. Als Athamas die Nephele verließ, um Ino zu heiraten, stieg Nephele zum Himmel empor und sandte dem Land der Minyer furchtbare Trockenheit. Da überredete Ino, die den Sohn der Nephele beseitigen wollte, ihren Gatten, Phrixos dem Zeus zu opfern, damit der Gott wieder Regen spende. Nephele aber sandte ihren Kindern einen Widder mit goldenem Vlies, und auf dem Rücken dieses Zaubertieres entflohen Bruder und Schwester.

Unterwegs stürzte Helle in die See und ertrank in jener Meerenge, die nach ihr Hellespont heißt. Phrixos gelangte nach Kolchis, einem Land, das im Osten des Pontos Euxinos, des Schwarzen Meeres, liegt, opferte Zeus den goldenen Widder und hing das Vlies in einem Haine auf, wo es von da an ein furchtbarer Drache bewachte. Von dort brachte es Iason nach Hellas. Er war einer der Gewaltigsten unter den griechischen Helden, ein Zögling des weisen Chiron. Als Erbteil von seinem Vater Aison her stand ihm die Königsherrschaft über Iolkos zu, die ihm Pelias, ein Halbbruder seines Vaters, geraubt hatte. Als der junge Held erwachsen war, fuhr er darum nach Iolkos und forderte von Pelias die Herrschaft zurück. Auf dem Wege dorthin verlor er im Sumpf eine Sandale, und da dem Pelias die Weissagung geworden war, er solle sich vor einem Einsandaligen hüten, versuchte er sich des Iason zu entledigen. Er versprach ihm zwar die Herrschaft, doch unter der Bedingung, daß er das goldene Vlies aus Kolchis zurückbringe. Darum rüstete Iason einen großen Heldenzug. Im Hafen von Iolkos ließ er ein fünfzigrudriges Schiff bauen, das nach seinem Erbauer Argo hieß; und wie die Argo fünfzig Ruder hatte, so gab es auch fünfzig Argonauten, die unter der Führung des Iason nach Kolchis zogen. Viele der größten griechischen Helden waren darunter, so etwa Herakles, Peleus, Telamon, Kastor und Polydeukes, Meleagros, Admetos, Orpheus, Theseus, Peirithoos. Auf ihrer Fahrt gelangten sie zuerst auf die Insel Lemnos, wo sie einige Zeit mit den schönen Lemnierinnen verbrachten, die ihre untreuen Männer erschlagen und einen Frauenstaat gegründet hatten. Mit ihrer Königin Hypsipyle zeugte Iason zwei Söhne; auch pflegen die Argonauten freundschaftlichen Umgang mit den Kabiren und ließen sich auf den Rat des Sängers Orpheus, der unter ihnen war, in deren Mysterien einweihen. Von Lemnos segelten sie zu den Dolionern, deren König Kyzikos sie freundlich aufnahm. Als sie aber weiterreisten, ergriff ein Sturm ihr Schiff und warf es in der Nacht wieder an das Ufer zurück. Die Dolioner erkannten in der Nacht ihre Gastfreunde nicht; es kam zur Schlacht, Kyzikos fiel, seine Gattin Kleite nahm sich im Schmerz darüber das Leben, und aus den Tränen, die die Waldnymphen um sie weinten, entstand die Quelle, die den Namen der Königin trägt. Nach dreitägigen Totenopfern fuhren die Argonauten zu den Bebrykern, deren König Amykos, ein berühmter Faustkämpfer, sich mit Polydeukes im Faustkampf messen wollte, aber dem göttlichen Gegner unterlag. Im thrakischen Salmydessos traf die Heldenschar den blinden Seher Phineus, einen Sohn des Agenor. Er litt hart darunter, daß ihm die Harpyien die Nahrung beschmutzten oder raubten, so daß er nie seinen Hunger stillen konnte. Die Boreaden, die den Iason begleiteten, befreiten Phineus von dieser Plage. Mit Hilfe der Athena fuhr die Argo unversehrt durch die Symplegaden, zwei Felsen, die jedesmal donnernd zusammenschlugen, wenn ein Schiff zwischen ihnen hindurch in den Pontos Euxinos einfahren wollte; die gefährlichen Klippen stehen seitdem still. Endlich aber kamen sie nach Kolchis und ankerten in der Mündung des Stromes Phasis, an dessen Ufern das Zauberland Aia liegt und der Hain, in dem Phrixos das goldene Vlies aufgehängt hatte. Dort herrschte Aietes, ein Sohn des Helios. Er hatte eine Tochter, Medeia, die eine Priesterin der Hekate und eine gewaltige Zauberin war. Aietes versprach dem Iason das Vlies, aber unter schweren Bedingungen: er sollte zwei feuerschnaubende Stiere unters Joch spannen, mit ihnen einen Acker pflügen, die Zähne eines Drachen in die Erde aussäen und die gewappneten Männer überwinden, die aus dieser Saat aufwachsen würden. Medeia, die in leidenschaftlicher Liebe zu Iason entbrannt war, bereitete ihm eine Zaubersalbe, die feuerfest macht, so daß er die Stiere bezwingen konnte. Auf ihren Rat warf er Steine unter die Gewappneten, weshalb sie untereinander in Streit gerieten und sich gegenseitig erschlugen. Trotzdem gab Aietes das Vlies noch nicht heraus und sann darüber nach, wie er die Argonauten vernichten könnte. Da schläferte Medeia durch ihre schwarze Kunst den Drachen ein, der das Vlies hütete; der Held raubte es und floh mit der Zauberin und allen seinen Gefährten auf der Argo. Medea aber nahm ihren kleinen Bruder Apsyrtos mit, und als die Schiffe nahten, die Aietes zur Verfolgung der Flüchtigen ausgesandt, schnitt sie den Knaben in Stücke und warf diese Stücke ins Meer. Die Leute des Aietes, damit beschäftigt, die Leiche aufzufischen, um das ermordete Königskind bestatten zu können, verloren Zeit, und die Argo entkam. Nach weiten, abenteuerlichen Reisen kehrten die Argonauten schließlich nach Iolkos heim, und Iason übergab dem Pelias das Vlies. Doch Pelias verweigerte dem Helden noch immer die Herrschaft. Da griff Medeia zu einer grausamen List. Sie überredete die Töchter des alten Königs, ihren Vater in Stücke zu schneiden und das Fleisch in einem Zaubertrank zu kochen, den sie gebraut hatte; sie versicherte den Mädchen, daß er dadurch wieder blühende Jugend erlangen werde. So starb Pelias, sein Sohn Akastos aber riß die Herrschaft an sich, Iason und Medeia mußten nach Korinth fliehen. Dort verließ der Held die Zauberin, um Krëusa, eine korinthische Königstochter, zu heiraten. Doch Medeia sandte der Krëusa als Hochzeitsgeschenk ein Kleid und ein Diadem, die vergiftet waren und die unglückliche Braut töteten, ermordete die beiden Kinder, die sie mit Iason gezeugt, und entfloh auf einem geflügelten Wagen nach Athen, wo sie die Geliebte des alten Königs Aigeus wurde. Als Theseus in seine Vaterstadt kam, mußte sie nach Kolchis zurückkehren. Iason fand einen elenden Tod unter dem Schiff Argo, dessen Planken ihn zermalmten.

OIDIPUS

Ja, gäb's ein Greul,
Das noch grausamer ist,
Es träfe Oidipus.
SOPHOKLES

Ein Orakelspruch hatte Laios, den König von Theben, davor gewarnt, Kinder zu zeugen, weil ihn einer seiner Söhne töten werde. Als daher seine Gattin Iokaste einen Sohn gebar, durchstach er dem Kind die Füße und setzte es aus. Doch ein Hirte fand den Knaben und brachte ihn zum König Polybos von Korinth, der ihn an Kindes Statt annahm und ihm den Namen Oidipus, «der mit den geschwollenen Füßen», gab. Als Oidipus herangewachsen war, kamen ihm Zweifel über seine Herkunft, und er befragte das Delphische

Orakel. Die Pythia warnte ihn davor, in seine Heimat zurückzukehren, da er dort seinen Vater töten und seine Mutter heiraten werde. Er mied darum Korinth, denn er hielt Polybos und dessen Gattin für seine Eltern, und zog nach Theben. An einem Engpaß begegnete er dem Laios. Barsch befahl ihm der Diener des Königs, die Straße freizugeben; deswegen kam es zum Streit, und Oidipus erschlug im Handgemenge seinen Vater. Der erste Teil des delphischen Spruches war erfüllt. Nun hauste zu jener Zeit an der Straße nach Theben die Sphinx, ein Ungeheuer mit dem Leib eines Löwen und dem Kopf einer Frau. Sie gab jedem Wanderer, der vorüberkam, ein Rätsel auf, und wenn er es nicht lösen konnte, warf sie ihn in einen Abgrund. Dies Rätsel lautete: Welches ist das Tier, das am Morgen auf vier, am Mittag auf zwei und am Abend auf drei Beinen geht? Oidipus antwortete ihr: Dies Tier ist der Mensch; denn in seiner Kindheit kriecht er am Boden, wenn er erwachsen ist, geht er auf beiden Beinen, im Alter aber nimmt er einen Stock zu Hilfe. So war das Rätsel gelöst, und aus Schmerz darüber stürzte sich die Sphinx in den Abgrund. Da aber Kreon, des Laios Schwager, dem Mann, der das Land von der Sphinx befreien könne, Thebens Thron und die Hand der verwitweten Iokaste versprochen hatte, wurde Oidipus König in seiner Heimatstadt und heiratete seine eigene Mutter. Der zweite Teil des delphischen Spruches war erfüllt. Nach einiger Zeit kamen furchtbare Pest und Hungersnot über Theben. Das Orakel, nach der Ursache des Unheils befragt, antwortete, man solle den Mörder des Laios aus der Stadt verjagen. Oidipus ließ darum emsig nach diesem Mörder forschen, bis der Unglückliche schließlich erfuhr, daß er selbst der Verbrecher sei. Nach dieser entsetzlichen Entdeckung erhängte sich Iokaste, Oidipus blendete sich, die Thebaner vertrieben den blinden Greis aus ihrer Stadt. Begleitet von seiner liebevollen Tochter Antigone irrte er nun durch die Lande, bis er endlich zu Kolonos in Attika, im Walde der Eumeniden, eine Zuflucht fand. Dort ist er gestorben und begraben.

DIE SIEBEN GEGEN THEBEN

Wie sieben Feldherrn, kampfgewaltig, mutentflammt
Bei Ares, bei Enyo, beim bluttrunknen Gott
Des Schreckens schworen, unsre Stadt bewältigend,
Des Kadmos Feste ganz zu vertilgen, oder selbst
In willigem Tod zu tränken unser Feld mit Blut.
AISCHYLOS

Oidipus hatte mit Iokaste zwei Söhne: Eteokles und Polyneikes.
Diese Zwillinge, die Frucht einer unnatürlichen Ehe, haßten sich
untereinander, und Eteokles vertrieb den Polyneikes aus Theben.
Dieser floh an den Hof des Königs Adrastos von Argos, wo er
Tydeus von Kalydon antraf, der auch aus seinem Reiche vertrieben
war. Mit ihm und Adrastos, dem Seher Amphiaraos und den Fürsten Kapaneus, Hippomedon und Parthenopaios verband er sich
zum Zuge der Sieben gegen Theben. Als er zu Amphiaraos kam,
um ihn zum Krieg aufzufordern, verbarg sich der Wahrsager, da er
den unheilvollen Ausgang des Krieges vorauswußte; aber sein Weib
Eriphyle, von Polyneikes mit dem herrlichen, doch Unglück bringenden Halsband bestochen, das die Götter einst der thebanischen
Stammutter Harmonia zur Hochzeit geschenkt hatten, verriet das
Versteck ihres Mannes, so daß sich Amphiaraos der Aufforderung
nicht mehr entziehen konnte. Die sieben Führer legten sich nun
mit ihren Scharen vor die sieben Tore von Theben. Da weissagte
der große Seher Teiresias den Thebanern, daß ihnen der Sieg von
den Unsterblichen bestimmt sei, wenn einer aus dem Geschlecht
der Spartoi, die in den Zeiten des Kadmos die Stadt erbaut, sich
dem Tode weihe und dem Vaterland opfere. Menoikeus, der Sohn
des Kreon, einer aus jenem alten Stamm, stürzte sich von der
Stadtmauer in die Höhle hinab, wo ehemals der von Kadmos be-
zwungene Aresdrache gehaust, und von da an war das Schlachten-
glück auf seiten der Thebaner. Kapaneus, der sich vermessen hatte, auch dem Feuer des Zeus zu widerstehen, wurde vom Blitz erschlagen. Polyneikes und Eteokles töteten sich gegenseitig in mör-

derischem Zweikampf. Weil Polyneikes als Feind seiner Heimat gefallen war, verboten die Thebaner die Bestattung seines Leichnams, und als Antigone, seine Schwester, mitleidvoll dem Verbot zuwiderhandelte und den Bruder begrub, wurde sie zum Hungertod verurteilt. Den Seher Amphiaraos aber verschlang auf der Flucht der Boden; später hat man ihn an manchen Orten als göttlichen Wahrsager verehrt. Die andern kamen alle um bis auf Adrastos, der im attischen Kolonos eine Zuflucht fand und Theseus bewog, von den Thebanern eine ehrenvolle Bestattung der Toten durch Waffengewalt zu erzwingen. Zehn Jahre später verbündeten sich die Söhne der sieben Fürsten, die Epigonen, zum Zug gegen Theben. Aber da der Fluch der Ehe des Oidipus nicht mehr auf ihnen lastete wie auf ihren Vätern, siegten sie. Der König von Theben, Laodamas, Sohn des Eteokles, fiel; Thersandros, des Polyneikes Sohn, wurde sein Nachfolger. Einen großen Teil der Kriegsbeute, darunter Manto, die wahrsagende Tochter des Teiresias, schenkten die Sieger dem delphischen Heiligtum.

PELOPS

Denn seit, ins Meer sinkend,
Myrtilos den Tod schmeckte,
Ruhte nie
Der Frevel, der fluchvoll
Auf diesem Haus lastet.
SOPHOKLES

Der Phrygierkönig Tantalos, ein Sohn des Zeus, war mit allen Gütern der Erde reich gesegnet und stand den Göttern so nahe, daß sie ihn oft zur Tafel luden. In seinem Übermut wollte er ihre Allwissenheit auf die Probe stellen, schnitt seinen Sohn Pelops in Stücke und setzte ihn den Himmlischen als Speise vor. Die Olympier aber erkannten den Betrug. Hermes, der vielgewandte, rief den Pelops ins Leben zurück; und eine Schulter des Knaben, die

Demeter, versunken in den Schmerz um ihre geraubte Tochter, schon verzehrt hatte, stellte der Gott aus Elfenbein wieder her. Harte Strafe traf Tantalos im Jenseits für diese Tat, und ein furchtbarer Fluch, der auch seine Tochter Niobe grausam heimsuchte, lag von da an auf seinem Stamm. Pelops kam auf seinen Fahrten in den Peloponnes, die Pelops-Insel, und nach Pisa in Elis, dessen König Oinomaos seine schöne Tochter Hippodameia dem Manne versprochen hatte, der ihn im Wagenrennen besiegen könne. Um Myrtilos, den Wagenlenker des Oinomaos, für sich zu gewinnen, machte ihm Pelops Hoffnungen auf die Herrschaft über eine Hälfte des Landes Elis, wenn er ihm helfe, den Oinomaos zu überwinden. Myrtilos ließ sich bestechen, lockerte die Räder am Wagen seines Herrn, und Pelops siegte. Oinomaos tötete sich, Pelops aber stürzte den Myrtilos ins Meer und wurde allein König in Elis. Mit Hippodameia zeugte er Atreus und Thyestes. Diese beiden Brüder wurden Herren in Argos, gerieten aber bald miteinander in Streit, und Thyestes mußte fliehen. Er nahm Pleisthenes, ein Söhnchen seines Bruders, mit sich in die Verbannung, erzog den Knaben als seinen eigenen und sandte ihn, als er erwachsen war, aus, um Atreus zu ermorden. Pleisthenes wurde entdeckt und hingerichtet. Doch als Atreus erfuhr, daß er den eigenen Sohn getötet, nahm er furchtbare Rache an Thyestes. Er versöhnte sich zum Schein mit ihm, ließ ihn und seine beiden Söhne in die Burg Mykenae kommen, schlachtete die Knaben und setzte sie dem Vater als Speise vor. Helios, der allsehende Sonnengott, war so entsetzt über dieses Verbrechen, daß er an jenem Tag nach Osten zurückkehrte, ohne seinen Himmelsweg zu vollenden, und für immer lag auf dem Stamm der Atriden, aus dem später auch Agamemnon und Menelaos hervorgingen, der Fluch, Enkel des Tantalos und des Pelops zu sein.

ACHILLEUS

Myrmidonen benenn' ich sie denn, andeutend den Ursprung.
Selber sahst du den Wuchs; zugleich die Sitten wie vormals
Haben sie noch: ein emsig Geschlecht, ausdauernd zur Arbeit,
Karg und genau im Erwerb, und wohl das Erworbene sparend.

OVID

Dem Aiakos, einem Sohn des Zeus und der Nymphe Aigina, König der Insel Aigina, der wegen seiner Güte und Gerechtigkeit nach seinem Tode einer der Seelenrichter im Jenseits wurde, gab Zeus für sein unbewohntes Eiland Einwohner, indem er Ameisen, Myrmekes, in Menschen verwandelte: so entstand das fleißige und handelstüchtige Volk der Myrmidonen. Aiakos hatte einen tapferen Sohn, den Peleus, dem die Götter wohlgesinnt waren, denn sie gaben ihm die wunderschöne Nereide Thetis zur Gattin und erschienen selbst bei seiner Hochzeit. Dabei schenkte ihm Poseidon zwei Wunderpferde, Chiron eine herrliche Lanze, die später sein Sohn, der gewaltige Held Achilleus, von ihm erbte. Von der Jugend dieses Größten unter den Aiakiden berichtet Homer, Chiron habe ihn in der Heilkunde, Phœnix in der Waffen- und Redekunst unterrichtet. Er wurde gemeinsam mit Patroklos erzogen, einem tapferen Jüngling, dem er sein ganzes Leben hindurch in inniger Freundschaft verbunden blieb. Das Schicksal hatte dem Achilleus die Wahl gelassen zwischen einem langen ruhmlosen und einem kurzen ruhmvollen Dasein; er aber wählte den Ruhm, und als Nestor und Odysseus zu ihm kamen, um ihn zur Teilnahme am Trojanischen Krieg aufzufordern, folgte er ihnen, obwohl er wußte, daß er fallen werde. Andere Sagen erzählen, daß Thetis ihr Kind unsterblich machen wollte, indem sie es am Tag mit Ambrosia salbte, nachts aber im Feuer läuterte. Peleus überraschte sie dabei, riß erschreckt den Knaben aus der Flamme und verhinderte so das göttliche Werk. Da tauchte Thetis ihren Sohn in das Wasser der unterirdischen Styx, wodurch er unverwundbar wurde mit Ausnahme der Ferse, an der sie ihn gehalten; und da sie sein Schicksal

kannte und ihn davor retten wollte, verbarg sie ihn in Weiber-
kleidern auf der Insel Skyros unter den Töchtern des Königs Lyko-
medes. Dort entdeckte ihn Odysseus durch List. Er breitete allerhand weiblichen Schmuck vor den Mädchen aus und legte daneben
Schild und Schwert. Plötzlich ertönten Schlachtruf und Kampf-
getöse. Die Mädchen flohen, Achilleus aber griff nach den Waffen,
gab sich dadurch zu erkennen und zog nun mit den Myrmidonen
gegen Troja.

DER TROJANISCHE KRIEG

Singe den Zorn, o Göttin, des Peleiaden Achilleus,
Ihn, der entbrannt den Achäern unnennbaren Jammer erregte
Und viele tapfere Seelen der Heldensöhne zum Hades
Sendete, aber sie selbst zum Raub darstellte den Hunden
Und dem Gevögel umher. So war Zeus' Wille vollendet.

HOMER

Eris, die Göttin des Streites, beleidigt darüber, daß sie nicht zur
Hochzeit des Peleus geladen worden, warf einen goldenen Apfel
unter die Gäste, der die Aufschrift trug: der Schönsten. Als nun
Hera, Athena und Aphrodite untereinander stritten, welche von
ihnen die Schönste sei, befahl Zeus, daß Paris, ein Sohn des Trojanerkönigs Priamos, den Streit entscheiden solle. Die Göttinnen trafen den Jüngling auf dem Berge Ida, wo er die Herden seines Vaters
hütete, und jede versuchte, ihn für sich zu gewinnen. Hera versprach ihm Macht, Athena Ruhm, Aphrodite das schönste Weib
der Welt. Paris aber entschied für die Liebesgöttin, gewann mit ihrer Hilfe die schöne Helena, die Gattin des Königs Menelaos von
Sparta, und entführte sie. Da rüstete Menelaos einen gewaltigen
Rachezug gegen Troja. Nun hatte einst Tyndareos, Helenas Vater,
alle die Fürsten und Fürstensöhne, die um seine Tochter freiten,
einen heiligen Eid schwören lassen, daß sie dem Manne, den er sich
zum Schwiegersohn erwähle, allezeit Freunde und Bundesgenos-

sen sein würden. Und so kamen denn jetzt der herrliche Achilleus, der gewaltige Aias, der schlaue Odysseus, der weise Nestor und viele andere, um mit ihm gegen Troja zu ziehn. Führer der Griechen war Agamemnon, der Bruder des Menelaos und König von Argos. Heer und Flotte versammelten sich in Aulis. Doch da Agamemnon auf der Jagd eine Hirschkuh getötet, die der Artemis heilig war, sandte die Göttin den Schiffen hindernde Windstille. Der Seher Kalchas erklärte, Artemis werde sich nur versöhnen lassen, wenn ihr Agamemnon seine Tochter Iphigenie opfere. Schon stand das Mädchen am Altar, schon erhob der Priester das Opfermesser, als die Göttin anstelle der Königstochter eine Hirschkuh sandte und Iphigenie entführte. Nun konnte die Flotte mit gutem Wind unter Segel gehn. Die Griechen landeten am trojanischen Ufer, bauten in der Ebene des Flusses Skamandros ein Schiffslager, und damit begann jener berühmte Krieg, der nach dem Spruch des Delphischen Orakels zehn Jahre dauern sollte. Gewaltige Taten geschahen in diesem Ringen, und der Tod hielt furchtbare Ernte; denn nicht nur auf seiten der Griechen fochten tapfere und kriegsgewohnte Helden, auch die Trojaner unter Führung des Hektor, des ältesten Sohnes ihres Königs Priamos, leisteten Großes. Selbst die Götter ergriffen in diesem Ringen Partei: Aphrodite und Apollon standen den Trojanern bei, Hera und Athena aber, durch das Paris-Urteil gekränkt, waren die Bundesgenossinnen der Griechen. Das Entscheidungsjahr des Krieges um Troja wurde das zehnte. In jenem Jahr kam der Apollonpriester Chryses ins Griechenlager, um seine Tochter Chryseis, die Agamemnon zu seiner Sklavin gemacht hatte, mit reichem Lösegeld zurückzukaufen. Hart wies ihn der Völkerfürst ab. Zur Strafe dafür sandte Apollon den Hellenen eine furchtbare Pest. Nur die Rückgabe der Chryseis, verkündete der Seher Kalchas, könne den Gott versöhnen. Zürnend gehorchte Agamemnon dem Seher, forderte aber als Entschädigung für Chryseis die schöne Briseis, des Achilleus Lieblingssklavin. Der Held fügte sich; doch zog er sich nun grollend vom Kampfe zurück, und seine Mutter Thetis erwirkte von Zeus, daß das Kriegsglück von da an die Trojaner begünstigte. Schon waren die Feinde unter Führung des gewaltigen Hektor drauf und dran, das griechische

Schiffslager in Brand zu stecken, als ihnen Achilleus seinen Freund Patroklos, dem er die eigenen Waffen geliehen, mit den Myrmidonen entgegensandte. Patroklos schlug den Angriff zurück, Hektor aber tötete ihn und eroberte die Waffen des Achilleus. In wildem Schmerz um den geliebten Freund griff Achilleus, nachdem er durch Thetis andere, von Hephaistos für ihn gefertigte Waffen erhalten, wieder in den Kampf ein, und mit ihm wandte sich das Kriegsglück wieder den Helden zu. Vor allem aber wollte Achilleus den Tod des Patroklos rächen. Dreimal jagte er Hektor um die Mauern von Troja, überwand ihn dann in furchtbarem Zweikampf, band den Leib des Gehaßten an seinen Streitwagen und schleifte ihn rings um die feindliche Stadt. Er hätte ihn den Vögeln und Hunden zum Fraß vorgeworfen, wäre nicht Priamos selbst in sein Zelt gekommen: dem greisen König gab er den Leichnam des Sohnes zurück. Trotz Hektors Tod ging der Kampf um Troja erbittert weiter. Endlich aber erreichte auch den Achilleus sein vorherbestimmtes Schicksal: bei einem Angriff auf das skäische Tor tötete ihn ein von Apollon gelenkter Pfeil des Paris. Ein grimmiger Kampf entbrannte um seinen Leichnam; Aias und Odysseus brachten ihn schließlich ins Griechenlager. Siebzehn Tage und siebzehn Nächte klagten Thetis, die Nereiden, die Musen um den gewaltigen Helden, und ihre Lieder waren so rührend, daß sie sogar die Olympier zu Tränen bewegten. Neben Patroklos bestatteten ihn die Hellenen in einem mächtigen Grabhügel. Odysseus aber und Aias stritten darum, wer von ihnen würdiger sei, die Waffen des Toten zu erben. Als Agamemnon auf Rat der Athena die hephaestische Rüstung dem Odysseus zusprach, geriet Aias aus Schmerz über dies Urteil in Raserei und stürzte sich in sein Schwert. Nach manchen Kämpfen aber kam doch der Tag, an dem Trojas stolze Feste fallen sollte. Verkleidet waren Odysseus und der Held Diomedes in die feindliche Stadt eingedrungen und hatten das Palladion entführt: eine Holzstatue der Athena, von deren Besitz Glück und Macht Trojas abhingen. Dann erdachte Odysseus eine Kriegslist. Er ließ ein riesiges hölzernes Pferd erbauen, im hohlen Bauch des Tieres verbargen sich fünfzig der tapfersten Griechen, die andern verbrannten das Lager und gingen mit der Flotte in See. Nur ein

Verwandter des Odysseus mit Namen Sinon blieb am Ufer zurück. Als die Trojaner, hocherfreut über die unerwartete Abfahrt ihrer Feinde, sich dem seltsamen Pferd näherten, ließ sich dieser Sinon von ihnen gefangennehmen. Er log ihnen vor, daß er nur mit knapper Not dem Odysseus entronnen sei, der ihn den Göttern habe opfern wollen; die Griechen hätten das Pferd gebaut, um den Raub des Palladions zu sühnen, und das hölzerne Tier werde den Trojanern großen Schaden bringen, wenn sie es zerstörten, großen Segen, wenn sie es in ihre Mauern aufnähmen. Vergeblich warnte Laokoon, ein trojanischer Apollonpriester, seine Landsleute: die Stimme der Götter schien gegen ihn zu sprechen. Denn als er am Meeresufer opferte, überfielen ihn plötzlich zwei riesige Schlangen und erdrosselten ihn und seine beiden Söhne in ihren furchtbaren Geschlingen. Die Trojaner aber führten das hölzerne Pferd in die Stadt. Durch Feuerzeichen des Sinon benachrichtigt, kehrte die Flotte zurück, die Griechen landeten, griffen Troja von neuem an. Die Männer, die im Innern des Tieres verborgen gewesen, öffneten die Tore der Stadt, die Hellenen drangen ein, ein furchtbares Gemetzel begann. Fast alle trojanischen Männer fielen, sogar der greise Priamos wurde am Altar des Zeus getötet, Astyanax, das Söhnchen des Hektor und seiner Gattin Andromache, von der Burgmauer herabgestürzt. Menelaos aber gewann Helena, die die Ursache dieses furchtbaren Krieges gewesen war, zurück und führte sie heim nach Sparta.

AGAMEMNONS TOD

Wenn die Freundlichen ihr mit freundlichem Sinn
Hochehrt hinfort,
Wird Land, wird Stadt euch blühn allzeit
In dem Schutz unbeugsamen Rechtes.
AISCHYLOS

Agamemnon hatte beim Fall Trojas Kassandra, eine Tochter des
Königs Priamos, zu seiner Sklavin gemacht. Einst hatte Apollon die
Kassandra geliebt und ihr unter der Bedingung, daß sie seine Liebe
erwidere, wahrsagerische Gaben verliehen; als sie aber nicht Wort
gehalten, strafte er sie damit, daß kein Mensch ihren Weissagungen
Glauben schenkte. Sie hatte das Unglück ihrer Vaterstadt vorausgesagt; sie kannte das Schicksal, das Agamemnon bei seiner Heimkehr nach Argos erwartete, aber er hörte nicht auf sie. Als er die
Burg seiner Väter betrat, wurde er von seiner Gattin Klytaimnestra,
die während seiner Abwesenheit im Feld die Geliebte des Aigisthos
geworden war, meuchlings im Bad ermordet. Auch Kassandra fiel
von der Hand der Mörderin. Agamemnon hinterließ zwei Kinder:
Elektra und Orestes. Nach seinem Tode brachte Elektra ihren kleinen Bruder zu seinem Onkel, dem König Strophios in Phokis, wo
er zusammen mit dessen Sohn Pylades erzogen wurde. Enge
Freundschaft verband die beiden Jünglinge, und als sie herangewachsen waren, zogen sie zusammen nach Argos, wo Orestes den
Tod seines Vaters furchtbar rächte, Klytaimnestra und Aigisthos
ermordete. Unerbittlich verfolgten von da an die Erinyen den Mut-
termörder; ruhelos umhergetrieben, irrte er von Land zu Land, bis
er in Delphi eine Zuflucht fand und Apollon ihm riet, sich von seinem Verbrechen durch eine kühne Tat zu reinigen, in Tauris das
Bild der taurischen Artemis zu entwenden und es nach Attika zu
bringen. Orestes tat, wie ihm befohlen; als er aber nach Tauris kam,
ließ ihn Thoas, der König des Landes, gefangennehmen und wollte ihn der Artemis opfern. Da erkannte Iphigenie, des Orestes
Schwester, die einst in Aulis von Artemis gerettet und in Tauris zur

Priesterin der Göttin eingesetzt worden war, den Bruder. Gemeinsam flohen die beiden und nahmen das Bild mit sich nach Attika. In Athen wurde Orestes vor den Areopag, den Blutgerichtshof, gestellt. Apollon verteidigte seinen Schützling, und als die eine Hälfte der Richter für den Tod des Muttermörders, die andere aber für Freispruch entschied, warf Athena einen weißen lossprechenden Stein in die Urne. So wurde er von seiner Schuld gereinigt, die Erinyen ließen von seiner Verfolgung ab und hießen von da an die Eumeniden: die freundlichen, die wohlwollenden Göttinnen.

ODYSSEUS

Sage mir, Muse, die Taten des vielgewanderten Mannes,
Welcher so weitgeirrt nach der heiligen Troja Zerstörung,
Vieler Menschen Städte gesehn und Sitte gelernt hat
Und auf dem Meere so viel unnennbare Leiden erduldet.
HOMER

Keiner der griechischen Helden mußte bei seiner Heimkehr von Troja so Schweres erdulden wie Odysseus, der König der Insel Ithaka. Zuerst warf ein Sturm sein Schiff an die Küsten Thrakiens, wo er im Kampf mit den wilden Kikonen zweiundsiebzig seiner Gefährten verlor. Dann ergriff ihn ein neues Unwetter und verschlug ihn nach Libyen in das Land der Lotophagen, der Lotosesser. Drei seiner Gefährten, die er als Kundschafter aussandte, aßen von der Lotosfrucht, deren Genuß den Menschen die Heimat vergessen läßt, und nur durch Schläge konnte sie Odysseus auf die Schiffe zurückbringen. Nun gelangte der Held zu dem einäugigen, menschenfressenden Kyklopen Polyphemos, einem Sohn des Poseidon. Er geriet mit zwölf seiner Gefährten in die Höhle des Riesen; Polyphemos verschloß die Höhle mit einem Felsblock und verschlang sechs der Genossen. Doch Odysseus machte ihn trunken, blendete sein einziges Auge mit einem glühenden Pfahl, und am Tage darauf entkamen die Gefährten, indem sie sich unter die ausziehenden Herdentiere des Kyklopen mischten; Odysseus aber hielt sich am Bauchfell eines der riesigen Widder fest und ließ sich ungesehen hinaustragen. Vergeblich warf Polyphemos den fliehenden Schiffen schwere Felsblöcke nach; in seiner ohnmächtigen Wut konnte er nur seinen Vater Poseidon anflehen, Odysseus zu strafen, und von jenem Tage an verfolgte der Zorn des Meeresbeherrschers den Helden auf all seinen Irrfahrten. Zunächst kam er zum Windgott Aiolos, der ihm einen Schlauch gab, in den die gefährlichsten Winde eingesperrt waren. Schon hatten, gesichert von diesen Winden, die Schiffe fast die Heimat erreicht, als die Genossen den Schlauch öffneten und dadurch wilde Stürme entfesselten, die die Fahrzeuge zurückwarfen. Nun gelangte der Held zu den Laistrygonen, einem Volk menschenfressender Riesen, bei dem die Nächte so hell waren, daß ein Mensch, der auf den Schlaf hätte verzichten können, fähig gewesen wäre, Tag und Nacht zu arbeiten und sich dadurch doppelten Lohn zu verdienen. An den Klippen des Laistrygonenlandes zerschellten alle Schiffe des Odysseus bis auf ein einziges, mit dem er nach der Insel Aiaia fuhr, wo die Zauberin Kirke, eine Tochter des Helios, herrschte. Sie verwandelte durch ihre Kunst einen Teil der Gefährten, die Odysseus als Kundschafter ausgeschickt, in Schweine. Er selbst aber, durch ein Kraut, das ihm Hermes gab, zauberfest gemacht, erwirkte von Kirke, daß sie die Gefährten in Menschen zurückverwandelte, und lebte ein volles Jahr im Liebesbund mit der schönen Zauberin. Von den Genossen gedrängt, verließ Odysseus endlich die Kirke. Bei der Abfahrt riet sie ihm, westlich bis zum Vorhof der Unterwelt zu fahren, wo er die Seele des Sehers Teiresias antreffen und von ihm hören werde, wie er die Heimat wieder erreichen könne. Er folgte ihrem Rat und gelangte in das Land der Kimmerier, zu denen niemals die Sonne dringt, und nach den gebotenen Opfern und Beschwörungen erschien ihm aus dem Hades unter den Geistern andrer Helden und Heldinnen seine Mutter Antikleia und gab ihm die langersehnte Nachricht, daß daheim in Ithaka sein Vater Laertes, seine Gattin Penelope und sein Sohn Telemachos noch am Leben seien. Teiresias aber verkündete ihm, daß er trotz der Feindschaft des Poseidon glücklich heimkehren werde, wenn er in Trinakria die

Herden des Sonnengottes nicht berühre. Nachdem Odysseus die Kirke noch einmal aufgesucht, fuhr er an den Sireneninseln vorbei. Um seine Gefährten vor der Verführung zu schützen, die im Gesang jener Wesen liegt, verstopfte er ihnen die Ohren mit Wachs; sich selbst aber ließ er an den Mastbaum des Schiffes binden, um das Zauberlied der Sirenen ungefährdet zu hören. Dann gelangte er zu den Plankten, den Prallfelsen, und zu dem reißenden Strudel Charybdis. Als das Schiff an dem Strudel vorbeifuhr, streckte das Ungeheuer Skylla, das neben der Charybdis in einer Höhle haust, seine sechs langen Hälse hervor und verschlang sechs der Gefährten. Gerne hätte Odysseus wegen der Weissagung des Teiresias Trinakria gemieden; aber die Gefährten zwangen ihn zur Landung, und während er schlief, vergriffen sie sich, vom Hunger getrieben, an den Herden des Sonnengottes. Hart straften die Götter den Frevel. Kaum war das Schiff auf hoher See, da traf es vernichtend der Blitz des Zeus; alle Gefährten kamen um, nur Odysseus selbst gelang es, sich schwimmend zu retten. Nach neun Tagen landete er auf der Insel Ogygia, wo Kalypso, eine Tochter des Atlas, lebte. Diese Zauberin entbrannte in leidenschaftlicher Liebe zu dem Helden, versprach ihm Unsterblichkeit und ewige Jugend, wenn er für immer bei ihr bliebe. Doch die Sehnsucht nach der Heimat war so stark in ihm, daß er täglich klagend am Ufer der Insel saß, bis endlich im siebenten Jahr seines Aufenthaltes die Götter des Dulders Bitten erhörten und Hermes der Kalypso den Befehl überbrachte, den Helden freizugeben. Auf selbstgezimmertem Floß vertraute er sich wiederum der See, dem Reich seines großen Feindes Poseidon, an. Als er nach achtzehntägiger Fahrt schon die Umrisse der Insel Scheria erblickte, ließ ihn der rachesüchtige Poseidon noch einmal Schiffbruch erleiden. Er wäre umgekommen, hätte ihn nicht Ino Leukothea im Schwimmen gestärkt, so daß er eine Bucht von Scheria erreichte. Dort begegnete er am Ufer Nausikaa, der Tochter des Phaiakenkönigs Alkinoos, und ihren Gespielinnen. Die Mädchen geleiteten ihn in den Palast des Königs, wo er mit hohen Ehren aufgenommen wurde. Nachdem er sich ausgeruht, an den Wettkämpfen der Phaiaken teilgenommen und den staunenden Gastfreunden die Geschichte seiner Leiden erzählt

Hermes, Orpheus und Eurydike · Relief (Paris, Louvre)

Heimkehr des Odysseus · Relief (New York, Metropolitan Museum)

Sonnengott und Mondgöttin · Römisches Mosaik (Boscéaz, Orbe)

hatte, führten sie ihn auf einem Schiff nach Ithaka. In einer stillen Bucht legten sie den schlafenden Helden auf den Strand seiner Heimatinsel, die er seit zwanzig Jahren nicht mehr betreten hatte. Bei der Rückkehr in den Hafen von Scheria versteinerte Poseidon die Phaiaken und ihr Schiff zum Felseneiland. Doch dem schlafenden Odysseus erschien Athena und erzählte ihm, was sich während seiner Abwesenheit in Ithaka zugetragen. Penelope wurde dort von einer Schar aufdringlicher Freier, Fürsten und Fürstensöhne benachbarter Inseln, umworben, die in ihrem Palast zechten und praßten. Mit List hatte die treue Frau die Bewerber lange zurückgehalten: sie versprach ihnen, sich sogleich einen Gatten unter ihnen zu wählen, wenn sie das Leichentuch für Laertes, den alten Vater des Odysseus, zu Ende gewebt hätte. Doch was sie tags webte, das trennte sie nachts wieder auf, so daß die Arbeit nie fertig wurde. Als aber eine Magd den Freiern den Betrug verriet, zwangen sie Penelope, einen Tag für die Gattenwahl zu bestimmen. Sie sicherte ihre Hand dem Manne zu, der fähig sei, den riesigen Bogen des Odysseus zu spannen und einen Pfeil durch zwölf Ringe zu schießen. Nun riet Athena dem Odysseus, sich in das Haus seines treuen Schweinehirten Eumaios zu begeben, wo er seinen Sohn Telemachos treffen werde, der auf der Suche nach seinem Vater eben eine Reise zu Nestor und Menelaos unternommen hatte und bei der Heimkehr nur mit knapper Not den Verfolgungen der Freier entronnen war. Odysseus tat, wie sie ihm geraten, und verabredete mit seinem Sohne die Vernichtung der Freier. Als Bettler verkleidet erschien der Held an der Schwelle seines Palastes. Nachdem viele der Fürsten vergeblich versucht hatten, seinen Bogen zu spannen, bat er selbst um die Waffe, durchschoß die Ringe, richtete dann die Pfeile gegen die Freier und tötete alle. Endlich aber gab er sich Penelope und seinem Gesinde zu erkennen und wurde wieder König im heimatlichen Ithaka.

AINEIAS/AENEAS

Viel auch litt er im Kampf, bis die Stadt er gründet' und Trojas
Götter nach Latium führte: woher der Latiner Geschlecht stammt
Und albanische Väter und du, hochragende Roma.
VERGIL

Nur einer der trojanischen Helden rettete sich aus dem Untergang
Trojas: der tapfere und fromme Aeneas, ein Sohn des sterblichen
Anchises und der Liebesgöttin Aphrodite. Er floh mit seinem Sohne
Askanios und seinem alten Vater, den er auf seinen Schultern aus
der brennenden Stadt trug. Der Dichter Stesichoros erzählt, daß er
mit den trojanischen Heiligtümern nach Hesperien gezogen sei,
das heißt nach Italien, und seine Fahrt dorthin, seine Landung und
seine Kämpfe in Latium schildert Vergil in der Aeneis. Auf Kreta hatte der trojanische Held erfahren, daß er lange umherirren,
aber in Italien seine endgültige Heimat finden werde. Nachdem er
manches erduldet, gelangte er nach Sizilien. Dort starb Anchises;
Aeneas aber begrub ihn auf dem Berge Eryx beim Heiligtum der
Aphrodite. Von dort kam der Held nach Afrika zu Dido, einer phö-
nikischen Königstochter, der Gründerin und Herrin von Karthago.
Sie war eine Schwester des Pygmalion und hatte einst auf Cypern
gelebt; als aber Pygmalion ihren Gatten tötete, floh sie nach Afrika.
Dort kaufte sie von Jarbas, dem König des Landes, ein Stück Boden
und vereinbarte mit ihm, daß es nicht größer sein solle als der
Grund, den man mit einer Stierhaut bedecken könne. Die listige
Dido aber schnitt eine Stierhaut in schmale Streifen und umspannte
damit einen Raum, der groß genug war, um Byrsa, die Burg von
Karthago, darauf zu bauen. Als nun Aeneas zu ihr kam, entbrannte sie in leidenschaftlicher Liebe zu ihm und wollte den trojanischen Helden für immer an sich fesseln; doch ein Befehl des Zeus
zwang Aeneas, Karthago zu verlassen. In ihrem Schmerz über den
Verlust des geliebten Mannes ließ die Königin einen Scheiterhaufen
errichten und stürzte sich selbst in die Flammen. Nun gelangte
Aeneas nach Italien. Er landete zuerst in Cumae, wo ihn die

cumaeische Sibylle beriet, bevor er in die Unterwelt hinabstieg, um, wie es einst Odysseus getan, die Toten zu befragen. Endlich gelangte er in das Gebiet von Laurentium unweit der Tibermündung, dessen König Latinus ihn freundlich aufnahm und ihm die Hand seiner Tochter Lavinia versprach. Aber Amata, die Gattin des Latinus, hätte Lavinia lieber mit Turnus, dem mächtigen König der benachbarten Rutuler, verheiratet. Es kam zum Krieg zwischen Turnus und den Trojanern. Turnus fiel von der Hand des Aeneas; der Held heiratete Lavinia und gründete eine Stadt, die er nach seiner Gattin benannte. Der Geschichtsschreiber Livius erzählt, Aeneas sei in einer Schlacht plötzlich unter Donner und Blitzen in finsteren Wolken verschwunden und ein Gott geworden. Sein Sohn Askanios wurde der Stammvater der Könige von Alba Longa, aus deren Geschlecht Romulus und Remus, die Gründer von Rom, hervorgingen.

ORPHEUS

Dich wehklagt das Gewild, dich, Orpheus, singende Vögel,
Dich das starre Gestein, dich, welche so oft dem Gesange
Folgten, Wälder umher, dich, gleichsam scherend das Haupthaar,
Trauert der entblätterte Baum; mit Tränen auch, sagt man,
vermehrten Ströme die eigene Flut.

OVID

Orpheus, des Apollon und einer Muse wunderbarer Sohn, war ein großer Sänger und Dichter aus dem Lande Thrakien. Sein Gesang war so bezwingend, daß er damit die wilden Tiere zähmte und daß die Bäume, ja ganze Wälder bezaubert hinter ihm herzogen. Als seine Gattin Eurydike, die er über alles in der Welt liebte, an einem Schlangenbiß starb, bewegte er mit seinen Klageliedern sogar die Steine; Gefühl und Mitleid ergriffen die Brust der unerbittlichen Persephone, und sie erlaubte dem Dichter, Eurydike aus dem Schattenreich zurückzuholen. Freilich unter einer Bedingung: daß er sich auf dem Weg von den Toten zu den Lebenden nicht nach ihr umschaue. Doch verführt von dem leidenschaftlichen Wunsch, die geliebte Frau wiederzusehen, wandte sich Orpheus nach ihr um, und Eurydike, vom Seelenführer Hermes geleitet, mußte in den Hades zurückkehren. Klagend durchirrte nun Orpheus Thrakien. Und weil er nach dem Verlust der Eurydike alle andern Frauen haßte, wurde er schließlich von einer Schar wilder Thrakerinnen zerrissen, die sein Haupt und seine Leier ins Meer warfen: klingend und singend schwammen sie über die Wellen zur Insel Lesbos hinüber, wo später ein Orakelheiligtum des Orpheus stand. Orpheus, der von den Griechen auch der Theologe genannt wurde, galt als der Begründer der orphischen Lehren.

II.
GÖTTER UND HELDEN
DER RÖMER

EINLEITUNG

Neben der griechischen Mythologie nimmt sich die römische recht bescheiden aus. Lange glaubten die Historiker, die Götter und Helden, von denen die römischen Dichter und Schriftsteller berichten, seien mehr oder weniger altgriechischen Sagenkreisen entlehnt. Jupiter wurde als Abbild des Zeus gesehen, und Vulcanus war nur ein anderer Name für Hephaistos. Kurz, man hielt die römische Mythologie für einen Abklatsch der griechischen. Heute ist man zu einer differenzierteren, den Sachverhalt besser treffenden Ansicht gekommen. Natürlich haben die Römer tief aus der griechischen Mythologie geschöpft, die Götter Vergils zum Beispiel haben vieles mit denen Homers oder der alexandrinischen Dichter wie Kallimachos oder Apollonios Rhodios gemein. Es stimmt auch, daß die bedeutendsten Mythen der Griechen von lateinischen Autoren benutzt wurden, daß die Metamorphosen Ovids die vollkommenste Sammlung rein griechischer Sagen in Versen ist, die wir besitzen. Doch der Stoff, der sowohl in der griechischen als auch in der römischen Literatur vorkommt, macht noch nicht die gesamte römische Mythologie aus. Sie ist uns auch noch zugänglich, wenn man sie am richtigen Ort sucht.

In Wirklichkeit hat die römische Mythologie zwei sehr verschiedene Gesichter: Eines ist der Vergangenheit zugewandt und vermischt sich mit der Geschichte. Das andere bezieht sich auf die Entwicklung Roms, wobei sich das poetische und religiöse Gedankengut an die literarische und sakrale Tradition des Orients anlehnt. Denn die Anleihen beim Hellenismus sind keine sklavischen Nachahmungen griechischer Vorlagen. Die römische Mythologie hat ihr eigenes Gesicht, und das sollten die Historiker herausstellen.

Im römischen Denken vermischen sich Sage und Geschichte. So war es schon in Griechenland. Auch dort liegen die Anfänge im

Dunkel des Mythos. Welche Kultur erfindet keine Ursprungsmythen? In Rom sind sie sehr vielschichtig. So, wie wir sie kennen, sind sie das Ergebnis einer langen literarischen Tradition. Sie enthalten zahlreiche unterschiedliche, zum Teil widersprüchliche Ergänzungen, die auf verschiedene Quellen zurückgehen. Wie fast alle Sagen, so haben die Sagen von der Gründung Roms eindeutig das Ziel, deren historische Wirklichkeit zu erklären. Das geschieht in drei verschiedenen Formen, so daß man danach die Sagen einteilen kann: Erstens in fortlaufende Geschichten, vom Ursprung des latinischen Geschlechts bis zur Gründung Roms. Es handelt sich hier, wenn man so will, um die Berichte von der «Vorgeschichte», Erzählungen, die zum Teil auf authentische Vorlagen zurückgehen, allerdings abgewandelt, dramatisiert und auf einige Zentralfiguren zusammengefaßt. Es schließen sich die Sagen an, die die Einrichtungen Roms belegen wollen. Dieses juristisch denkende Volk hat sich bemüht, für alle Gebräuche die Ursprünge aufzudecken, sowohl für Hochzeiten wie für Städtegründungen oder die Strafgerichtsbarkeit. Die dritte Gruppe bezieht sich schließlich auf den Boden Roms selbst, seine berühmten Stätten, seine Heiligtümer, seine Traditionen und Gebräuche. In diesen folkloristisch gefärbten Erzählungen schimmert manchmal andeutungsweise griechischer Einfluß durch. Es ist zum Beispiel gar nicht sicher, daß die Geschichte von Romulus und Remus, die die Wölfin säugte, auf griechische Vorbilder zurückgeht, die der Sage von den göttlichen Zwillingen entsprechen.

Die sagenhafte «Vorgeschichte» Roms

Die Aeneis hat für alle Zeiten die Geschichte von Aeneas und seinen Gefährten bekannt gemacht, die in geschichtlicher Frühzeit aus Troja nach Latium gekommen waren, um sich an der Küste des Tyrrhenischen Meeres unweit der Tibermündung niederzulassen. Vergil hat den Stoff nicht erfunden; allerdings ist es schwierig, dessen Geschichte zurückzuverfolgen.

Geschichte des Aeneas

Vergils Bericht ist bewundernswert einfach: Aeneas, einer der Fürsten aus Trojas Königshaus, Sohn des Anchises und der Göttin Venus, hat auf einem Hügel vor Troja eine Gruppe angesehener Trojaner versammelt, die bei der Einnahme der Stadt durch die griechischen Gefährten des Agamemnon geflohen waren. Bei sich hatte er seinen Sohn, den kleinen Ascanius, und seinen eigenen Vater. Er trug ihn auf den Schultern, weil er wegen seines hohen Alters nicht schnell genug fliehen konnte. Ebenso hat er die trojanischen Penaten, die Schutzgottheiten für Haus und Herd, vor dem Zugriff der Feinde gerettet. Von diesen Götterbildern hing, so glaubte man, die Rettung des trojanischen Geschlechtes ab. Aeneas und seine Gefährten blieben so lange auf dem Hügel vor Troja, bis sie eine Flotte aufgebaut und die Abfahrt vorbereitet hatten. Die Griechen, nun die Herren von Troja, ließen sie in Ruhe. Sie begnügten sich damit, zu rauben, zu brandschatzen, Wehrlose zu morden und die Beute der Stadt, Sklaven und Kriegsgefangene, untereinander zu teilen. Dann machten sie sich einzeln davon. Aeneas hätte gern die zerstörte Stadt wieder aufgebaut; aber die Götter hatten sie verflucht, und er konnte ihrem Zorn nicht trotzen. Er mußte fliehen. Doch Aeneas wußte, daß die Götter ihm an anderer Stelle eine neue Heimat verheißen hatten. Venus hatte es Anchises bereits versprochen: Troja werde wiedererstehen, aber in einem anderen Land. Das zu finden, segelten die Flüchtlinge nach Westen.

Die Fahrt des Aeneas war sehr abenteuerlich. Zunächst sah es so aus, als ob die versprochene Heimat in Griechenland läge. Aber immer, wenn die Trojaner glaubten, ihr Ziel gefunden zu haben, bedeuteten ihnen Zeichen, die Anker zu lichten und die ungewisse Fahrt fortzusetzen. So floß zum Beispiel Blut aus den Wurzeln, als sie in Thrakien Bäume zur Befestigung der neuen Stadt ausmachen wollten: Diese Erde ist verflucht. Hier wurde kurz zuvor ein Sohn des Priamus ermordet. Sie mußten weiterziehen. Ein anderer Versuch, in Kreta, endete nicht glücklicher. Eine eben erst gegründete Stadt wurde von der Pest heimgesucht. Die Trojaner zogen weiter, und bei einer Zwischenlandung auf den Strophaden erblickten sie ein schreckliches Zeichen: am Himmel erschienen plötzlich Vögel mit Menschengesichtern, Harpyien. Sie stürzten sich auf die Trojaner, entrissen ihnen alles, was sie gerade essen wollten, und besudelten das, was sie nicht rauben konnten. Die Harpyien sind unverwundbar. Schwerter und Pfeile können ihnen nichts anhaben. Celeano, eine der Harpyien, weissagte dem Aeneas, daß er und seine Gefährten zwar nach Italien kommen, dort aber nicht eher ein neues Troja gründen würden, bevor sie nicht vor Hunger die eigenen Tische gegessen hätten. Umsonst flehte der greise Anchises die Götter an, die Hände zum Himmel erhoben, sie vor diesem schrecklichen Schicksal zu verschonen. Traurig segelten die Männer davon und hielten Ausschau nach neuem Land.

Weitere Landungen brachten die Trojaner in Länder, die für die Leser Vergils, Zeitgenossen des Augustus, prophetische Bedeutung hatten. So gingen sie beim Vorgebirge von Aktium an Land. Dort klärte sich, als Aeneas dem Apoll opferte, das Wetter auf. Am selben Ort sollte am 2. September 31 v. Chr. die Flotte des Oktavian Kleopatra in die Flucht schlagen. Die Landung bei Aktium und das Opfer für Apoll, den Schutzgott des Oktavian-Augustus, sind zweifellos Erfindungen Vergils, der damit geschichtliche Ereignisse seiner Zeit in sein Epos eingehen läßt. So etwas nennt man «künstliche Mythologie». Tatsächlich hält sich hier Vergil an eines der wesentlichsten Gesetze der Mythologie: an die Darstellung des zukünftigen Schicksals durch ein Ereignis, dem später eine erhabene Bedeutung zukommt.

Unweit von Aktium, bei Buthrotum, gingen die Trojaner an Land. Dort trafen sie auf ein trojanisches Königreich, das Helenos gegründet hatte. Helenos, einer der Söhne des Priamus, hatte nach der griechischen Gefangenschaft seine Freiheit zurückgewonnen und Andromache, die Witwe des Hektor, geheiratet. Als Wahrsager konnte er Aeneas den Sinn des Schicksals erklären. Insbesondere weissagte er ihm, daß er an dem Ufer eines Flusses in Italien als Zeichen für das versprochene Land eine Sau mit dreißig Frischlingen finden werde.

Diese Erzählungen von den vielen Landungen gehen sicher hauptsächlich auf eine griechische Vorlage, die Odyssee, zurück. Diese berichtet nach gleichem Muster von den Irrfahrten des Odysseus in derselben Gegend. Aeneas und seine Leute treffen in Sizilien sogar auf einen von Odysseus zurückgelassenen Gefährten. Aber diese romanähnlich aufgebauten Darstellungen sind nach einem typisch römischen Schema angelegt: eine Reihe von Vorzeichen stehen miteinander in Verbindung und ergänzen sich. Vergil schafft nach griechischer Vorlage einen römischen Sagenkreis. Die Römer bemühen sich, mit allen Mitteln den Willen der Götter zu erfahren. Dazu dienen ihnen unzählige Praktiken, angefangen von der systematischen Befragung des Vogelfluges und des Verhaltens der Vögel bis zur Beobachtung zufälliger Vorzeichen im Alltag, aus denen der geübte Beobachter Hinweise auf die Zukunft erkennt. So hat der Dichter, vielleicht instinktiv, vielleicht absichtlich, einen Mythos geschaffen, aus dem das römische Denken und Fühlen ohne weiteres ersichtlich wird.

KARTHAGO UND DIDO

Bei einer der Landungen auf Sizilien, bei Drepanum (Trapani), starb Anchises, erschöpft von den Strapazen dieser endlosen Irrfahrt. Trotz seiner Trauer stach Aeneas erneut in See. Er konnte hoffen, daß seine Leiden nicht mehr lange andauern würden, da Italien, das ihm von Helenos geweissagt wurde, nahe war. Da tauchte plötzlich die Göttin Juno als unheilbringende Macht auf. Sie kannte seine Bestimmung und wußte, daß die Stadt, die Aeneas in Italien gründen sollte, Siegerin über das ihr schutzbefohlene Karthago sein werde, das die Königin Dido in Afrika gegründet hatte. Hier wird Vergil direkt vom homerischen Epos und dessen Vorstellung vom Göttlichen inspiriert. So wie Zeus das Schicksal der Seelen wägt, ist Jupiter Schiedsrichter, der die Welt lenkt, indem er sich nach dem den Menschen und Städten zugedachten Schicksal richtet. Aeneas ist nicht nur Königssohn und Held von halbgöttlicher Abkunft, er ist zugleich der Repräsentant eines Volkes, und es steht letztlich die Zukunft der gesamten Mittelmeerwelt auf dem Spiele. Auch hier erklärt die Sage die Geschichte: Aeneas wird in Karthago an Land gehen und dort von der Königin Dido empfangen werden. Sie wird sich in ihn verlieben, im Wahne hoffend, daß auch er sie liebe und sie ihn heiraten könne, um ihn bei sich zurückzuhalten. Aber dann wird Jupiter dazwischentreten, und der unglückliche Aeneas, dessen menschlich fühlendes Herz in Liebe zu Dido entbrannt ist, muß sie verlassen, Karthago den Rücken kehren und nach Italien segeln. Dido wird sich aus Verzweiflung und verletztem Stolz töten. Sterbend verflucht sie Aeneas und seine Nachkommenschaft. Hier lassen sich schon andeutungsweise als zukünftige Entwicklung die langandauernden und blutigen Punischen Kriege erahnen.

Diesmal hat Vergil den Mythos nicht erfunden: er hat zumindest einen Vorläufer, den Dichter Naevius. Dieser hat schon während des Zweiten Punischen Krieges, in dessen Verlauf Hannibal Rom mehrere Male fast vernichtet hätte, ein episches Gedicht geschaffen; darin erzählt er von der unglücklichen Liebe der Dido und des Aeneas. Vielleicht ist dieser Mythos schon im Ersten Punischen Krieg in Sizilien entstanden, etwa sechzig Jahre vor Naevius, als sich Rom und Karthago erstmals feindlich gegenüberstanden. Vergil hat also aus dieser weit zurückliegenden Zeit eine Sage entlehnt, die Rom schon vor zweihundert Jahren als politische Propaganda gedient oder sie zumindest unterstützt hat.

Auf Jupiters Geheiß verließ Aeneas Dido voller dunkler Vorahnungen. Möglicherweise bestärkte diese heroische Tat, dieses Opfer aus «Staatsräson», ein Jahrhundert nach Vergils Tod Titus in seinem Entschluß, der Liebe zu der Königin Berenike um Roms willen zu entsagen. Aeneas stach also in See und kam erneut nach Sizilien. Dort veranstaltete er ein Jahr nach Anchises' Tod zu dessen Ehre Leichenfeiern, die später im römischen Kalender «*Parentalia*» genannt werden. Vergil verstand es also in seinem breitangelegten und umfassenden Mythos über die Anfänge Roms, einzelne Episoden einzubauen, in denen, wie oben gesagt, die Riten der Staatsreligion erklärt werden. Was die anonyme Tradition bald eingehend zeigen wird, ist hier von Vergil unter Berücksichtigung der Gesetze des nationalen Denkens aufgegriffen worden.

In der Aeneis bestehen die Parentalia aus einer Reihe von Spielen, die an der Küste Siziliens veranstaltet wurden. Hier spiegeln sich im Entwurf die großen römischen Spiele wider, wenn Vergil auch aller Wahrscheinlichkeit nach von den bekannten Leichenfeiern des Achill zu Ehren des Patroklus inspiriert wurde, die Homer am Schluß der Ilias beschreibt. Doch Vergils Schiffsrennen, bei dem jede Galionsfigur den Namen eines bekannten römischen Geschlechts trägt, ist eher mit einem Wagenrennen im Circus Maximus als in Olympia zu vergleichen, geschweige denn mit homerischen Wettkämpfen. Je mehr sich die Trojaner dem versprochenen Land nähern, um so bedeutungsvoller werden ihre Handlungen, die ein Stück römischer Zukunft ankündigen. So wird der romanhafte Bericht zu einem Mythos. Hier liegt ein großer Unterschied zu den homerischen Gedichten, die letztlich die wichtigste griechische Vorlage für Vergil sind. Weder in der *Ilias* noch in der *Odyssee* wird die Zukunft derart vorweggenommen, dort gibt es keine Stadt, die erst gegründet werden soll. Die homerischen Versuche, Zukünftiges anzudeuten, wie zum Beispiel mit dem «Schiffskatalog», sind ungeschickt und überzeugen nicht. Die Sagenforscher nennen solche zu einem Zyklus zusammengefaßte Geschichten «Saga» nicht Mythos. Die Aeneis ist dagegen von Anfang bis Ende ein Mythos Roms.

DER ABSTIEG IN DIE UNTERWELT

Der Höhepunkt des Gedichtes, das sechste Buch, bringt den merkwürdigen Bericht von dem Abstieg des Aeneas in die Unterwelt; er hoffte, dort seinen Vater wiederzufinden und vor allem Genaueres über sein eigenes Schicksal und das seines Volkes zu erfahren. Dieser Abstieg in die Unterwelt ist ein Mythos anderer Art, bewußt von Platon übernommen, ein philosophischer, ein wirklich «künstlicher» Mythos. Er will weder einen Zustand der Dinge noch der Welt erklären, sondern Unsagbares sagbar machen. Er versinnbildlicht die Welt, wie eine Statue die Gottheit, die in sich unbegreiflich ist, symbolisiert und nicht wirklich darstellt. Vergil kannte die philosophischen Mythen, die auch Cicero in ähnlicher Form in seinem «Staat» benutzt hatte, indem er Scipio Aemilianus im Traum seinen Adoptivgroßvater, Scipio Africanus Maior, schauen läßt, der ihm auf der Milchstraße entgegenkommt und ihn einweiht in die geheimnisvollen Gesetze des Weltalls und in die Bestimmung der Seele. Ebenso wird auch Aeneas das Jenseits enthüllt werden. In Cumae angekommen, suchte er Rat bei der Sibylle, einer Priesterin des Apoll und zugleich einer Seherin, die auf einem einsamen Felsen saß, und fragte sie dann nach einem Weg in die Unterwelt. «Dazu mußt du dir einen goldenen Zweig besorgen, der in einem Hain nahe beim Averner See, der Pforte der Unterwelt, wächst. Den kann nur der pflücken, den das Schicksal dazu ausersehen hat.» In Gedanken versunken wandte er sich dem Hain zu und überlegte, wie er den Zauberzweig finden könnte. Plötzlich sah er zwei Tauben, Vögel der Venus. Da wußte Aeneas, daß ein Wunder geschehen werde, und folgte den Tauben. Sie flatterten vor ihm her, ohne daß er sie aus den Augen verlor. Schließlich ließen sie sich auf einer großen Eiche nieder, und Aeneas erblickte den leuchtenden Zweig. Er griff danach, und der Zweig brach von selbst ab. Nun sollte Aeneas, vom Schicksal begünstigt, in die Unterwelt eintreten können.

DER KÖNIG DES WALDES

Die Geschichte mit dem Zweig ist Vergils Erfindung. Er hat einen
alten weitverbreiteten Mythos vom Heiligtum der Diana umge-
wandelt, das tatsächlich in einem Wald in der Nähe des Sees von
Nemi lag. Hierhin sollen sich früher Orest und seine Schwester
Iphigenie geflüchtet haben, als sie mit der heiligen Statue der Artemis aus dem fernen Tauris kamen. Dort hatten sie Zuflucht gefunden und den Kult der Göttin eingeführt, die der italischen Diana
vergleichbar ist. Nahe beim Heiligtum stand ein Baum, dessen
Zweige niemand abbrechen durfte. Gelang es dennoch jemandem,
so durfte er den Priester der Diana zu einem Zweikampf heraus-
fordern und, wenn er ihn tötete, seinen Platz einnehmen. Die griechische Abwandlung mit Orest und Iphigenie kann kaum den alten
blutigen Ritus der Diana von Nemi verbergen. Der alte «König des
Waldes» hat durch sein Opfer das Priestertum geschaffen. Ihm
sprach man als Zauberer die Macht zu, jedes Jahr die Vegetation des
Waldes neu zu beleben. Im Alter muß er seinen Platz einem Jüngeren, Stärkeren räumen, und sein Blut tränkt die Erde. Aus dieser
wilden Vergangenheit nimmt Vergil das Symbol, das er dem Abstieg des Aeneas in die Unterwelt voranstellt. Es ist symbolisch zu
verstehen, wenn der Held den Besuch bei den Toten damit beginnt,
daß er sich den Zauberzweig verschafft, der ein Sinnbild des Lebens
ist, des Geheimnisses, das unlöslich die beiden Seiten alles Seienden
verbindet, das Werden und Vergehen. Bezeichnenderweise hat der
Dichter die Ausdrucksmittel für diese Gedanken über das Geheimnis der Dinge der ältesten italischen Religion entliehen.
Im wesentlichen nimmt die Erzählung vom Besuch der Unterwelt
traditionelle Grundgedanken der griechischen Mythologie auf, sie
unterstreicht ab und zu sittliche Grundsätze durch Sinnbilder und
Anspielungen. Die Enthüllung selbst lehnt sich an einen stoischen
Platonismus an, der im Schicksal die treibende Kraft des Alls sieht,
das heißt die allmähliche Verwirklichung eines bestimmten göttlichen Willens. Und dieses Schicksal verbürgt die Größe des kommenden römischen Volkes, das von Aeneas abstammt. Alle bedeu-

tenden «imperatores», die die römische Geschichte gestalten werden, sind schon gegenwärtig. Die Nachkommenschaft berühmter «gentes» betritt bereits die Bühne bis hin zum größten aller «duces» aus der Nachkommenschaft des Aeneas, Caesar Augustus. – Durch die Voraussagen des Anchises beruhigt, kehrte Aeneas wieder zu den Lebenden zurück, stach in See und landete kurz darauf an der Küste Latiums, dem Land der Laurenter. Dort regierte ein alter, friedfertiger und gerechter König, Latinus, dessen Name bereits auf das latinische Volk hinweist, das hier erstmals in die Geschichte eintritt.

DER KÖNIG LATINUS

König Latinus spielt in den Sagen der römischen «Vorgeschichte» eine sehr bedeutende Rolle. Vergil hat ihn nicht erfunden, sondern aus der Überlieferung früherer Geschichtsschreiber und Dichter übernommen. Schon sehr früh – sicher im 7. oder 6. Jahrhundert v. Chr. – kam Latinus in griechischen Sagenkreisen vor. Man hielt ihn für einen Nachfahren des Odysseus, entweder für den Sohn aus seiner Verbindung mit Circe, oder für Circes Sohn, den Telemach, Odysseus Sohn, ihr hinterließ. Diese Auffassungen gehen auf die Zeit zurück, als Mittelitalien unter dem Einfluß der Etrusker erstmals Sagen aus dem Orient kennenlernte; vor allem die von Odysseus, aus dem die Etrusker Nanos gemacht hatten, einen Helden ihrer eigenen Vergangenheit. Aber unabhängig von dieser ursprünglichen und sehr alten Hellenisierung hielt man Latinus für einen Sohn des italischen Gottes Faunus und der Göttin Marica, die in Minturnae verehrt wurde. Dort hört sein Stammbaum jedoch noch nicht auf. Vater des göttlichen Faunus war Picus, vor ihm König in Latium. Dieser Picus war ein Vogelgott (*picus* ist der dem Mars heilige Specht). Diese Sagen führen, wie die obengenannten von der Diana von Nemi und dem «Waldgott» in älteste und geheimnisvolle Bereiche der einfachen Völker Italiens, die noch zusammen mit Vögeln und wilden Tieren in den Wäldern hausten. Die römischen Geschichtsschreiber nennen sie Arboriger (abgeleitet von *arbor* – Baum). Picus war Gefangener der Zauberin Circe – doch in der Frage, ob er sich deren Annäherungsversuchen aus Liebe zu seiner eigenen Frau, der Nymphe Pomona, widersetzte oder weil er Canens (eine andere Wahrsagerin), die Tochter des Königs Janus, der damals über das Gebiet um Rom herrschte, liebte, stimmen die Überlieferungen nicht überein. Circe soll aus Zorn den verliebten und treuen König in einen Specht verwandelt haben, ehe sie bei dem Sohn des Picus auf mehr Gegenliebe stieß.

Wie dem auch sei, Latinus sah die trojanischen Flüchtlinge in seinem armen Königreich an Land gehen. Wie hat er sie aufgenommen? Auch darüber gehen die Überlieferungen auseinander. Für die einen hat sich Latinus gastfreundlich gezeigt und den Neuankömmlingen Land angeboten; diese bedankten sich dafür mit allen erdenklichen Übeltaten und zwangen so den alten König, zusammen mit den Rutulern, seinen Verbündeten, zu den Waffen zu greifen. König der Rutuler war Turnus, der auch von den Göttern abstammte, zählte er doch zu seinen Vorfahren den König Pilumnus. Beide, sowohl Turnus als auch Latinus, sollen in einem großen Kampf gefallen und Aeneas König über das ganze Land geworden sein. Die Arboriger sollen sich mit den Einwanderern verbündet und mit ihnen gemeinsam eine Volksgemeinschaft gebildet haben, die sich in Erinnerung an den guten König «latinisch» nannte. Eine andere Überlieferung läßt Latinus zwar auch zu den Waffen greifen, ihn darauf aber, durch einen Traum gewarnt, Frieden mit den Einwanderern schließen. Er soll Aeneas dann sogar seine Tochter Lavinia zur Frau gegeben haben. Als Latinus starb, trat Aeneas seine Nachfolge an. Jedenfalls galten die Latiner als Abkömmlinge aus der Verbindung der Einheimischen mit den Trojanern. Diese Überlieferung, die bereits vor Vergil gut bekannt war, spielte in Rom als politischer Mythos in den ersten Berichten von der Stadt und den griechischen Kolonien in Süditalien eine bedeutende Rolle.

Die Gründungssagen

Die Sage von den trojanischen Anfängen Roms ist nicht isoliert zu betrachten; sie gehört zum großen Thema der «Irrfahrten» in der griechischen Mythologie. Dieser Sagenkreis erzählt, wie die Griechen, die vor Troja gekämpft hatten, in ihre Heimat zurückkehren. Wie schon gesagt, soll Odysseus nach Mittelitalien gesegelt sein. Einer seiner Söhne mit Circe, Telegonos, soll der Gründer von Tusculum (Frascati) und Praeneste (Palestrina) gewesen sein. Und ein Sohn des thebanischen Sehers Amphiaraos, einer der Sieben gegen Theben, soll, nach Italien gekommen, dort Tibur (Tivoli) gegründet haben, und wenn nicht er, dann jedoch die drei Enkel des Amphiaraos, Tiburtus, Catillus und Coras.

Ebenso ist wohl der Sohn einer Amazone, einer Geliebten des Achill, nach Italien gekommen und hat Caulonia bei Lokri gegründet. Dort war er auf den Helden Diomedes gestoßen, der sich, durch Intrigen seiner Frau aus der Heimat vertrieben, nach Süditalien zu König Daunus geflüchtet hatte. Daunus hatte ihn freundschaftlich aufgenommen. Mit Diomedes kamen die Siedler aus Ätolien. Alle diese Sagen und viele andere mehr, wie die von den Söhnen des Trojaners Antenor, die sich an der Adriaküste bei den Venetern niedergelassen hatten, beruhen auf geschichtlichen Tatsachen. Zweifelsohne sind im heroischen Zeitalter Einwanderer aus dem Osten gekommen und haben die Grundlagen einer bereits städtischen Zivilisation mitgebracht, die sich entsprechend im Hellenismus in Griechenland entwickeln sollte. Die Geschichte von Aeneas gehört zu den Sagen, in denen trojanische und griechische Helden, keineswegs als Feinde, sondern oft angesichts der Barbaren miteinander versöhnt, Seite an Seite stehen. Diese Erinnerungen an älteste Zeiten, an das Eindringen orientalischer Kultur in Italien, sind ausgeschmückt, miteinander verbunden und in Zusammenhang mit dem homerischen Sagenkreis gebracht worden. Dadurch wurde der Ruhm der *Ilias* und der *Odyssee* verbreitet, zur gleichen Zeit, als die Kunstwerke, Töpferei und Malerei (wie sie auch die etruskischen Gräber seit dem Ausgang des 8. vorchristlichen Jahr-

Forum Romanum

Die Kapitolinische Wölfin säugt Romulus und Remus · Relief

lesmuseum Klagenfurt)

Victoria · Relief (Leptis Magna)

hunderts schmückten) Szenen aus diesen Epen bekannt machten. So gesehen war die Person des Aeneas mit der sagenhaften Vorzeit Roms eng verbunden. Die ihn betreffenden Überlieferungen gingen weit auseinander. Das vergilische Epos ist lediglich die am besten gestaltete unter ihnen und verdient mit Recht die Bezeichnung Mythos, vor allem im Hinblick auf seinen geistigen und politischen Sinngehalt. Vor Vergil sagte man einerseits, Aeneas selbst habe Rom gegründet und die Stadt zu Ehren seiner Tochter Rhome (im Griechischen bedeutet es «Stärke») so genannt, andererseits, er habe vier Söhne gehabt, Ascanius, Euryleon, Romulus und Remus, und die Gründung Roms sei das Werk der beiden letztgenannten. Es hieß auch, die Trojaner seien gezwungenermaßen in Latium geblieben, weil ihre Frauen, der langen Fahrt ohne Aussicht auf eine neue Heimat überdrüssig, die Schiffe in Brand gesteckt hätten.

So lauteten die ältesten und sichersten Überlieferungen. Doch als die Geschichtsschreiber Roms sich um eine zeitliche Einordnung bemühten, stießen sie auf eine große Schwierigkeit: Aeneas konnte unmöglich, wenn er unmittelbar nach der Einnahme Trojas geflohen war, also ungefähr im 12. vorchristlichen Jahrhundert, Rom gegründet haben, da Rom erst in der Mitte des 8. vorchristlichen Jahrhunderts an den Tiberufern entstanden sein soll. Die Gründung ließe sich nicht einmal seinen Söhnen zuschreiben. Daher war man gezwungen, einen Zeitraum zwischen der ersten Landung und Ansiedlung des Aeneas in Latium und der Gründung Roms anzunehmen. In diese Zeit datierte man die Könige von Alba. Vergil hat zumindest andeutungsweise diesen Teil der Sage benutzt, da der Rahmen seines Epos ihm allzu weite Vorwegnahmen verbot. Die Aeneis schließt da, wo Aeneas im Kampf gegen die Anhänger des Königs Latinus den Rutulerkönig Turnus, der die Latiner aufgewiegelt hatte, im Zweikampf tötete. Bei Vergil kann sich der alte König dem Kampf nicht widersetzen und schließt sich deshalb in seinen Palast ein. Daraus ist leicht ersichtlich, daß er nach einem Sieg der Trojaner sein Königreich mit Aeneas teilen wird. Und darin stimmen alle Überlieferungen überein. Wie dem auch sei, Aeneas sollte Rom nicht sehen. Sein Auftrag ist erfüllt. Vergil spricht nicht von seinem nahen Tod, aber andere

Autoren beschreiben dessen ungewöhnliche Umstände: eines Tages, als Aeneas einen durch Regengüsse angeschwollenen Fluß überqueren wollte, verschwand er plötzlich, wie von einer Gewitterwolke entführt, und seine Anhänger glaubten, er sei in einen Gott verwandelt worden. Ebenso soll es später, wie wir noch sehen werden, seinem Nachfolger Romulus ergangen sein.

DIE KÖNIGE VON ALBA

In Troja hatte Aeneas mit seiner ersten Frau einen Sohn namens Ascanius. Er war mit ihm nach Latium gekommen, dort aufgewachsen und hatte nach dem Tode seines Vaters die Herrschaft über das Land übernommen. Durch seinen endgültigen Sieg über die Rutuler und einige etruskische Fürsten, die die Trojaner bekämpft hatten, konnte er sich besonders auszeichnen. (Zu diesen Fürsten gehörte auch Mezentius, der wegen der Grausamkeit gegen seine Untertanen berüchtigt war.) Das Volk hatte Ascanius den Ehrennamen «Julus» gegeben, was wohl «kleiner Jupiter» bedeutet. In der römischen Überlieferung wurde er unter dem Namen Julus bekannt. Er ist Urahn der *gens Iulia*, der auch Caesar entstammte. Diese Familie stellte mit Augustus und seinen Nachfolgern über ein Jahrhundert die römischen Kaiser. Aber die Geschichte von Ascanius-Julus überschreitet die engen Grenzen des kleinen Königreiches, das Latinus dem Aeneas übergeben hatte und dessen Hauptstadt Lavinium unweit der Tibermündungen war.

Man erzählte sich auch, daß Latinus dem Aeneas seine Tochter Lavinia zur Frau gegeben hat, die vorher mit dem Rutuler Turnus verlobt war. Aeneas verehrte sie sehr und gab der Stadt, die er gründete, ihren Namen, nämlich Lavinium. Nach Aeneas' Tod erwartete Lavinia ein Kind; aber aus Angst vor bösen Absichten des Ascanius-Julus ihr und dem noch ungeborenen Kind gegenüber floh sie eines Nachts in einen nahegelegenen Wald. Hier wurde sie von Tyrrhenus, einem Hirten, aufgenommen und gebar einen Sohn, den sie Silvius nannte (weil er in einem Wald – *silva* – geboren wurde). Ascanius war verzweifelt, als er von der unberechtigten Furcht Lavinias hörte, und ging freiwillig ins Exil, um sie zu beruhigen. Auf einem langgestreckten Hügel südlich des heutigen Albanersees gründete er die Stadt Alba. Lavinia und Silvius behielten das Königreich des Aeneas. Ascanius wählte nicht zufällig diese Stelle für seine neue Stadt. Er erinnerte sich, daß er gemäß der Weissagung des Helenos an den vom Schicksal vorherbestimmten Ort gekommen war. Er wollte Alba an der Stelle gründen, wo Aeneas der weißen Sau mit den dreißig Ferkeln begegnet war, die er der Schutzgöttin des Landes geopfert hatte. Alba (nach dem lat. *albus* – weiß) sollte an die Farbe des Tieres erinnern. Und es ergab sich, daß er die Stadt genau dreißig Jahre nach der Ankunft der Trojaner gründete, eine Zahl, die durch die Anzahl der Ferkel vorausgesagt worden war. Ascanius starb ohne Nachkommen und hatte deshalb seinen Halbbruder Silvius zu seinem Nachfolger ernannt. So wurde die *gens Silvia* das Königsgeschlecht von Alba. Römische Geschichtsschreiber zählten sogar die Namen der Könige von Alba auf: nach Silvius folgte Aeneas der Jüngere, dann Latinus der Jüngere, dann Alba, Capetus, Capys, Calpetus, Tiberinus, Agrippa, Allades, Aventinus, Procas, Amulius und Numitor. Diese Namen sind sehr späte Erfindungen von Autoren, die einzelnen Zeitgenossen zu einer adligen Herkunft verhelfen wollten. Man kann in dieser Liste gewisse politische Absichten, die bei der Auswahl vorherrschten, erkennen. So erscheint in der Sage Capys als der Gründer von Capua, der Hauptstadt Kampaniens, die als einstige Verbündete Roms im Laufe des 3. vorchristlichen Jahrhunderts seine Gegnerin wurde. In dieser Zeit erfanden die «Geschichtsschreiber» die gesamte oder doch zumindest einen Teil der Sage vom albanischen Königshaus, von der die Geschichte von den beiden feindlichen Brüdern Amulius und Numitor die bekannteste ist.

Romulus und Remus

Procas hatte zwei Söhne, Amulius und Numitor. Bei seinem Tode machte er beide zu seinen Erben. Nach einer Lesart gab er dem einen die königliche Macht und dem anderen die Schätze; nach einer anderen teilte er sein Erbe folgendermaßen auf: die politische Macht fiel an Numitor, die religiöse an Amulius. Wie dem auch sei, Amulius verjagte seinen Bruder und regierte allein. Er tötete den Sohn des Numitor, damit dessen Nachkommen niemals mehr die verlorenen Rechte zurückfordern könnten. Numitors Tochter, Rhea Silvia, weihte er der Vesta, deren Priesterinnen Jungfrauen bleiben mußten. Eines Tages ging Rhea an einen Fluß, um dort Wasser für das Opfer zu holen. Da sah sie der Gott Mars, verliebte sich in sie und tat ihr Gewalt an. Einige Monate später gebar Rhea Silvia Zwillinge, zwei Knaben, die sie Romulus und Remus nannte. Amulius, ihr Großvater, war entsetzt und ließ die beiden Kinder gleich nach ihrer Geburt am Tiberufer aussetzen. Der damit beauftragte Hirte setzte sie in einen Korb, und plötzlich schwoll der Fluß an und schwemmte sie auf wunderbare Weise dorthin, wo später Rom erstehen sollte.

Damals gab es dort nur Weiden, Wälder, einige Lichtungen und die Hügel, die später so bedeutend werden sollten. In diesen Wäldern hausten Wölfe, die dem Mars heilig waren. Eine Wölfin, von Mars, dem Vater der Zwillinge geführt, fand den Korb, säugte, leckte und wärmte die Kinder wie eine liebevolle Amme, statt sie zu fressen. Darüber wunderte sich der Hirte namens Faustulus, der eine Hütte in der Nähe bewohnte; neugierig schlich er herbei und fand die Kinder. Die Wölfin ließ zu, daß er sie mitnahm. Er brachte sie zu seiner Frau Larentia, die sehr unglücklich darüber war, daß sie selbst keine Kinder bekam.

Romulus und Remus wurden von Faustulus und Larentia wie eigene Kinder großgezogen. Sie spielten mit den Nachbarjungen, gingen auf die Jagd und stählten ihre Körper, so daß sie sehr kräftig wurden. Bisweilen gingen sie sogar auf Raub aus. Eines Tages fielen sie Hirten des Königs Amulius in die Hände, und Remus wurde als Gefangener nach Alba verschleppt. Als er dem König vorgeführt wurde, versetzte er ihn durch seinen Stolz und seine vornehme Haltung in Erstaunen. Inzwischen hatte Faustulus Romulus über die geheimnisvollen Umstände seiner Geburt aufgeklärt. Romulus eilte sofort mit einer Schar junger Leute seinem Bruder zu Hilfe. Voller Tatendrang stürmte er den königlichen Palast, befreite seinen Bruder und tötete Amulius. Daraufhin eröffnete er dem Volk das Verbrechen des abgesetzten Königs und ließ an dessen Stelle den alten Numitor zum König ausrufen.

Über die Kindheit der göttlichen Zwillinge, der Söhne des Mars, gibt es viele verschiedene Überlieferungen. Die Römer wunderten sich, daß ein Grobian, ein ungebildeter Hirte, der sich allein durch seine Kraft hervortat, Gründer ihrer Stadt sein sollte. Man erzählte sich auch, Romulus und Remus seien später bei griechischen Lehrern unterrichtet worden, die in jener Zeit in einer kleinen Stadt Latiums, in Gabii (in klassischer Zeit bereits untergegangen), lebten. Ihr Pflegevater Faustulus soll von ihrem Großvater Numitor gedungen worden sein. Wie andere, früher erwähnte Geschichten, bestätigt auch diese Sage die vage Erinnerung an die Zeit, in der Latium dank der etruskischen Zivilisation von einer orientalisierenden Kultur aus dem ägäischen Raum geprägt wurde. Ebensowenig zufällig wurde Alba als Vorläuferin Roms und das albanische Königshaus als Zwischenglied zwischen Aeneas und den ersten Königen Roms gewählt. Ausgrabungen zu Beginn des Jahrhunderts wiesen auf dem Hügel, auf dem früher Alba stand, an eben dieser Stelle eine ausgedehnte Ansiedlung nach; eine wirkliche Stadt, deren Gräber sehr denen glichen, die man in den untersten Schichten von Rom selbst gefunden hat. Die Zivilisationsstufe Albas ist die gleiche wie die im ursprünglichen Rom. Hier schmückt die Sage die Geschichte aus, erweitert sie und faßt sie in einigen Namen und dramatischen Ereignissen zusammen.

Der König Evander

Die Zwillinge konnten nicht am Hofe ihres Großvaters Numitor bleiben. Das friedliche Leben dort paßte nicht zu ihrem Tatendrang. Numitor hatte Verständnis für sie und schickte sie fort; an der Stelle, wo sie ihre Kindheit verbracht hatten, sollten sie eine Stadt gründen, das heißt am Tiberufer mitten im Wald. Die entsprechenden Sagen sind reichlich verwirrt, und die gängigste Überlieferung berichtet, daß vor der Gründung Roms dort schon Menschen gelebt hätten und schon vor der Stadt des Romulus eine Ansiedlung dort bestanden habe. In der Aeneis läßt Vergil seinen Helden vom Meer tiberaufwärts ziehen, um sich der Bündnisse gegen die aufständischen Rutuler und Arboriger zu versichern. Er findet dort, wo später Rom entsteht, eine griechische Ansiedlung mit Einwanderern aus Arkadien unter der Führung des alten Königs Evander. Evanders Mutter, die Seherin Canens, hatte ihn in die Gegend von Rom geführt; dort sollte er sich seinem Schicksal folgend niederlassen, als er nach einem unfreiwilligem Mord aus seiner Heimat fliehen mußte. So nahm Evander einen Hügel in Besitz, den er später zu Ehren des arkadischen Helden Pallas, dessen Nachfahre er war, Palatin nannte. Faunus, der König des Landes, hatte ihn aufgenommen und ihm gestattet, sich dort ein kleines Königreich aufzubauen. Dafür lehrte Evander die Einheimischen die Schreibkunst, die Musik und den Ackerbau. Er regierte gütig und gerecht, ohne deshalb ein schwacher König zu sein; das bewies er im Kampf mit dem Riesen Eurylus, dem König von Praeneste, der in Latium sein Unwesen trieb.

Vergil erzählt, wie dieser alte König, der schon sechzig Jahre vor dem Trojanischen Krieg fern aller Kämpfe zwischen Griechen und Trojanern auf dem Palatin lebte, Aeneas sehr gastfreundlich aufgenommen hatte. Er stellte ihm sogar Soldaten zur Verfügung, die unter dem Kommando seines eigenen Sohnes Pallas standen. Pallas fiel im Dienste des Aeneas, und der nahm unverzüglich für ihn Rache.

Janus und Saturn

Nach anderen, noch unsichereren Überlieferungen war vor Romulus und Remus und auch noch vor Aeneas ein Gott König über Latium. Er hieß Janus und hatte zwei Gesichter. Man wußte nicht genau, wo er herkam, bloß daß er der Nachfolger eines noch älteren Königs, Cames, war. Manche hielten Janus für einen Thessalier im Exil. Er ließ überall Gerechtigkeit walten, so daß seine Regierungszeit das Goldene Zeitalter genannt wurde. Die Häuser hatten keine Türen, weil ihre Bewohner nichts von den Nachbarn zu befürchten und sie selbst nichts zu verstecken hatten. Die Früchte des Feldes waren für alle da, und Boden und Klima waren so üppig und günstig, daß alles von alleine wuchs. Man nahm an, daß Janus sich auf dem Kapitol niedergelassen hatte, auf dem Hügel, der später dem Jupiter heilig war.

Eines Tages kam ein anderer vertriebener Gott nach Rom (oder zumindest in die Gegend, in der später Rom entstehen sollte): Saturn, den die Griechen Kronos nannten. Er war von seinem eigenen Sohn, von Jupiter, dem Zeus der Griechen, aus Kreta vertrieben worden und nach Latium gekommen, um dort seinen Kummer und seine Scham zu verbergen. (So erklärte man den Namen Latium, den man von dem lateinischen Wort *latere* – sich verstecken, herleitete.) Janus nahm ihn mit gewohnter Freundlichkeit auf und teilte mit ihm sein Königreich. Seitdem regierte Janus über die nördliche Hälfte des Kapitols, und Saturn ließ sich am Fuß des Hügels nieder, da, wo heute noch die Ruinen seines Tempels stehen.

Diese Sagen von der Besitznahme der Gegend um Rom vor der eigentlichen Gründung der Stadt wurden nicht willkürlich erfunden. Ausgrabungen und zufällige Funde der Archäologen haben gezeigt, daß dort bereits seit Jahrtausenden Menschen lebten, auf jeden Fall vor der Mitte des 8. Jahrhunderts, dem «historischen» Datum der Gründung. Auch im klassischen Rom war die Erinnerung an diese fernen Vorfahren noch nicht ganz verblaßt. Aus bestimmten Spuren kann man hier sagenhafte Überlieferungen lokalisieren. So hielt man die ärmlichen strohbedeckten Lehmhütten, die noch zur Zeit

Ciceros am Westrand des Palatin standen, für die des Romulus und seiner Gefährten. Dichter wie Vergil jedoch wollten darin eher Spuren aus einer noch früheren Zeit sehen. Man fand auf den Hängen auch Mauerreste aus gewaltigen Steinblöcken. Sie dienten zur Befestigung des Hügels, allerdings weiß man nicht genau, in welcher Zeit. Der Gedanke, diese rätselhaften Spuren mit den Kyklopenmauern auf dem Peloponnes in Verbindung zu bringen, lag nahe. Von hier stammt vielleicht auch eine der Wurzeln der Sage von den arkadischen Einwanderern und der Geschichte des Evander.

Die Überlieferung von der Gründung der Stadt selbst durch Romulus ist viel besser bezeugt und klarer.

DIE GRÜNDUNG ROMS

Da Romulus und Remus Zwillingsbrüder waren, stellte sich für sie bei der Gründung einer Stadt an der Stelle, wo sie ihre Kindheit verbracht hatten, die Frage, wer von beiden der Gründer sein und wer die Vorherrschaft haben sollte. Das konnten allein die Götter entscheiden; und selbstverständlich nur die Schutzgötter dieser Gegend, der Hügel, auf dem später Rom gegründet werden sollte. Deshalb baute Romulus seinen Augurentempel *[templum ad inaugurandum]* auf dem Palatin, das heißt, er stellte sich auf den höchsten Punkt des Hügels und zeichnete mit einem Krummstab, dem *lituus*, ein Viereck an den Himmel. Innerhalb dieses Himmelsausschnittes wollte er die Vorzeichen beobachten, und nichts, was sich hier zeigte, würde unbedeutend sein. Remus tat das gleiche auf dem Palatin, und beide warteten ab.

Remus beobachtete als erster beim Betreten seines *templum* sechs Geier. Ein wahrhaft königliches Vorzeichen, wie es bis dahin noch niemals gesehen worden war. Remus glaubte nun, daß er von den Göttern ausersehen sei, die Stadt zu gründen und zu beherrschen. Wenig später sah Romulus in seinem *templum* jedoch zwölf statt sechs Geier vorüberfliegen. Er zweifelte nicht, daß er nach dem

Willen der Götter der Erwählte sei. Die gesamte Jugend von Alba, die die beiden Brüder begleitet hatte und Zeuge des Vorzeichens war, begrüßte Romulus als ihren Herrn und jubelte ihm zu.

Allerdings hatte Romulus die Geier später als Remus gesehen, und einige junge Leute, die Remus vorzogen, forderten ihn auf, Widerspruch einzulegen. Zweifelsohne hatte Romulus zwölf Geier und er nur sechs gesehen, dafür aber als erster. Und wenn die Götter Romulus hätten siegen lassen wollen und nur ihn allein, dann hätten sie auch nur ihm allein das Vorzeichen zu schicken brauchen. Nun mußte der Wille der Götter gedeutet werden. Ihrer Meinung nach war Remus der Auserwählte, und über den Machtanspruch entzweiten sich die Brüder. Nach einer Überlieferung soll Romulus seinen Bruder bereits jetzt getötet haben, um ihn als Rivalen auszuschalten. Aber die meisten Autoren setzen diesen Mord später an und versuchen ihn zu rechtfertigen, damit er weniger grausam erscheine.

Von dieser Zeit an verliefen Städtegründungen nach einem ganz bestimmten Ritus. Man zog mit einem Pflug, dem zwei weiße Rinder vorgespannt waren, dorthin, wo die Stadt gegründet werden sollte. Dann opferte der Gründer den bekannten und unbekannten Göttern der Gegend, um sie günstig zu stimmen, und zog auf der Grenze der zukünftigen Stadt eine Furche. Die Furche stellte eine Art Graben dar, wobei die Erde von der Pflugschar nach innen aufgeworfen wurde und so die spätere Stadtmauer andeutete. An der Stelle der Tore hob man den Pflug hoch, damit der Boden dort unberührt bliebe. Offensichtlich hatte dieser eigenartige Ritus Symbolcharakter. Ihm kam keinerlei praktische Bedeutung und auch kein Nutzen zu, sondern wohl nur ein religiöser, ja magischer Sinn: Die Furche kennzeichnet eine Einfriedung und befreit darin die bösen Mächte der Erde, die normalerweise im Erdinnern bleiben, und macht sie unschädlich. Niemand und nichts durfte also die Furche überschreiten, ohne Gefahr zu laufen, sich den Unwillen der Götter zuzuziehen. Deshalb ließ man die für die Tore vorgesehenen Stellen unberührt. Außerdem kam diese magische Abgrenzung einem dem *templum ad inaugurandum* entsprechenden Tempel gleich. Das Stadtinnere sollte eine religiöse Einheit unter dem

Schutz verschiedener Gottheiten bilden. Damit entstand eine in sich geschlossene, behütete Welt. Dies alles und den Gedanken, daß ein Städtegründer, einem göttlichen Gehilfen gleich, die menschliche Saat vorbereitet, beinhaltet zweifellos der Ritus mit der Furche.

Remus war zwar erbost, nicht von den Göttern erwählt zu sein, gab aber nicht auf. Als er hörte, wie Romulus erklärte, daß man in der Furche Mauer und Graben einer Stadt sehe, auf die er nun den Segen der Götter herabrufe, lachte er laut auf. Dies schien ihm so lächerlich, daß er mit beiden Beinen über den kleinen Erdwall und die Furche sprang, um so seine Verachtung auszudrücken. Damit machte er den religiösen Sinn im feierlichen Zeremoniell des Romulus lächerlich. Der zog darauf sein Schwert, tötete Remus und rief aus: «So soll jeder fallen, der versucht, die Mauern meiner Stadt zu überschreiten!»

Nach einigen Geschichtsschreibern soll Romulus Remus nicht selbst getötet haben, sondern sein Freund und Begleiter, der Schildträger Celer: ein verzweifelter Versuch, den Gründer Roms von einem Brudermord, dem schwersten Verbrechen in den Augen der Römer, reinzuwaschen, das heißt von einem Mord an einem Verbrüderten, einem Blutsverwandten, einem Kollegen oder Parteigenossen. Natürlich ist der Mord an Bruder, Vater oder Blutsverwandtem ein nicht mehr wiedergutzumachendes Verbrechen. In den Augen der Römer blieb es jahrhundertelang ein Ärgernis, daß ihre Stadt bereits in ihren Anfängen von einer solchen Schande befleckt war. Der Dichter Horaz riet noch zu seiner Zeit in einer verzweifelten Situation, als der Bürgerkrieg wieder aufzuflammen drohte, die vom Bruderblut getränkte Erde Roms zu verlassen und in der Ferne einen reinen Ort zu suchen, weil sonst das Blut des Remus weiterhin seinen unheilvollen Einfluß ausübe und die Bürger zum gegenseitigen Brudermord aufstachele. Es bedurfte der ganzen Geschicklichkeit des Augustus und der Mithilfe Vergils, die Römer diese fatalen Ursprünge allmählich vergessen zu lassen.

Als König nahm Romulus dann das Schicksal seines Volkes in die Hand und begann damit, ihm Gesetze zu geben. Er selbst wollte dabei als lebendige Verkörperung des Gesetzes erscheinen. Daher schickte er zwölf Liktoren vor sich her, zwölf starke Männer, von denen ein jeder ein Rutenbündel und eine Axt auf der Schulter trug, Symbole der Macht des Königs über Leben und Tod; denn nach damaligem Brauch wurden zum Tode Verurteilte vor ihrer Enthauptung lange und grausam ausgepeitscht. Die Zahl der Liktoren ist wohl von der Zahl der Vögel abgeleitet, die im *templum* auf dem Palatin erschienen waren.

Das Asyl auf dem Kapitol

Romulus wollte die Einwohnerzahl der neuen Stadt erhöhen und richtete daher auf dem Kapitol ein «Asyl» ein, ein Heiligtum, in das sich alle, gleich welchen Standes oder welcher Rasse, flüchten konnten, wenn sie, aus ihrer Heimat vertrieben, Zuflucht suchten. So sammelten sich dort binnen kurzer Zeit aus Mittelitalien Gesetzlose, lauter dunkle Gestalten. Dies war nun der Kern der römischen Bevölkerung.

Eigenartigerweise erscheint eine solche Sage in der Erzählung von den Anfängen Roms, obwohl sie dem Nationalstolz abträglich und wenig schmeichelhaft für die Herren der Welt ist. Möglicherweise hatten erbitterte Feinde sie zur Verleumdung erdacht. Dennoch enthält diese Sage auch positive Züge, die kaum auf eine antirömische Überlieferung schließen lassen. Eine der besonderen typisch römischen Eigenschaften war die Großzügigkeit, mit der die Römer alle aufnahmen, die sich hier niederlassen wollten. Im Gegensatz dazu gingen die griechischen Städte sparsamer mit dem Bürgerrecht um. Dieser Hang Roms zur «Internationalität» wird in der Sage vom Asyl symbolisiert. Der Platz befand sich in der kleinen Senke zwischen den beiden Höhen des Kapitols und genoß den doppelten Schutz des Jupiter Optimus Maximus und der kriegerischen Juno, der Hüterin der Zitadelle.

Einrichtungssagen

Im Zusammenhang mit den Königsinsignien, die sich Romulus
selbst verlieh, wurde bereits klar, daß man für unerklärbares
Brauchtum in alten Sagen Erklärungen suchte. Das ist die zweifellos häufigste und wesentlichste Aufgabe der Mythen. Nachweislich
werden fast alle bedeutenden Einrichtungen Roms mit Sagen in
Zusammenhang gebracht, die meist historischen Charakter haben.
Das trifft sowohl für Einrichtungen im politischen als auch im pri-
vaten Bereich zu, so zum Beispiel auch für die Hochzeit.

Die Zeremonie birgt gewisse fremde Riten in sich, so wenn die
Braut beim Übertreten der Hausschwelle des Bräutigams hochge-
hoben wird: die Brautführer, Freunde des Bräutigams, trugen sie
auf ihren Armen ins Hausinnere. Eine fremdartige Geste in einer
Stadt, in der man unter keinen Umständen eine Frau berühren
durfte, nicht einmal, um sie vor Gericht zu bringen; dieses Recht
war dem Ehemann oder, bei seiner Abwesenheit, dem Sohn oder
dem Vater vorbehalten. Nach einem anderen Brauch teilte man bei
der Hochzeit mit einem Eisenstab die Haare der Braut. Diese und
andere Eigenarten wurden durch die Sagen von den Sabinerinnen
erklärt.

Der Raub der Sabinerinnen

Durch den Zustrom zufluchtsuchender Rechtloser wurde Romulus
bald Herr über eine bedeutende und starke Bevölkerung, in der
allerdings – Frauen fehlten. Dadurch war die Zukunft nicht gesichert. Doch woher sollte man Frauen holen? Die benachbarten
Völker, zu denen der König Gesandte schickte, lehnten es ab, ihre Töchter Männern zur Heirat zu geben, die in ihren Augen als
dunkle Gestalten galten.

Da man diese Frage nicht auf diplomatischem Wege lösen konnte,
verfiel Romulus auf List und Gewalt. Überall ließ Romulus ver-

künden, daß anläßlich der ersten Erntedankfeier der Stadt Pferde-
rennen in der Senke zwischen Palatin und Aventin, dem heutigen
Circus Maximus, stattfänden. Man traf sich am Fest des Consus,
des Gottes der Getreidesilos.
Die Besucher aus anderen Städten – man nannte Namen, die in
klassischer Zeit nur noch in der Erinnerung lebten – fanden sich am
festgesetzten Tag ein. Die meisten kamen aus dem Sabinerland,
einer Gegend nördlich von Rom. Es kamen nicht nur Männer, wie
es sich gehörte, sondern auch Frauen und Kinder. Die Römer luden
die freudig erregten Scharen morgens in ihre Häuser ein und zeig-
ten ihnen dann ihre Stadt, die bereits erstellten öffentlichen Gebäude und vor allem die ersten Tempel. Dann gab es überall gutes
Essen, und man ging zum Zirkus, um sich die Rennen anzusehen.
Während alle wie gebannt auf die Rennbahn starrten, fielen die
Römer auf ein Zeichen hin über die Sabinerinnen her und schlepp-
ten sie zu sich nach Hause. Die Schönsten blieben den vornehmen
Römern, den Freunden und Beratern des Königs vorbehalten. Die
übrigen wurden willkürlich verteilt. Man erzählte sich, daß das
schönste Mädchen von den Dienern des Thalassius geraubt worden
war; sie sollen, als sie sich einen Weg durch die Menge bahnten,
geschrien haben: «Für Thalassius! Für Thalassius!» [«*Thalassio,
Thalassio!*»] So entstand wohl der eigenartige rituelle Ausruf der
Brautführer, dessen Sinn niemand mehr verstand.
Natürlich waren die Sabiner und die Eltern der geraubten jungen
Mädchen entrüstet über den Verrat des Romulus. Aber was konnten sie angesichts der bewaffneten entschlossenen jungen Männer
ausrichten, die außerdem noch in der Überzahl waren. Sie kehrten
in ihre Dörfer zurück, entschlossen, diese Schmach um der Gerechtigkeit willen blutig zu rächen. Gemeinsam gingen sie zum
König der Sabiner, Titus Tatius, dem wohl mächtigsten und ein-
flußreichsten Herrscher der ganzen Umgebung. Trotzdem wollten
einige latinische Städte die Entscheidung des Tatius nicht abwarten
und eröffneten von sich aus die Feindseligkeiten. Romulus schlug
sie vernichtend. Dabei tötete er mit eigener Hand den König der
Cäninenser, raubte seine Waffen und opferte sie Jupiter auf dem
Kapitol: so entstand der Kult des Jupiter Feretrius, der seiner Eigen-

tümlichkeit wegen erwähnt werden muß. Ein siegreicher Feldherr konnte nur dann die Waffen eines Feindes dem Jupiter opfern, wenn er ihn mit eigener Hand im Zweikampf getötet hatte. Das geschah nur dreimal in der römischen Geschichte. So konnte Romulus als erster die blutige Rüstung des Königs von Cänina an der heiligen Eiche aufhängen. Zwei Jahrhunderte später kam diese Ehre dem Cossus zu, der Tolumnius, den König von Veji, besiegt hatte, schließlich dem Claudius Marcellus, dem Sieger über den gallischen Insubrer Virdomarus, am Ende des 3. vorchristlichen Jahrhunderts. Noch zur Zeit des Augustus war diese alte Sage lebendig. Dichter wie Horaz und Properz besangen sie, und Augustus baute das Heiligtum zur bleibenden Erinnerung an den vergangenen Ruhm und die fremden Riten wieder auf.

Durch die Niederlage des Königs von Cänina klüger geworden, verzichteten die Sabiner auf ein Bündnis mit den Antemnaten und Crustuminern, die sich wie die Cäninenser zu ungestüm gegen Romulus gewandt hatten und beim ersten Zusammenstoß geschlagen worden waren. Diesmal war es für die Römer ein unblutiger Sieg. Romulus bemächtigte sich überraschend der Stadt Antemna und wurde so Herr über die gesamte Bevölkerung. Statt die Besiegten zu unterwerfen, verzieh er ihnen auf Bitten seiner Frau Hersilia, die mit den Gefangenen Mitleid hatte. Bald danach nahm er die Antemnaten in die Stadt auf und gab ihnen die gleichen Rechte wie den Römern. Ebenso verfuhr er mit den Crustuminern, deren Stadt in das Gebiet Roms miteinbezogen wurde. Römische Siedler ließen sich in Crustuminum nieder, und Crustuminer nahmen deren Platz in Rom ein.

TARPEJA

Der ärgste Feind, König Tatius, war noch übrig. Seine Truppe in Schlachtordnung war sehr viel gefährlicher als die undisziplinierten Banden, die Romulus bis dahin angegriffen hatten. Den Beweis erbrachten die sabinischen Soldaten, als sie vor Rom erschienen

und, da die Stadtmauer noch nicht ganz fertig war, ohne Schwierigkeiten ihr Lager am Fuß des Kapitols in der Ebene des Forum genau da aufschlugen, wo später die Kurie, der Sitzungssaal des römischen Senats, stehen sollte. Die Stadt des Romulus war auf dem
Palatin gegründet worden, und soviel man aus der Sage weiß, war
nur dieser Hügel ordentlich befestigt. Man hatte aber bereits mit
Verteidigungsanlagen begonnen, so vor allem mit der auf der
Nordseite des Kapitols gelegenen Zitadelle zum Schutz des Jupiter-
heiligtums, das bereits vor der Errichtung des Tempels an dieser
Stelle stand. Die Zitadelle auf dem Kapitol hatte man einem gewissen Spurius Tarpejus anvertraut. Er hatte eine Tochter, Tarpeja.
Und es geschah, daß dieses Mädchen den König Tatius am Fuße
der Burg erblickte. Sie verliebte sich leidenschaftlich in ihn und ließ
sich daher mit dem Feind in Unterhandlungen ein, in deren Verlauf
sie Tatius anbot, ihm die Zitadelle auszuliefern, wenn er sie heiratete. Nach einer anderen Überlieferung war Tarpeja nicht verliebt,
sondern eitel und habgierig und hatte den König der Sabiner gebeten, ihr zum Dank für den Verrat das zu geben, «was die Sabiner
an ihrem linken Arm trügen». Sie hatte von deren Armbändern
und Goldringen gehört. Tatius versprach es ihr. Tarpeja zeigte den
Soldaten des Tatius einen Weg, der sich zwischen den Felsen bis zu
einer Ausfallpforte schlängelte, und gab ihnen den Schlüssel dazu.
Als die Soldaten geräuschlos in die Zitadelle eingedrungen waren,
forderte sie ihre Belohnung. Die Soldaten warfen anstelle der versprochenen Ringe ihre Schilde auf sie, die sie tatsächlich am linken
Arm trugen, und Tarpeja erstickte unter ihnen. Rom hatte so einen
Vorposten verloren, und nichts hinderte nun Tatius, die Stadt
direkt anzugreifen.

JUPITER STATOR

Die Schlacht fand in der Senke des Forums statt. Die Truppen des
Romulus verließen ihr Lager auf dem Palatin und stellten sich nach
Norden in einer Schlachtreihe auf. Weder Romulus noch Tatius

führten die Schlacht selbst an. Wie die späteren *imperatores* blieben sie beim Lager und beobachteten von dort den Verlauf der Schlacht, um so den Kampf zu leiten. Die Sabiner befehligte ein gewisser Mettius Curtius, die Römer Hostius Hostilius. Hostilius eröffnete den Kampf gegen die Sabiner, die bereits die unteren Hänge des Kapitols besetzt hielten und sich so in einer günstigeren Stellung befanden. Hostilius mußte für seine Tollkühnheit bezahlen: er fiel als einer der ersten. Bei diesem Anblick liefen die Römer davon und zogen sich quer durch die Ebene des Forums bis zum Palatin zurück. Als Romulus erfuhr, was geschehen war, hob er die Arme zum Himmel empor und flehte so zu Jupiter: «Jupiter, ich habe diese Stadt nach einem Zeichen, das du mir geschickt hast, gegründet, komm du uns nun zu Hilfe. Unsere Burg ist bereits durch Verrat in den Händen der Feinde. Halte wenigstens von hier den Feind fern. Befreie die römischen Soldaten vom Schrecken und halte ihre Flucht auf. Ich verspreche dir als Jupiter Stator hier einen Tempel zum unvergänglichen Zeugnis dafür, daß du der Retter Roms bist!» Dann rief er mit lauter Stimme: «Soldaten, Jupiter Optimus Maximus befiehlt uns, hier stehenzubleiben und den Kampf wieder aufzunehmen!»

Die Stimme ihres Königs schien den Römern so gewaltig und mächtig wie die eines Gottes. Sie zweifelten nicht daran, daß aus ihm der Wille Jupiters sprach, und nahmen den Kampf wieder auf. Diesmal konnte niemand ihrem Kampfeseifer widerstehen. Sie schlugen die Sabiner zurück, und Mettius, der zu Pferd kämpfte, wurde in einem Sumpf gefangen. So konnte er nicht mehr wirksam in das Kampfgeschehen eingreifen, und die Männer des Romulus siegten schließlich.

DER LACUS CURTIUS

Tatsächlich gab es inmitten des Forums einen kleinen Sumpf, den man Curtischen Graben nannte (auch heute sammelt sich hier noch Regenwasser und begünstigt so den Pflanzenwuchs). Die Geschichte von dem sabinischen Soldaten Mettius Curtius, der hier beinahe versunken wäre, ist nur eine von den zwei Sagen, mit denen man diesen Namen zu erklären meinte. Die andere erzählt, daß sich eines Tages in der Frühzeit der Republik in der Mitte des Forums ein gewaltiger Schlund aufgetan habe. Die Römer versuchten, ihn mit großen Erdmassen zuzuschütten, aber die Erde wurde immer wieder verschlungen, und der Abgrund schloß sich nicht. Man befragte die Seher, und sie erklärten, die Römer müßten ihren wertvollsten Besitz in das Loch werfen, um die unterirdischen Götter zu versöhnen. Doch sie warfen vergebens Gold hinein. Der Schlund schloß sich nicht. Eines Tages begriff ein junger Mann namens Mettius, daß das Wertvollste Roms seine Jugend sei. Er wollte sich zum Wohle aller opfern. Deshalb stieg er auf sein Pferd, weihte sich den unterirdischen Göttern und stürzte sich in Gegenwart des ganzen Volkes in Waffen in den Schlund. Wunderbarerweise schloß sich über ihm die Erde und ließ nur eine kleine Vertiefung, den *lacus Curtius*, zurück.

Diese zweite Sage erklärt im Heldenmut des Curtius einen militärischen und religiösen Brauch, die *devotio*, das heißt die Weihe eines Feldherrn oder eines hervorragenden Soldaten an die Götter der Unterwelt, indem sich dieser für den Sieg seiner Stadt opfert.

DIE SABINERINNEN

Die eben erst von den Männern des Romulus entführten Sabinerinnen hatten verzweifelt das Kampfgeschehen beobachtet. Während ihre Väter und ihre Brüder noch schwer am erlittenen Unrecht trugen, waren sie selbst schon längst mit ihren Männern versöhnt. Welche Frau bleibt unberührt von Liebesbezeugungen, deren Aufrichtigkeit sie spürt. Und die Soldaten des Romulus waren geschickt genug, den Raub, dessen sie sich schuldig gemacht hatten, ihrer Leidenschaft zuzuschreiben. Kaum waren die Sabinerinnen römische Frauen geworden, wollten sie nicht mehr zu ihren Familien zurück. Als der Rückzug der Sabiner den Kampf verebben ließ, warfen sich die Sabinerinnen zwischen die Kämpfenden: mit aufgelöstem Haar und zerrissenen Kleidern hoben sie völlig verwirrt ein Klagegeschrei an; sie jammerten über ihr Schicksal, warfen sich ihren Vätern und Brüdern zu Füßen und umfaßten bittend ihre Knie. Manche Sabinerinnen taten das gleiche bei den Römern. Sie baten inständig darum, die Waffen gegen sie zu richten, da sie den Krieg verursacht hätten und sterben wollten, weil sie entweder ihre Familie oder ihre neue Heimat verlören, wenn die Feindseligkeiten nicht beendet würden.

Bei diesem Anblick beendeten die Soldaten den Kampf, und die Waffenruhe ließ sie auf die Bitten der Frauen hören. Romulus und Tatius schritten aufeinander zu. Sie beschlossen, nicht nur Frieden zu schließen, sondern auch ihre beiden Städte zu vereinen, da die Blutbande zwischen beiden Völkern so stark waren. Sie schufen eine gemeinsame Regierung, und die Hauptstadt dieses «doppelten Königreichs» sollte Rom werden, weil man dort wirksam die Nähe der Götter spürte.

Die Rolle der Sabinerinnen erschöpft sich nicht in der glücklichen Beendigung des Krieges, der Rom hätte den Untergang bereiten können. Man sagt auch, Romulus habe das durch die Verbindung mit den Sabinern neu entstandene Volk in Kurien eingeteilt und jeder Kurie den Namen einer berühmten Sabinerin gegeben; außerdem soll er drei Reiterzenturien gebildet haben, die Ramnenses (nach sich selbst benannt), die Titienses (nach Titus Tatius) und die Luceres (nach Lucumo, einem seiner Feldherren). Es ist bemerkenswert, daß die Sage den Frauen eine Art von «Patrozinium», das heißt Schutzherrschaft über die Kurien, zugewiesen hat. Die Kurien waren nichtmilitärische, religiöse Gliederungen der Bürgerschaft, Gliederungen, die das tägliche Leben betrafen. Dies ist nicht das einzige Mal, daß in dieser Sage mit ihren vielfältig verwobenen Bezügen die Bedeutung der Frauen bei alten Einrichtungen Roms unterstrichen wird.

Der Vertrag zwischen Römern und Sabinern führte genau die Bedingungen für die Gattinnen der Römer auf: sie brauchten nie knechtische Arbeiten zu leisten, waren unbestrittene Herrinnen des Hauses, ihre Ehemänner durften keine anderen Frauen nehmen und sollten sie ehrenvoll behandeln. Ihre einzige Aufgabe sollte das Spinnen sein. Die Erinnerung an den Raub der Sabinerinnen und diesen Vertrag, der sie zu Nutznießern des Sieges machte, blieb in Rom zu allen Zeiten lebendig und trug dazu bei, daß die Sitten gewahrt blieben.

Auch von einem anderen Gesichtspunkt aus kommt der Sage von den Sabinerinnen hinsichtlich der Geschichte der Einrichtungen Roms große Bedeutung zu. Nicht zufällig mußte Romulus gerade nach diesem Kriege seine Macht teilen. Die Teilung des *imperium* kündigt bereits die Einsetzung von zwei Konsuln an der Spitze des römischen Staates an.

Diese Teilung der Königsherrschaft war außerdem nur eine Episode. Die Sage berichtet, daß Titus Tatius bald gestorben sei – als ob er seine Rolle gespielt hätte und nun überflüssig geworden wäre. Der Vorwand für sein Abtreten ist ziemlich unklar. Man erzählt, die Eltern des Tatius hätten den Gesandten der Laurenter irgendwie Gewalt angetan, einem Volk, das, wie bereits gesagt, die Trojaner so freundlich aufgenommen hatte, und der König habe sich im Hinblick auf seine Eltern geweigert, Wiedergutmachung zu leisten. Als er dann nach Lavinium ging, um sein jährliches Opfer, zu dem er als König von Rom verpflichtet war, darzubringen, erhoben sich die Bewohner dieser Gegend gegen ihn, und bei diesem Aufruhr wurde er getötet. Romulus rächte ihn nicht, sei es, daß er, wie man sagt, gar nicht traurig war, sich so des Mitregenten entledigt zu sehen, sei es, daß er diesen Tod für gerecht hielt.

DIE VERGÖTTLICHUNG DES ROMULUS

Auch das Ende des Romulus ist Gegenstand vieler Sagen. Der König war beim Volk beliebter als beim Adel, der nicht an seiner Macht teilhatte, sondern ihn nur im Senat beraten durfte. Eine Überlieferung nennt die Feindschaft des Adels als Grund für seinen Tod. Man erzählte sich folgende Geschichte: Eines Tages hielt Romulus auf dem Marsfeld nahe beim *Caprae palus* (Ziegensumpf) eine Militärversammlung ab (später *census* genannt), als plötzlich ein Gewitter ausbrach und es dunkel wurde; Blitz und Donner brachten Verwirrung in die Menge. Als der Himmel sich aufklärte und es wieder hell wurde, war Romulus verschwunden. Der Sitz, auf dem er vor dem Gewitter gesessen hatte, war leer. Die Soldaten riefen nach ihrem König, und die Senatoren in seiner Nähe erklärten sofort, daß Romulus vom Gewitter weggetragen worden sei; sie hätten ihn in den Himmel entschwinden sehen. Auf der Stelle brach die Menge in ein Freudengeschrei aus und verkündete, daß der Sohn des Mars ein Gott geworden sei. Dies war die erste Apotheose eines römischen Herrschers. Dennoch versteckten einige ihren Argwohn den Senatoren gegenüber nicht. Man munkelte, die Senatoren hätten die Dunkelheit des Gewitters ausgenutzt, Romulus getötet und in aller Eile dessen Leichnam zerstückelt, und dann hätte jeder ein Stück davon in seinem Kleid versteckt. Um den Gerüchten ein Ende zu machen, zeigte sich am folgenden Tag einer der Senatoren, Julius Proculus, der wegen seiner Weisheit bekannt war, der versammelten Menge und sagte, ihm sei frühmorgens der vergöttlichte König erschienen, der im Morgengrauen vom Himmel herabgestiegen sei. Er habe ihm gesagt: «Sage den Römern, es sei göttlicher Wille, daß Rom Herrscherin der Welt werde. Die Römer mögen sich der Kriegskunst widmen, und keine irdische Macht werde ihnen widerstehen können.» Danach soll sich der neue Gott wieder zum Himmel erhoben haben und verschwunden sein. Angesichts dieses für ihre Stadt so schmeichelhaften Berichtes zweifelten die Römer nicht mehr daran, daß Romulus wirklich ein Gott geworden sei. Man gab ihm den Namen Quirinus – ein für die Römer unbekannter Name, von dem die Philologen zu Recht glauben, daß er «Schutzherr der Männer-Versammlungen» bedeutet. Seitdem ist Quirinus tatsächlich der Schutzherr der Bürger in den nichtmilitärischen Gliederungen der Bürgerschaft.

DER KÖNIG NUMA

Der sagenhafte und erklärende Bericht endet jedoch nicht mit dem Tode des Romulus. Es erscheint eine andere, wirklich seltsame Einrichtung, die ihren eigenen Mythos verdiente, das *interregnum* (Zwischenregierung). Darauf wird man noch in den allerletzten Monaten der Republik zurückgreifen, bevor Caesar dieser Regierungsform ein Ende setzte.

Romulus war verschwunden, und die Senatoren hatten sich zerstritten. Keiner dachte mehr daran, das Königtum zu beseitigen. Es schien jetzt für die Regierung und den Bestand Roms unentbehrlich. Aber wen sollte man zum König machen? Die latinischen Senatoren wollten einen Latiner, die Sabiner einen aus ihren Reihen. Als sie sich nicht einigen konnten, beschlossen sie, daß alle fünf Tage ein Zwischenkönig *[interrex]* herrschen und die Amtsgeschäfte übernehmen sollte. Aber dem Volk mißfiel dieser Zustand, der über ein Jahr dauerte, und das Gerede wurde so laut, daß die Senatoren es nicht überhören konnten, ohne Gefahr zu laufen, einen Aufstand heraufzubeschwören. So kamen sie dem Wunsche des Volkes nach und baten die Volksversammlung, sich auf einen Nachfolger für Romulus zu einigen. Sie erklärten sich bereit, diese Wahl zu bestätigen, wenn sie auf einen Mann falle, der der Herrschaft würdig sei. Das Volk nahm den Vorschlag an, und so wurde der alte angesehene Sabiner Numa zum König gewählt.

Auch die Wahl Numas stellt einen Einrichtungsmythos dar, da im Zusammenhang mit ihr erstmals der Begriff der *auctoritas* des Senats erscheint, das heißt, das Recht, eine Volksentscheidung, die den Senatoren bekannt war, zu ratifizieren. Dieser Begriff wird im politischen Leben der Republik eine sehr große Rolle spielen. Mit ihr konnten Kompetenzstreitigkeiten zwischen dem Volk und dem Adel vermieden oder beigelegt werden. In Rom ist dieser Mythos vor allem im politischen Bereich von Bedeutung, da er als Bericht eines authentischen Präzedenzfalles betrachtet wird, den die Erfahrung bestätigt hat. Die Römer neigten zur Annahme, daß das, was einmal geglückt war, auch ein zweites Mal glücken könnte. Es war also möglich, auf die Gegenwart einzuwirken, wenn man mit viel Geschick eine glaubwürdige und bedeutsame Vergangenheit erfindet. So erklären sich zweifellos die großen Anstrengungen der Römer, sich Sagen politischen und juristischen Inhalts zu schaffen, in denen römische Einrichtungen erklärt werden sollen.

So ist auch der Bericht von den auf Romulus folgenden Königen reich an sagenhaftem Beiwerk, das mehr oder weniger geschickt die eine oder andere religiöse oder zivilrechtliche Erscheinung erklärt, deren eigentlichen Hintergrund man längst vergessen hatte. Der König Numa, Nachfolger des Romulus, bildet eine Sage für sich. Er war ein Zauberkönig, der mit göttlichen Wesen Handel trieb. Außerdem galt er als der Freund (oder Geliebte) einer Wassernymphe, Egeria, deren Heiligtum sich in einem heiligen Hain vor den Toren Roms befand. Romulus hatte Rom kraft einer Voraussage gegründet. Numa wollte nach einer ungewöhnlichen Zeremonie inthronisiert werden, für die er eigens das Augurium geschaffen hat. Diese Zeremonie begleitete später die Einsetzung der republikanischen Magistrate.

Numa besaß magische Kräfte. Hatte man nicht beobachtet, wie er bei einem Festmahl Wein und Speisen auf die Tische zauberte, die niemand aufgetragen hatte? Man erzählte sich auch, daß er in der einsamen Wildnis des Aventin zwei Waldgötter, Picus und Faunus (die beiden alten vergöttlichten latinischen Könige), gefangen hatte. Auch als Picus und Faunus sich versteckten, ihm nicht auf seine Fragen antworten wollten und sich in alle möglichen Ungeheuer verwandelten, um ihm zu entweichen, ließ er seine Fessel nicht lockerer, sondern machte sie müde, bis sie schließlich redeten. Sie verrieten ihm wirksame Zauberformeln gegen den Blitz und weitere Zaubersprüche, die die Götter zwangen, zur Erde herabzusteigen.

Numa war von der Macht der Götter wenig beeindruckt. In der Volksmeinung galt er als gerissener Zauberer, und man hatte Spaß daran, sich seine Gespräche mit Jupiter immer wieder zu erzählen. Der Gott hatte von ihm als Opfer einen Kopf, einen Menschenkopf, verlangt, und Numa hatte ihm den «Kopf einer Knoblauchzehe» versprochen. Jupiter hatte dagegen Einspruch erhoben und gesagt, daß er «etwas von einem Menschen» haben wolle. Numa entgegnete, daß er auf die Knoblauchzehe Menschenhaare gesteckt habe. Daraufhin mußte der Gott lachen und gab sich geschlagen. Ein neuer Ritus war geschaffen, ein unblutiger, der dem Sabinerkönig Ehre einbrachte.

DIE HORATIER UND DIE CURIATIER

Auch über den Ursprung eines der Privilegien, woran die Römer am meisten festhielten, am Recht, nur von einem Bürgertribunal, vordem von der gesamten Volksversammlung, gerichtet zu werden, entstand eine Sage.

Es war unter der Herrschaft des Königs Tullus Hostilius, des Nachfolgers Numas. Tullus Hostilius war der Sohn des Hostius Hostilius, der sich im Krieg gegen die Sabiner ausgezeichnet hatte, den sein Mut jedoch das Leben kostete. Nach dem frommen König Numa hatte Tullus Hostilius wieder die kriegerische Tradition des Romulus aufgenommen, und es brach ein Krieg zwischen Rom und Alba aus. Als die beiden Heere in geordneter Schlachtreihe einander gegenüberstanden und sich in den Kampf stürzen wollten, bat Mettius, der Befehlshaber Albas, Tullus Hostilius, ein derartiges Blutvergießen zu verhindern, da es doch nur beide schon so geschwächten Völker dem gemeinsamen Feind, den Etruskern, ausliefere. Die Streitigkeit sei doch viel leichter beizulegen, wenn man stellvertretend einen Krieger für die Sache Albas und einen für die Sache Roms kämpfen lasse. Da stellte sich heraus, daß sich in beiden Heeren Drillinge befanden, die Curiatier auf seiten Albas und die Horatier auf seiten Roms. Sie waren tapfer und fast gleichaltrig. Man wollte sie gegeneinander kämpfen lassen und kam in einem Vertrag zwischen beiden Städten überein, daß diejenige, deren Krieger siegten, die Oberherrschaft über die andere erhielte. Der Vertrag kam zustande, und der Kampf begann. Die beiden Gruppen rückten zwischen den Schlachtreihen der Heere gegeneinander. Dabei wurden sie von ihren Anhängern angefeuert. Auf ein Zeichen hin stürzten sie mit den Schwertern aufeinander los. Zum großen Schrecken der Römer fielen zwei Horatier auf den ersten Streich; nur einer der Römer blieb unverletzt. Dafür waren alle drei Curiatier verwundet, konnten aber noch weiterkämpfen. Als er sich den dreien allein gegenübersah, floh Horatius, von Schrecken gepackt. Die Römer waren derart bekümmert und beschämt, daß sie sich nicht rührten. Die drei Albaner Helden trennten sich bei der Verfolgung ihres fliehenden Feindes immer weiter voneinander. Der am wenigsten Verletzte lief am schnellsten und blieb Horatius am dichtesten auf den Fersen. Etwas weiter hinter ihm kam sein stärker verwundeter Bruder, und noch weiter zurück schleppte sich der dritte heran; er hatte schon viel Blut verloren.

Als sich die drei Albaner so in der Ebene versprengt hatten, drehte sich Horatius, der alles beim Laufen über seine Schulter hinweg beobachtet hatte, plötzlich um, stürzte sich auf den ersten Curiatier und tötete ihn; dann griff er mit dem gleichen Mut den zweiten an, dann den dritten; so starben alle drei innerhalb weniger Minuten. Jeder einzelne dieser Erfolge feuerte die Römer zu Freudenschreien an. Je näher der Sieg rückte, desto lauter schrien die Römer. Danach beerdigten beide Parteien ihre Toten an der Stelle, wo sie gefallen waren. Man kann heute noch an der Via Appia, der antiken Straße, die von Rom nach Alba führt, drei Hügel sehen, die sehr starke Ähnlichkeit mit etruskischen Gräbern haben; es heißt, dies seien die Gräber der drei Curiatier.

Nach der Bestattung kehrten die Römer nach Hause zurück. Ihnen voran ging Horatius, der die Kleider der getöteten Feinde trug. Als sie sich dem Capenischen Tor (Porta Capena) näherten, trat gerade in dem Augenblick, als das Ehrengeleit in die Stadt einziehen wollte, die Schwester des Horatius auf sie zu. Sie war mit einem der Curiatier verlobt. Als sie den großen Mantel ihres Verlobten auf den Schultern ihres Bruders sah (man sagt, sie habe ihn selbst gewebt), raufte sie sich die Haare und begann zu weinen. Sie rief den Namen des Toten und hub ein Klagegeschrei an. Horatius sah in diesem Gefühlsausbruch eine unerträgliche Beleidigung sich selbst und dem ganzen römischen Volke gegenüber, das seinen Sieg

feiere und so wirklich Grund zur Freude hatte. In einem un-
beherrschten Wutanfall ergriff er sein Schwert, stieß es seiner
Schwester in die Kehle und rief aus: «Geh hin im Tode zu deiner
unrechten Liebe, da du sowohl deine Brüder als auch dein
Vaterland vergessen hast! So soll jede Römerin untergehen, die
einen Feind betrauert!»

So beging Horatius gleich nach seinem Sieg ein schreckliches Verbrechen. Selbst wenn man überzeugt war, daß seine Schwester
ihren Tod verdient hatte, änderte dies die Tatsache nicht, daß der
Mord mit eben der Schuld behaftet war, die alle Verwandtenmorde
kennzeichnete, und daß er eine religiöse Gefahr für die ganze Stadt
bedeutete. So ergriffen denn auch die Schergen den Horatius und
führten ihn zum Gericht vor den König. Dieser ernannte zwei
Männer [duumviri], die über ihn zu Gericht sitzen sollten; das
Gesetz besagte, daß der Täter bei erwiesener Schuld an einen unfruchtbaren Baum gebunden, mit Ruten geschlagen und schließlich enthauptet werden sollte. Die Duumvirn konnten das Verbrechen nicht ungeschehen machen. Sie fällten den Urteilsspruch.
Da rief Horatius, vom König, der ihm insgeheim günstig gesinnt
war, ermutigt: «Ich lege Berufung ein», und der König beschloß,
die ganze Angelegenheit der Volksversammlung vorzutragen.

Der Prozeß wurde sofort angesetzt. In seinem Verlauf trat der
Vater des Horatius auf und erklärte, daß seine Tochter mit Recht
getötet worden sei. Dieses Argument beeindruckte die Bürger am
meisten. Wenn sein Sohn anders gehandelt hätte, so erklärte er,
hätte er als Vater ihn als ersten verdammt. Er beschwor die Mit-
bürger, ihm nicht an einem einzigen Tag noch das letzte seiner
Kinder zu nehmen, wo er doch noch am Morgen eine so große
Familie besessen hätte. Mitleid ergriff das Volk, und Horatius wurde freigesprochen. So wurde zum erstenmal das strenge Gesetz
vom Rechtssinn besiegt.

Horatius wurde zwar die Strafe erlassen, er trug aber trotzdem weiterhin den Makel seines Mordes. Die Bürger verlangten von seinem Vater, ihn zu entsühnen, und zwar nach Riten, die sich bis in
die historische Zeit hinein in der Familie der Horatier fortsetzten.
Nach einem dieser Riten mußte der Mörder verschleierten Hauptes

unter einem Balken hindurchgehen, den man noch Jahrhunderte später zeigte. Man nannte ihn «Schwesternbalken» *[tigillum sororium]*.

Diese verwickelte Sage fußt zweifellos auf sehr alten Überlieferungen und spiegelt Riten wider, die noch vor der Zeit Roms lagen; aber die Erinnerung an die vorgeschichtliche Bedeutung war bei den Römern völlig verblaßt. Die Geschichte des Horatius war nur ein Musterfall; sie gab jedem römischen Bürger die Gewißheit, nicht willkürlich von irgendeinem wie auch immer gearteten Magistrat, sondern von einem von der gesamten Bürgerschaft gebildeten Volkstribunal gerichtet zu werden, wenn sein persönliches Leben oder das Recht, in der Bürgergemeinschaft zu verbleiben, in Frage stand.

DIE ANCILIEN

Wie zu erwarten, haben auch die großen religiösen Einrichtungen Roms zu erklärenden Sagen Anlaß gegeben. Im allgemeinen sind diese Sagen sehr einfach und ranken meist um einen typischen Brauch, wie z. B. um den von den Ancilien, den heiligen Schilden. Einmal im Jahr trugen Priester, die Salier *[Salii]*, die heiligen Schilde in einer eigenartigen Prozession mit sich. Dabei tanzten sie und sangen eine Hymne, deren Worte niemand mehr genau verstand. König Numa soll Jupiter um ein Zeichen gebeten haben, das Rom die Gewißheit über den ihm versprochenen Herrschaftsauftrag geben sollte. Nach seinem Gebet zu dem Gott hatte er sich in der Frühe auf den kurulischen Sessel gesetzt, den Kopf mit einem weißen Tuch verhüllt und mit lauter Stimme ausgerufen: «Jupiter, nun ist es an der Zeit, uns das versprochene Zeichen zu schicken. Löse dein Versprechen ein!» Er hatte noch nicht ganz ausgesprochen, als man von heiterem Himmel Donnergrollen hörte. Drei Donnerschläge folgten aufeinander, und das Himmelsgewölbe öffnete sich. Man sah einen ungewöhnlichen, doppelten, achtförmigen Schild wie eine Vogelfeder vom Himmel schweben, das Unterpfand des Gottes. Numa wußte sofort, daß das Schicksal Roms mit diesem himmlischen Schild verhaftet war. Er fürchtete, Feinde der Stadt könnten ihn rauben und sich seiner Macht bedienen. Daher ersann er eine List. Er schickte nach dem Schmied Mamurius Veturius und befahl ihm, mehrere Schilde anzufertigen, die genauso aussahen wie der Schild des Jupiter. Zur Belohnung für seine Arbeit wollte Mamurius nur in der Hymne der Salier genannt werden.

DER TEMPEL DES JUPITER

Der religiöse Mittelpunkt Roms und des Reiches war der Tempel des Jupiter Optimus Maximus auf dem Südhügel des Kapitols. Dort lag das *imperium*, die königliche und konsularische Macht, begründet. Wie man sich leicht denken kann, spann sich um die Gründung dieses Tempels eine Reihe Sagen, von denen jede einer Weissagung gleichkommt. Der König Tarquinius Superbus soll den Bau des Tempels begonnen haben, den sein Vater Tarquinius Priscus den Göttern versprochen hatte. Er wählte eine Stelle auf dem Hügel aus, an der bereits kleinere Heiligtümer, unter anderem ein Tempel des Terminus und einer der Juventa aus der Zeit des Krieges gegen Romulus standen. Titus Tatius soll sie gebaut haben. Tarquinius wollte sie abreißen lassen, aber dazu brauchte er die Zustimmung der Götter, zu deren Ehre sie errichtet worden waren. Man befragte die Vorzeichen. Sie fielen in fast allen Fällen günstig aus, außer bei Terminus. Dieser Gott wollte um keinen Preis weichen, und so ließ man seinen Tempel mitten in dem Jupitertempel stehen. Da ein Terminusheiligtum immer zum Himmel hin geöffnet sein mußte, ließ man auch im Dach des Jupitertempels eine Öffnung. Die Römer taten das ganz gern, da sie in der Hartnäckigkeit des Terminus ein günstiges Omen sahen: die Versicherung, daß die durch Jupiter symbolisierte Macht fest auf dem Hügel verankert war. Endlich begannen die Arbeiten. Als die Arbeiter die Fundamente des Tempels aushoben, fanden sie in der Erde ein unbeschädigtes menschliches Haupt, dessen Gesichtszüge sogar noch zu erkennen waren. Die Götter wurden befragt, und sie deuteten das Zeichen so, daß Rom das «Haupt» der ganzen Welt werden solle, dem weder Verfall noch Tod etwas anhaben könnten. Die verschiedenen Bauabschnitte begleiteten derart bemerkenswerte Zeichen, daß die Etrusker, deren Macht auf dem Höhepunkt stand, unruhig wurden. Sie bekamen Angst vor der Bestimmung Roms. Tarquinius hatte Bildhauer aus Veji mit einer Quadriga aus Terrakotta zur Krönung des Gebäudes beauftragt (die etruskische Stadt Veji war für ihre Künstler, insbesondere für ihre Modellierer und Töpfer bekannt). Der Bildhauer formte eine Quadriga und setzte sie zum Trocknen in den Ofen. Der Ton ging auf wie Teig, statt zu trocknen und zusammenzuschrumpfen. In der Hitze nahm er derartige Formen an, daß der Ofen zerschlagen werden mußte, um die Quadriga herausnehmen zu können. Nach der Bedeutung dieses Wunders befragt, antworteten die Wahrsager, daß die Stadt, der diese Quadriga gehöre, Herrin der Welt werde. Da wollten die Vejenter nicht, daß der Bildhauer die Quadriga den Römern auslieferte. In der Zwischenzeit war Tarquinius Superbus gestürzt worden, und als römische Gesandte die Plastik holen wollten, antworteten ihnen die Vejenter, sie gehöre nicht der Republik Rom, sondern dem König, der sie in Auftrag gegeben habe. Der sei nun aber nicht mehr in Rom. Die Römer mußten nachgeben. Aber die Götter wollten das wertvolle Unterpfand nicht in den Händen der Vejenter lassen. Einige Tage später fanden in Veji Wagenrennen statt, und als der Sieger seine Pferde aus der Arena führen wollte, um den Preis in Empfang zu nehmen, scheute das Gespann plötzlich ohne sichtbaren Grund und riß aus. Mit hoher Geschwindigkeit rasten die Pferde mitsamt dem Wagenlenker, der ihrer nicht mehr Herr wurde, nach Rom. Erst vor der Porta Ratumena kamen sie zum Stehen, und zwar so plötzlich, daß der Lenker vom Wagen stürzte und tödlich verunglückte. Danach liefen die Pferde von selbst im Schritt zum Jupitertempel und blieben dort genau am Fuße der Treppe stehen. Danach konnten die Vejenter nicht mehr anders, als die wunderbare Statue auszuliefern. Sie wurde auf das Dach des römischen Tempels gesetzt.

SERVIUS TULLIUS

Servius Tullius unterbrach zwischen Tarquinius Priscus und Tarquinius Superbus die Herrscherfolge der etruskischen Könige in Rom. Seine Herkunft blieb im dunkeln. Vielleicht gehört er selbst nur der Sage an, und zwar als Bürge für erst viel später entstandene militärische und politische Einrichtungen. Wie dem auch sei, der Sage nach soll im Hause des Tarquinius Priscus eine Dienerin gearbeitet haben, die eines Tages beim Spinnen am häuslichen Herd ein männliches Glied aus der Asche erstehen sah. So zeigte sich der Gott Lar, der «Genius» des Hauses. Auf den Rat der Königin Tanaquil hin, einer wie alle ihre Landsleute in der Zeichendeutung sehr erfahrenen Etruskerin, vereinigte sich die Dienerin mit der göttlichen Erscheinung und empfing einen Sohn, der im königlichen Hause aufwuchs, den späteren König Servius.
So lautet die rohste und einfachste Form der Sage. Es gibt noch andere, aber sie betonen nicht weniger die göttliche Herkunft des Servius. Er soll auch der postume Sohn des Königs von Corniculum sein, das von Tarquinius eingenommen worden war. Seine Mutter trug ihn noch, als sie als Sklavin ins Königshaus gebracht wurde. Dort gebar sie ihn dann auch in Knechtschaft. Eines Tages umgaben plötzlich Flammen den Kopf des schlafenden Kindes. In aller Eile wurde Tanaquil herbeigerufen, und sie sagte, daß man Servius nicht wecken und erst recht nicht die wunderbaren Flammen löschen solle. Als das Kind aufwachte, erloschen die Flammen von selbst. Tanaquil sagte den Dienern nichts davon, erklärte ihrem Mann jedoch die Bedeutung dieses Zeichens. Sie sagte ihm, daß Servius zu großem Ruhm bestimmt sei, und statt eifersüchtig zu sein, umsorgte der König das Kind wie seinen eigenen Sohn. Als die Zeit gekommen war, gab er ihm sogar seine Tochter zur Frau und bestimmte ihn zu seinem Nachfolger. So regierte Servius, von Fortuna begünstigt, über Rom. Er baute eine Stadtmauer, die man Servianische Mauer nennt, und gab Rom Einrichtungen, die jahrhundertelang aufrechterhalten blieben. Das erstaunte niemanden, da der König ja schon in seiner Wiege derart auffallende göttliche Zeichen trug.

Brauchtum und berühmte Stätten

Das gesamte Gebiet Roms war von Sagen übersät. Kein Platz, kein Stein, kein altes Heiligtum war ohne wunderbare Geschichte. Einige der Sagen wurden bereits, manchmal auf Kosten der Chronologie und oft auch entgegen aller Wahrscheinlichkeit, mit den Berichten über die Gründung Roms in Zusammenhang gebracht. Die meisten hingen jedoch mit tatsächlichen historischen Ereignissen zusammen, wurden aber meist durch volkstümliche Vorstellungen verformt und dienten dann zur Erklärung für andere Erscheinungen und zu allgemeinen Ausschmückungen. Die wichtigsten geschichtlichen Ereignisse wurden mit folkloristischen Anekdoten ausgeschmückt, die den Vorstellungen der Römer am ehesten entsprachen. Sie blieben am längsten in der Überlieferung lebendig. So zum Beispiel die Sagen von der Revolution, die 509 die Tarquinier vertrieb, von den Versuchen der Sabiner, Rom einzunehmen (nach dem fast mythischen Krieg zwischen Tatius und Romulus), von dem Kampf der Römer gegen ihre Nachbarn, die Etrusker, zur Zeit der Vertreibung der Tarquinier und später gegen die Latiner, Volsker und andere Stämme, die sich dem Fortschritt des republikanischen Rom widersetzten, und schließlich insbesondere die Sagen, die sich um den «Zyklus des Camillus» rankten und die schreckliche Erinnerung an die Invasion der Gallier am Anfang des 4. Jahrhunderts v. Chr. wachhielten. Nicht selten wird die gleiche Sage je nach ihrem Autor mit unterschiedlichen Ereignissen der tatsächlichen Geschichte in Zusammenhang gebracht.

Herkules und Cacus

Eine der wichtigsten Sagen stammt aus der Zeit vor der Gründung Roms und mißt dem Heiligtum, von dem sie berichtet, der Ara Maxima, vielleicht ein allzuhohes Alter bei. Held der Sage ist

Herkules. Er kam aus dem Westen nach Latium und trieb die Herden, die er dem Geryones geraubt hatte, vor sich her. In dieser Zeit herrschte Evander über das Land. Der hinderte das fürchterliche Ungetüm Cacus, den Sohn des Vulcanus, des Gottes des Feuers, nicht, Reisende zu prellen und alle möglichen Untaten in der ganzen Gegend zu verüben. Cacus hauste in einer natürlich gewachsenen Höhle tief unter dem Aventin. Als er Herkules mit seiner Herde prächtiger Rinder kommen sah, überlegte er, wie er wohl ein paar Tiere, eine fette Beute für ihn, stehlen könnte. Er wartete, bis der Held, von der langen Wanderung und dem guten Essen (Herkules war ein Feinschmecker) müde, eingeschlafen war. Währenddessen weidete die Herde, oder die Tiere ruhten sich im Grase am Ufer des Flusses aus. Herkules hielt sich genau dort auf, wo später das Forum Boarium (der Rindermarkt) liegen sollte, am Ende der Senke des Circus Maximus zwischen Palatin und Aventin.

Cacus schien der Augenblick günstig. Er stahl einige der schönsten Färsen und trieb sie in seine Höhle. Dabei überlegte er sich, daß, wenn er die Tiere vor sich hertrieb, die Spuren im Staub dem Herkules wertvolle Hinweise geben könnten. Also band er sie untereinander an den Schwänzen zusammen und zwang sie so zum Krebsgang. Es sah nun so aus, als ob die Spuren zum Forum Boarium führten und nicht in Richtung Aventin. Als die Tiere in der Höhle waren, schloß er sie mit einer gewaltigen Tür aus einem einzigen Felsblock.

In der Morgendämmerung wurde Herkules allmählich wach und kümmerte sich um seine Herde. Da entdeckte er beim Zählen, daß einige Tiere fehlten. Er suchte sie überall, weil er glaubte, sie hätten sich in der Umgebung verirrt. Er folgte den Spuren und kam zur Höhle; die Spur sah jedoch so aus, als ob die Tiere nicht in die Höhle hineingegangen, sondern herausgekommen wären. Herkules war verwirrt. Er versuchte nicht weiter, das Geheimnis zu ergründen, sondern verließ rasch den Ort, an dem so unerklärliche Dinge geschahen und an dem wie durch einen Zauber Färsen verschwanden. Er ging also weiter zwischen Fels und Fluß den Hügel entlang. Als er dabei an der Höhle vorbeikam, fingen die Färsen kläglich an zu brüllen. Sie hatten die Nähe der Herde gewittert und wollten sie nun rufen. Herkules hörte sie und wandte sich sofort der Höhle zu. Da nahm Cacus Zuflucht zu all seinen Künsten. Er konnte zum Beispiel ins Feuer blasen und so riesige Rauchwolken entfachen. Das hatte er von seinem Vater Vulcanus geerbt. Herkules ließ ihm jedoch nicht die Zeit, seine Künste zu zeigen. Da sich Cacus in der Höhle eingeschlossen hatte, räumte Herkules von oben die Felsbrocken weg und stieg durch die Wölbung ein. Nun war Cacus Herkules ausgeliefert. Herkules tötete ihn wie schon so viele Ungetüme vor ihm, holte sich seine Färsen zurück und errichtete dem Jupiter Inventor (Erfinder) zum Dank einen Altar.

Hier hört die Geschichte jedoch nicht auf; sie bezieht sich auf noch weitere Heiligtümer in dieser Gegend. Es wurde erzählt, daß der König Evander, vom Kampfeslärm zwischen Herkules und Cacus angelockt, dem Sieger, als er ihn erkannte, gratulierte: «Sohn des Jupiter, ich grüße dich; meine Mutter, eine zuverlässige Deuterin des göttlichen Willens, hat mir schon vor langer Zeit gesagt, daß du in die Zahl der Götter aufgenommen wirst und daß man dir hier einen Altar errichten soll, der später einmal vom reichsten Volk der Welt »der große Altar« (Ara Maxima) genannt wird. Dort wird es auch deinen Kult pflegen.»

Herkules reichte ihm die Hand, dankte ihm für den Willkommensgruß und machte sich unverzüglich daran, am Ort des Kampfes einen Altar zu errichten. Dann wählte er eine Färse aus seiner Herde aus und opferte sie dem Jupiter. Nach einer Überlieferung soll er sich selbst unter dem Namen «Herkules, der Sieger» oder «unbesiegter Herkules» geopfert haben. Das Opfer war wohl nach griechischem Brauch vollzogen worden. So versucht man die erstaunliche Tatsache zu erklären, daß auf römischem Boden ein Kult mit griechischem Ritus vollzogen wurde. Bemerkenswert ist weiter, daß seither die Sieger auf ihrem Triumphzug mit allen Begleitern vor dem Heiligtum des Herkules haltmachten und den Helden stellvertretend für alle die anriefen, die ihr Mut unsterblich gemacht hatte.

Die Sage von der «Ara Maxima» hängt mit einer anderen Episode des gleichen Abenteuers zusammen, die sich um das benachbarte Heiligtum der *Bona Dea* (die gute Göttin) rankt. Nach seinem

Kampf mit Cacus bekam Herkules Durst. Da entdeckte er in der Nähe eine Lichtung, in der junge Mädchen lachten und schwatzten; dieser Hain war der Bona Dea geweiht. Dort hauste in einer Hütte eine alte Frau, eine Priesterin der Bona Dea, und unweit der Hütte war eine heilige Quelle. Herkules stürzt darauf zu, ruft an der Tür nach der alten Frau und bittet sie um Gastfreundschaft oder zumindest um die Erlaubnis, an der heiligen Quelle seinen Durst löschen zu dürfen. Aber die Priesterin verwehrt ihm den Zugang zu der heiligen Quelle. Dieser heilige Hain sei für Männer verboten, erklärt sie ihm; männliche Gegenwart entheilige ihn, und es sei auch verboten, daß Männer aus der Quelle tränken. Doch Herkules läßt sich davon nicht abschrecken. Er rennt mit seiner Schulter gegen die Hütte an und trinkt, ohne auf die Proteste und Verwünschungen der Alten zu hören, ausgiebig von dem heiligen Wasser. Als sein Durst gestillt ist, verkündet er seine Entscheidung: Weil die Frauen ihm einen Schluck Wasser verwehrt haben, verbietet er ihnen für immer, sein Heiligtum, die Ara Maxima, zu betreten. Auch Hunde und Fliegen seien aus Angst vor der Kraft des großen Herkules nicht in das Heiligtum gekommen.

BONA DEA

Wer war aber diese Bona Dea, deren Priesterinnen so hartherzig handelten? Ihr richtiger Name blieb unbekannt. Man charakterisierte sie einzig durch ihren Beinamen, und vielleicht gerade deshalb ist zu vermuten, daß sie von Natur aus rachsüchtig und gar nicht so gut war, wie man es ihr aus Ehrfurcht zuschrieb. Als Bona Dea wurde sie jedoch jedes Jahr von den Matronen angerufen, die sich im Hause eines hohen Beamten (eines Praetors oder Konsuls) trafen, in einem Hause, aus dem vorher sorgfältig jedes männliche Wesen vertrieben worden war. Doch was wußte man von der Göttin selbst? War sie eine Tochter des Faunus? Das Gerücht ging um, daß ihr Vater sich in sie verliebt, sie sich jedoch ängstlich dagegen gewehrt habe, seinem Begehren nachzugeben, selbst dann noch, als Faunus sie mit Wein trunken gemacht hatte, damit sie williger werde. Wütend hatte er sie dann mit Myrtenruten auspeitschen lassen. Faunus soll seine Leidenschaft trotzdem gestillt haben, aber dazu mußte er sich in eine Schlange verwandeln.

Eine andere Lesart der Sage macht aus der Bona Dea nicht die Tochter, sondern die Frau des Faunus, eine makellose Frau, die aus Sittenstrenge kaum aus dem Hause ging und außer ihrem Mann niemanden sehen wollte. Eines Tages jedoch wurde sie bei einem Krug Wein schwach; sie hatte zuviel getrunken. Zur Strafe peitschte Faunus, ihr Mann, sie derart mit Myrtenruten, daß sie daran starb. Voller Gewissensbisse gewährte er ihr darauf göttliche Ehren.

Diese merkwürdige Sage zielt unter beiden Aspekten einzig darauf, die Besonderheiten des Kultes der Bona Dea so einfach wie möglich zu erklären: ihre Angst vor Männern, das für ihr jährliches Fest charakteristische «Tabu» für Männer, das Verbot, einen Myrtenzweig in ihr Heiligtum mitzubringen, und schließlich das Weintabu. Die römischen Frauen durften ursprünglich keinen Tropfen Wein trinken, wenn sie nicht von ihren Männern verstoßen werden wollten. Dieses Tabu wurde in ganz eigenartiger Form im Kult der Bona Dea umgangen: während der Feier tranken die Anwesenden Wein, nannten ihn aber «Honig» oder «Milch»; denn das Verbot bezog sich nur auf den Namen des Getränkes.

Kaum durchschaubare Sagen bringen noch ein anderes weibliches Wesen mit Faunus in Zusammenhang, nämlich Fauna, die auch manchmal mit der Bona Dea gleichgesetzt wird. Fauna soll die Schwester des Faunus gewesen sein und Herkules bei seiner Wanderung durch Latium verführt haben. Aus dieser Liebe ging wohl der König Latinus hervor, von dessen Bedeutung bereits in den Gründungssagen gesprochen wurde.

ACCA LARENTIA

Herkules wird in der römischen Überlieferung oft in eigenartiger Weise mit Frauen in Verbindung gebracht. Es wird zum Beispiel erzählt, daß zur Regierungszeit eines der ersten römischen Könige, des Romulus oder noch des Ancus Martius, der Tempelwächter den Gott an einem Festtag zum Würfelspiel eingeladen habe. Der Sieger sollte ein gutes Essen und ein schönes Mädchen gewinnen. Der Gott gewann, und der Wächter zahlte den Einsatz; er veranstaltete für Herkules ein großes Festessen und führte ihm darüber hinaus das schönste Mädchen Roms seiner Zeit, eine gewisse Acca Larentia, zu. Um der Schönen für ihre Gunst zu danken, riet ihr der Gott, sie solle sich beim Verlassen des Tempels dem ersten Mann, dem sie begegnete, hingeben. Dieser Mann, ein gewisser Tarutius (oder Carutius), ein reicher Kaufmann, heiratete sie, starb bald darauf und hinterließ ihr sein ganzes Vermögen, Besitzungen in der Umgebung von Rom. Bei ihrem Tode vermachte Larentia alles dem römischen Volke. Der König Ancus ließ ihr aus Dankbarkeit dafür im Viertel Velabrum ein Grabmal errichten und führte ihr zu Ehren einen Kult ein, der dem einer Göttin gleichkam.

DIE TARQUINIER

Die Vertreibung der Tarquinier lieferte lange Zeit unerschöpflichen Sagenstoff. So soll z. B. ursprünglich die im Norden des Kapitols von der Tiberschleife begrenzte weite Ebene zu den königlichen Besitzungen gehört haben. Nach der Revolution von 509 wurde sie vom Volk eingezogen und dem Gott Mars geweiht. Seit dem hieß sie Marsfeld [Campus Martius]. Nach der Vertreibung der Tarquinier brachte das Marsfeld eine sehr gute Ernte. Was tun? Das Korn verbrauchen, wäre Diebstahl gewesen und außerdem ein Sakrileg. So beschloß man, das Korn zu ernten und es mitsamt dem Stroh in den Fluß zu werfen, der damals wenig Wasser führte. Die Garben konnten vom Wasser nicht weggespült werden, die meisten blieben bereits in der ersten Flußbiegung stecken und bildeten dort eine Insel, die Tiberinsel. Auf derart wunderbare Weise wurde ihre Entstehung erklärt.

Die Tarquinier trösteten sich jedoch nicht über den Verlust des Königsthrones. Sie flüchteten sich in die Stadt Clusium (Chiusi) zu König Porsenna, den sie für einen Feldzug gegen Rom gewinnen konnten. So wollten sie die vertriebene Königsfamilie wieder in ihre Rechte einsetzen. Möglicherweise, sogar wahrscheinlich, beruht der Krieg der Clusiner gegen Rom auf historischer Tatsache. Seine Begleitumstände gehören aber meist der Sage an.

HORATIUS COCLES

Der Feind stand auf dem rechten Flußufer, dem «etruskischen Ufer», und drohte über die einzige Brücke, den Pons Sublicius, stromabwärts der Tiberinsel, in die Stadt einzudringen. Die Brücke war ohne Eisen ganz aus Holz gebaut worden (ein altes Gebot schrieb die Erhaltung des frühgeschichtlichen Gerüstes vor). Porsenna startete seinen Angriff derart plötzlich, daß niemand darauf gekommen war, ihm den Weg abzuschneiden. Die Verteidigung lag bei einem einzigen kräftigen und mutigen Soldaten, bei Horatius Cocles (nämlich, so glaubt man, bei Horatius dem Einäugigen). Cocles befand sich inmitten einer großen Schar Soldaten. Als sie jedoch den Feind von den Hängen des Janiculum herunterkommen und im Sturm in Richtung Brücke eilen sahen, bekamen sie Angst und ergriffen kopflos die Flucht. Cocles versuchte, sie zurückzuhalten, aber sie blieben seinen Ermahnungen gegenüber taub. Dann befahl er ihnen, mit allen Mitteln den Weg über die Brücke abzuschneiden, während er selbst den Feind aufzuhalten suche.

Cocles stellte sich den Feinden nicht allein entgegen. Zwei andere Krieger, Spurius Larcius und Titus Herminius, blieben an seiner Seite. Eine Zeitlang kämpften sie zu dritt. Als die römischen Soldaten in ihrem Rücken mit Beilen anfingen, die Aufzugsklappe der

Zugbrücke zu zerstören, und den dreien so den Rückzug erschwerten, riet Cocles seinen Begleitern, sich in Sicherheit zu bringen; es genüge, den Rückzug der anderen zu sichern. Als die Soldaten des Porsenna nur noch einen einzigen Mann vor sich sahen, zögerten sie einen Augenblick und stürzten sich dann gemeinsam auf ihn. Viele Wurfspieße blieben im Schild des Horatius Cocles stecken. Als er gerade der Überzahl weichen wollte, hörte er die Brücke zusammenbrechen. Da flehte Cocles die Götter an, sprang in voller Rüstung in den Tiber und gelangte schwimmend ans linke Ufer. Seine Begleiter empfingen ihn dort und stärkten ihn.

Horatius Cocles wurde für seine Heldentat belohnt: man errichtete ihm ein Standbild auf dem Comitium, auf dem Platz vor dem Sitzungssaal des Senates (Kurie), wo die Volksversammlungen stattfanden. Wahrscheinlich entstand die Sage erst nach dem Standbild, und die Figur des einäugigen Helden, wie die seines einarmigen Begleiters im Sieg, geht weit in die Vergangenheit zurück, noch vor die Besiedlung Latiums durch die Römer. Aber die Erinnerung an diese vorgeschichtliche Überlieferung war im Gedächtnis der Römer erloschen.

MUCIUS SCAEVOLA

Der erste Angriff Porsennas gegen Rom war also dank der heroischen Verteidigung des Horatius Cocles gescheitert. Aber nichtsdestoweniger dauerte die Belagerung an, eine Hungersnot drohte auszubrechen, und es bestand keine Möglichkeit, den gegnerischen König zu entmutigen. Da entschloß sich ein junger Mann namens Gaius Mucius zu einer waghalsigen Tat, die, wenn sie gelang, die Etrusker womöglich zwingen könnte, in ihr Heimatland zurückzukehren. Nachdem er den Magistrat davon in Kenntnis gesetzt hatte, daß er versuchen wolle, ins feindliche Lager vorzudringen (er wollte nicht von dem römischen Posten als Deserteur gefangen werden), versteckte er einen Dolch unter dem Mantel und schlich ins feindliche Lager. Da war es nun nicht mehr schwierig, zum

König zu gelangen. Man zahlte gerade den Sold, und Porsenna saß auf seinem Königssitz neben einem seiner Sekretäre. Da der Schreiber den Soldaten ihre Löhnung auszahlte, umstand ihn eine viel größere Menge als den König. Mucius wußte nicht, was da vor sich ging, und hielt den Sekretär für den König. Er erstach ihn mit dem Dolch und versuchte dann zu fliehen, doch wurde er schnell eingeholt und von den Leibwächtern gefangengenommen, die ihn vor Porsenna schleiften. Gefragt, antwortete er mutig, er sei Römer, heiße Mucius und habe den König töten wollen. Da sein Anschlag gescheitert sei, wolle er jetzt sterben, Leiden könnten ihn nicht schrecken. Er fügte hinzu, daß viele Römer wie er dächten und entschlossen seien, Porsenna zu töten. Porsenna war sehr verwirrt und drohte Mucius an, ihn lebendig zu verbrennen, wenn er ihm nicht sagte, wie die Mörder zu ihm vorzudringen gedächten. Da drückte Mucius die Wachen, die ihn festhielten, zur Seite, hielt die rechte Hand über ein Opferbecken und legte sie dann auf die glühenden Kohlen, ohne daß auch nur ein Muskel seines Gesichtes seinen Schmerz verriet. Porsenna war außer sich. Er betrachtete diese Tat als ein echtes Vorzeichen, als ein von den Göttern geschicktes Wunder, um ihn zu warnen. Er sprang von seinem Sessel auf, ließ Mucius vom Altar wegziehen und sagte: «Junger Mann, ich bewundere deinen Mut und wäre froh, wenn du in meinen Diensten ständest. Dennoch will ich dich von den Gesetzen des Krieges verschonen. Ich gebe dir die Freiheit zurück. Du kannst zu deinen Mitbürgern zurückkehren.» Mucius war zwar von solcher Großmut gerührt, wollte den König jedoch trotzdem einschüchtern und sagte daher, daß dreihundert junge Männer wie er das Versprechen abgelegt hätten, ihn, den König, zu töten. Durch Los sei er zum ersten bestimmt worden, aber die, die nach ihm kämen, wären fest entschlossen, ihren Plan durchzuführen. Porsenna gab dem Mucius (der seitdem den Beinamen Scaevola – Linkshänder – trug) Botschafter mit, die dem Senat Friedensvorschläge überbringen sollten. Und es wurde Frieden geschlossen.

CLOELIA

Eine der Friedensbedingungen war, daß die Römer sich verpflich-
teten, den Etruskern Geiseln zu stellen, vor allem zehn junge
Mädchen, darunter Cloelia. Man erzählte sich, daß die Phantasie
der Cloelia durch die Taten des Horatius Cocles und des Mucius
Scaevola angeregt wurde und sie ihnen nacheifern wollte. Sie versammelte die Mädchen um sich, die mit ihr als Geiseln im Lager des
Porsenna bewacht wurden, sprang mit ihnen in den Tiber, machte ihnen Mut und half ihnen, über den Fluß zu schwimmen.
Cloelia hatte die Geiseln zur Flucht angestachelt, war selbst geflohen und hatte damit den Vertrag zwischen den Römern und
Porsenna verletzt. Porsenna protestierte, die Römer hielten sich
an ihr Versprechen und lieferten Cloelia aus. Sie mußte mit einer
hohen Strafe rechnen. Doch Porsenna bewunderte im Innersten
die Heldentat des jungen Mädchens und beglückwünschte sie, als
man sie ihm brachte. Dann erlaubte man ihr, sich eine Anzahl
Geiseln auszuwählen und mit diesen zusammen nach Rom zurückzukehren; darüber hinaus erhielt sie noch ein Pferd als Geschenk.
Hoch zu Roß ritt Cloelia in die Stadt, begleitet von den jüngsten der
Geiseln (denn diese hatte sie sich ausgewählt).
Es gibt viele Versionen der Geschichten des Mucius Scaevola und
der Cloelia. So soll zum Beispiel die Heldin nicht Cloelia, sondern
Valeria geheißen haben und die Tochter des Konsuls Valerius Popli-
cola gewesen sein, der gerade in diesem Jahr im Amt war. Sie sei vor
ihren Begleiterinnen auf dem Pferd durch den Fluß geritten und
habe so auf dem Rücken des Pferdes die Strömung gebrochen, damit die anderen jungen Mädchen ihr leichter folgen konnten. Wie
dem auch sei, eine Einzelheit taucht immer wieder auf: Cloelia als
Reiterin. Nun stand oben auf der Via Sacra ein Reiterstandbild einer Frau, das zur Erinnerung an die Heldentat der Cloelia errichtet worden sein soll. Heute deuten genaue Kenner der römischen
Religion durch ihr Schweigen an, daß sie nichts über die Herkunft
dieser Statue wissen, die Anlaß zu der Sage von Cloelia-Valeria gegeben hat.

Im Gegensatz dazu glauben dieselben Historiker, daß Mucius Scaevola die römische Form einer Gestalt aus einem sehr alten Mythos ist, ein einarmiger Dämon, der ebenso wie der Einäugige, der Prototyp des Horatius Cocles, in der altnordischen Sagenwelt auftaucht.

JANUS UND ARGILETUM

Beim Nordeingang des Forum Romanum stand ein Tempel, in dessen Nähe sich ein eigenartiges Standbild befand: das eines Gottes mit zwei Gesichtern, des Janus. Ein nicht weniger eigentümlicher Ritus hing mit dem Tempel zusammen, dessen Türen immer offenstanden, wenn Rom Krieg führte, und nur im Frieden geschlossen werden durften.

Es wurde bereits gesagt, daß der Name des Janus in den Sagen von den Ursprüngen Roms als der eines guten und wachsamen Königs erscheint (das ist leicht verständlich, denn mit den beiden Gesichtern konnte er sowohl vorwärts als auch rückwärts sehen und wurde daher niemals überrascht). Was sollte aber dieser eigenartige Brauch mit den geschlossenen beziehungsweise geöffneten Türen? Man erklärte ihn mit einer Sage. Als die Sabiner zum Angriff gegen die römischen Truppen, die sich am Fuße des Palatin aufgestellt hatten, übergehen wollten, damals, als die Soldaten des Titus Tatius Rom angriffen und als Tarpeja die Zitadelle dem Feind ausgeliefert hatte, da sollen sie von einer von Janus erweckten heißen Quelle, die plötzlich aus dem Boden brach, aufgehalten worden sein. Zur Erinnerung an dieses Wunder stellte man nicht nur an dieser Stelle eine Statue des Janus auf, sondern entschloß sich außerdem, die Türen seines Tempels offenzulassen, wenn das römische Heer im Felde stand, damit der Gott, der in Kriegszeiten solche Macht bewies, dem römischen Heer zu Hilfe kommen konnte. Die Gegend um den Janustempel erhielt nach dem Wasserwunder den Namen Lautolae, der die Vorstellung eines «Bades» hervorruft.

Das Janusheiligtum stand genau da, wo eine Straße namens Argiletum auf das Forum stieß. Die modernen Historiker glauben, daß
sie zu den Tongruben außerhalb der ursprünglichen Stadt am Fuße
des Viminal führte. Aber diese Herleitung mußte den Römern als
zu einfach erscheinen. Sie haben um den Namen eine Reihe von
Sagen erdacht. Hier die wichtigsten:
Eines Tages, zur Zeit des Königs Evander, war ein Fremder aus
Argos, ein Argiver, zum König gekommen, der ihn gastfreundlich
aufnahm. Statt sich dafür dankbar zu zeigen, schmiedete der Argiver gegen Evander ein Komplott, um sich des Königreiches zu
bemächtigen. Evander hätte das nicht bemerkt, doch seine Freunde
und Verwandten waren weniger leichtgläubig als er und töteten
den Argiver. Evander soll ihm dann ein großartiges Grabmal erbaut haben, aber nicht etwa zu dessen Ehren, sondern weil er zeigen wollte, daß er sich an die Gesetze des Gastrechts hält, wonach
jeder Gast, auch wenn er ein Verbrecher ist, unverletzlich ist. Die
Stelle, an der das Grabmal stand, erhielt dann den Namen Argiletum, was als Wortspiel soviel wie «Tod des Argivers» bedeutet.
In einigen Überlieferungen liest man auch, daß Argos (oder der
Argiver), der hier getötet wurde, ein Sohn der Danae gewesen sei,
die mit ihren Kindern, welche sie mit Phineus hatte, habe ins Exil
gehen müssen und sich hierher flüchtete, wo später Rom gegründet wurde. Aber ihr Sohn war von den Einheimischen getötet worden, und die Gegend um sein Grab hieß daher später Argiletum.
Außerdem war noch eine weitere, ganz anders lautende Sage über
diesen Namen in Umlauf: Als auf dem Kapitol die Grundmauern
des Jupitertempels gelegt wurden, fand man, wie bereits gesagt,
an der geweihten Stelle ein menschliches Haupt. Die römischen
Priester schickten nach einem berühmten etruskischen Wahrsager,
der einen Sohn mit Namen Argos hatte. Ihm hatte der Wahrsager
verraten, daß die Gegend, in der man ein menschliches Haupt in
der Erde entdeckte, die Hauptstadt der Welt werden sollte. Argos
hatte sich dies gemerkt. Als die römischen Gesandten bei ihm an-
kamen, war sein Vater nicht da. Aber Argos war zur Stelle. Zunächst schwatzte man miteinander; dann sagten die Gesandten,
warum sie gekommen seien. Da erzählte Argos ihnen, was sein

Vater ihm gesagt hatte. Aber aller Wahrscheinlichkeit nach fügte er sogar noch hinzu, daß sein Vater die Römer belügen wolle, um zu verhindern, daß Rom die Hauptstadt der Welt werde. Als die Gesandten dem Wahrsager gegenüberstanden, versuchte der sie zu täuschen; die Römer jedoch ließen sich nicht darauf ein. Da ahnte der Wahrsager, daß sein Sohn ihn verraten hatte, sprang auf sein Pferd, holte den jungen Mann, der sich davongemacht hatte, ein und tötete ihn an der Stelle, die deshalb später Argiletum hieß.

FICUS RUMINALIS

Manchmal erwachsen aus topographischen Ungenauigkeiten Sagen, in denen einzelne Züge darauf abzielen, nicht mehr verstandene Merkwürdigkeiten zu erklären. So im Falle des Feigenbaums, an den der Tiber den Korb mit den göttlichen Zwillingen Romulus und Remus angeschwemmt haben soll – eine der ältesten und heiligsten Begebenheiten, die auf das künftige Rom hinweisen. Nach sicherer Überlieferung galt die Lupercal-Grotte an den unteren Hängen des Palatin als erster Zufluchtsort der Zwillinge. Demnach mußte der Feigenbaum auch an dieser Stelle gestanden haben, das heißt im Westen des Hügels. Nun wuchs in der Tat nahe des Lupercal ein Feigenbaum, «Ruminal» genannt; der Name erinnerte die Römer an die Wölfin, die Romulus und Remus säugte.

Ein weiterer Feigenbaum gleichen Namens wuchs vom ersteren weit entfernt und gehörte zu einem heiligen Bezirk vor dem Comitium, das heißt nicht weit vom Janustempel entfernt. Zur Erklärung dieser Ungereimtheit hatte das Volk folgende Geschichte erdacht:

Der König Tarquinius Priscus hatte nicht genug Berittene und beschloß daher, eine neue Reiterzenturie zu schaffen. Doch Attius Navius, ein sehr bekannter Augur, der Erfinder der Weissagekunst und daher in Rom sehr angesehen, widersetzte sich dem Vorhaben des Königs. Er erklärte alle Reformen für unannehmbar, die nicht durch den Vogelflug gutgeheißen würden.

Der König war wütend, faßte sich aber wieder und wollte nun die Kunst des Attius Navius lächerlich machen, indem er sagte: «Frage die Vögel, ob das, was ich gerade denke, möglich ist.» Der Wahrsager beobachtete den Vogelflug und antwortete, daß die Sache durchaus möglich sei. «Gut», sagte Tarquinius, «ich habe daran gedacht, daß du mit einem Schermesser einen Stein zerschneiden solltest.» Attius holte ein Schermesser aus seinem Gewand, nahm einen Stein und schnitt ihn mit einem Streich durch. Darauf forderte der König, der sich noch immer nicht geschlagen geben wollte, ein anderes Wunder: die Verpflanzung des Ficus Ruminalis. Mit dieser Wundertat erklärte man somit den Umstand, daß der Feigenbaum plötzlich auf dem Comitium stand; außerdem waren in historischer Zeit der Stein und das Schermesser des Augurs noch zu sehen. Beides soll in einem puteal (einer geweihten und eingefriedeten, vom Blitz getroffenen Stelle) vergraben gewesen sein. Dort stand auch eine Statue des Attius Navius, der mit verschleiertem Haupt in der Haltung eines Augurs die Zeichen befragt.

Die Gänse auf dem Kapitol

Bei einem römischen Fest huldigte man einem eigenartigen Brauch: In einer Prozession wurden gekreuzigte Hunde mitgeführt und Gänse, die in Gold und Purpur gekleidet stolz auf Stroh saßen. Zur Erklärung dafür griff man auf eine Geschichte aus der Zeit des Galliereinfalls zurück. Als das römische Heer am Ufer der Allia, eines Flusses im Norden Roms, in die Flucht geschlagen worden war, konnte kein Heer den eindringenden Galliern mehr den Weg nach Rom versperren. Sie kamen bis vor die Stadtmauern und sahen nirgends Verteidiger, wagten aber trotzdem nicht, gleich in die Stadt einzudringen, da sie eine Falle fürchteten. Aber alle Einwohner hatten sich auf das Kapitol in den Schutz der Mauern geflüchtet. Die Gallier, die unterdessen die Unterstadt besetzt hatten, fingen an zu plündern und zerstörten all das, was sie nicht mitnehmen konnten. Schließlich gingen sie zum Angriff gegen den Hügel über, aber die

Verteidiger unter dem Befehl des Manlius Capitolinus hatten gut aufgepaßt und schlugen sie jedesmal zurück. Da ersannen die Gallier eine List. In der Nacht schlichen sie heimlich zwischen Felsen und Dornengestrüpp zu einer Stelle, von der sie glaubten, daß die Verteidiger sie im Vertrauen auf das unwegsame Gelände weniger gut bewachten. Einige Gallier sollen sogar durch Abflußgräben gekrochen sein. All diese heimlichen Angriffe waren gut geplant und aufeinander abgestimmt. Nirgends waren Wachposten zu sehen. Aber in dem Augenblick, als die Gallier ins Innere der Festung eindringen wollten, setzte plötzlich ein schrilles Gänsegeschnatter ein. Manlius sprang bei diesem Lärm sofort auf. Die Wachen folgten ihm und entdeckten verdächtige Schatten. Die wenigen Gallier, die bereits auf dem Hügel angekommen waren, wurden niedergemacht, die anderen wurden am Weiterklettern gehindert oder flohen von selbst. So hatten die Gänse, die der Göttin Juno geweiht waren, den Hügel gerettet. Der Tempel der Göttin stand auf dem Kapitol, und sie wurde dort unter dem prophetischen Namen «*Juno Moneta*» (Juno die Mahnerin) verehrt. Das Verdienst der Gänse für Rom war der Anlaß für diese gleichzeitig grausame und derb-spaßige Prozession, die jedes Jahr erneut die Zuschauer in Erstaunen versetzte.

DIE NONAE CAPROTINAE

Die Römer feierten jedes Jahr am 7. Juli ein ausgelassenes Volksfest, die «Nonae Caprotinae», das heißt die «Nonen der Ziege» oder die «Nonen des Feigenbaumes». Genau war das nicht zu erklären, denn das lateinische Wort für Ziege ist dem für Feigenbaum sehr ähnlich. Zu diesem Fest versammelten sich die Römerinnen, Bürgerinnen und auch Sklavinnen in Festkleidung auf dem Lande. Sie erfreuten sich an allen möglichen Speisen und Zerstreuungen in improvisierten Hütten aus Zweigen des wilden Feigenbaumes. Nach diesem Vergnügen bewarfen sich die Dienerinnen mit Steinen, als ob sie gegeneinander kämpften. Dieses ländliche Fest geht auf eine

Kriegsbegebenheit nach der Einnahme Roms durch die Gallier und der Befreiung der Stadt durch den Diktator Camillus zurück. Zu dieser Zeit war Rom vom Kampf gegen die Gallier sehr geschwächt, und die Latiner nutzten diese Schwäche aus, Rom den Krieg zu erklären. Ihr Heer stand unter dem Befehl eines gewissen Livius Postumius. Postumius schickte eine Abordnung zu den Römern, um sie seinen Wunsch nach Erneuerung des alten Bündnisses und der alten Verwandtschaftsbande wissen zu lassen; dafür erbat er sich die Mädchen und Witwen, die in Rom lebten. Falls die Römer die Bedingungen annähmen, solle der Frieden zwischen den beiden Völkern wiederhergestellt sein.

Die Römer waren über dieses Angebot wenig erfreut. Sie wollten keinen Krieg, da sie wußten, daß ihnen zum Sieg die Kräfte fehlten, aber sie wollten auch nicht ihre Mädchen und Frauen weggeben. Eine Sklavin namens Philotis (oder nach einer anderen Überlieferung Tuela) rettete sie aus dieser verzwickten Lage. Sie ging zu den Senatoren und erklärte ihnen, sie wisse, wie man den Frieden erhalten und die Frauen schonen könne. Man brauche nur dem Feind Dienerinnen, Sklavinnen oder andere Frauen aus den Familien zu schicken und sie so zu kleiden, daß sie wie ihre Herrinnen aussähen. Die Senatoren nahmen den Vorschlag an. Philotis und die Dienerinnen verließen als Matronen und Freie verkleidet die Stadt und gingen ins Lager der Latiner. Dort nahmen sie ohne Prüderie die Gunstbezeigungen der Soldaten an. In dieser Nacht wurde im Lager der Latiner viel getrunken. Als die Männer in tiefen Schlaf gesunken waren, stieg Philotis, wie vorher mit den Römern vereinbart, auf einen wilden Feigenbaum, breitete ihren Mantel wie einen Schutzschild zwischen sich und dem Lager der Latiner aus und zündete eine Fackel an, um den Römern ein Zeichen zu geben. Die stürzten sich sofort auf die wein- und schlaftrunkenen Feinde und töteten sie. Auch Philotis und die Dienerinnen stürzten sich begeistert in das Gemetzel.

Das Fest der Nonae Caprotinae sollte, so sagt man, an diese Heldentat erinnern. Daher rannten auch die Sklavinnen hin und her und bewarfen sich mit Steinen, um an die gewalttätige Kampfhandlung zu erinnern. Die Kulturhistoriker sind wohl skeptischer als die Römer. Sie kennen in vielen Gegenden Feste, bei denen Herren und Diener ihre Kleider und Rollen vertauschen. Sehr wahrscheinlich ist der Ritus der Nonae Caprotinae einer der Bräuche, die ganz willkürlich auf ein historisches Ereignis bezogen werden. Der Kleidertausch zwischen Herren und Sklaven fand in Rom noch bei einer anderen Gelegenheit statt, nämlich während der Saturnalien, die in der zweiten Hälfte des Dezember gefeiert wurden. Man erklärte diesen Brauch damit, daß man sagte, er erinnere an die Herrschaft des guten Königs Saturnus (ihm zu Ehren wurden die Saturnalien gefeiert), an die Zeit also, als es wegen des allgemeinen Überflusses weder Herren noch Untertanen gab und auch keine Machtkämpfe zwischen den Menschen.

DIE LUPERCALIEN

Alljährlich feierte man am 15. Februar um den Palatin herum ein eigenartiges Fest, in dessen Verlauf Priester, die Luperci (sie waren in die zwei Kollegien der Fabiani und der Quintiliani aufgeteilt) in der Grotte des Lupercal ein blutiges Opfer darbrachten. (In dieser Grotte soll die mythische Wölfin die Zwillinge gesäugt haben.) Die Priester schlachteten einen Hund und einen oder mehrere Böcke, zeichneten die Stirn eines jeden ihrer Mitbrüder mit dem Blut des Opfers und trockneten sie gleich darauf mit einem in Milch getränkten Wollebausch. Der so mit Blut Getaufte mußte daraufhin sofort zu lachen anfangen. Dann schnitt man die Haut des Opfertieres in lange, schmale Streifen, und die Luperci liefen bis auf einen schmalen Gürtel nackt um den Palatin herum und auf die Heilige Straße. Mit den Hautriemen schlugen sie die Frauen, die ihnen über den Weg liefen, und die Frauen gaben sich diesen Scheinauspeitschungen hin, weil sie davon überzeugt waren, daß sie dadurch fruchtbarer würden und leichter Kinder gebären könnten. Dieses wilde Fest wurde lange gefeiert und erst 494 n. Chr. von Papst Gelasius abgeschafft.
Selbstverständlich hatten die Römer eine Sage erdacht, um diesen

einzigartigen Brauch zu erklären. Die einzelnen Begebenheiten dieser Sage standen allerdings kaum miteinander in Zusammenhang. Die einen sagen, zum erstenmal sei dieses Fest von Romulus und Remus gefeiert worden, und zwar aus Freude darüber, daß ihr Großvater Numitor ihnen erlaubte, an der Stelle, wo sie aufgewachsen waren, eine Stadt zu gründen. Am häufigsten jedoch schreibt man die Ehre dieses Festes dem alten König Evander zu. Eine Version, die zwischen diesen beiden steht, meint, daß ihr Nährvater, der Hirte Faustulus, die Zwillinge selbst diesen Ritus gelehrt habe. Er wiederum soll ihn von Evander übernommen haben. Ovid hat einen genauen Bericht darüber überliefert, wie es zu diesem Fest kam. Für ihn hat der Arkader Evander die Riten, mit denen in seinem Land der Gott Pan verehrt wurde, nach Rom gebracht, da er in dem einheimischen Gott Faunus Pan wiedererkannte. Warum hatte aber Faunus Spaß daran, seine Priester nackt herumlaufen zu sehen, fragt sich Ovid, und bringt dies mit einem anderen Abenteuer in Verbindung. Eines Tages zog Herkules mit seiner Freundin Omphale durch das Land. Faunus erblickte die Königin von einem Felsen aus und verliebte sich sofort heftig in sie. Aber er konnte sie Herkules nicht gewaltsam, sondern nur mit List ausspannen. Er folgte dem Paar und sah, daß sich die beiden am Abend in die Grotte zurückzogen. Faunus sah aber nicht, wie die Königin dem Herkules ihre Kleider anzog und sich selbst mit seinen verkleidete, während die Dienerinnen das Essen vorbereiteten. So aufgemacht, aßen sie, und nachdem sie ausgiebig getrunken hatten, legten sie sich Seite an Seite zur Ruhe.

Als alles still geworden war, schlich Faunus in die Grotte und versuchte, sich Omphale zu nähern. Seine Hand streifte jedoch die Keule und den Köcher, und als er das Löwenfell betastete, zog er seine Hand schnell zurück, weil er glaubte, Herkules selbst berührt zu haben. Dann fühlte er ein wenig weiter Frauenkleider und Edelsteine. Er glaubte, dies sei nun Omphale, und schmiegte sich bei der Geliebten an; er merkte jedoch schnell, daß er in Wirklichkeit bei Herkules lag. Herkules spürte die ungewohnte Gesellschaft und drehte sich plötzlich um. Faunus verlor dabei das Gleichgewicht und fiel mit großem Getöse vom Lager. Sogleich zündete man die

Fackeln an. Der unglückliche Faunus lag völlig zerschlagen auf dem harten Boden, und alle lachten ihn aus. Seitdem haßte er Kleider, die ihn derart hinters Licht geführt hatten, und verlangte, daß seine Priester sein Fest nackt feierten. Eine andere Sage bemüht sich um die Erklärung der anderen Einzelheiten des Ritus. Eines Tages wurde in der Grotte des Lupercal Faunus ein Opfer dargebracht, und die Gäste drängten sich schon um das Mahl, bei dem man das Opferfleisch verzehrte. Währenddessen spielten Romulus und Remus mit Nachbarskindern im Freien, schleuderten den Wurfspieß und rannten um die Wette, wie es junge Leute so tun. Plötzlich rief einer der Spielgefährten, daß Diebe die Herden von Romulus und Remus stehlen wollten. Sofort nahmen die beiden zusammen mit ihren Freunden die Verfolgung der Diebe auf. Sie bildeten zwei Gruppen. Die Gruppe des Remus fing die Übeltäter und zwang sie, ihre Beute zurückzugeben. Sie kehrte auch als erste an die Stelle zurück, wo das Mahl bereitet war, während die Gruppe des Romulus zusammen mit ihrem Anführer vergeblich die Wälder durchstreifte. Als sie schließlich zurückkamen, sahen sie, daß Remus und seine Freunde alles aufgegessen und ihnen bloß die Knochen übriggelassen hatten. Statt böse zu werden, fing Romulus an zu lachen, und daran erinnert das Lachen der Luperci. Und was die Milch betrifft, mit der man die Wollebäusche tränkt, erinnert sie nicht an die Milch der Wölfin, die in eben der Grotte die göttlichen Zwillinge säugte?

Die Fruchtbarkeit, die man den Lederstreifen aus Ziegen- oder Bockshaut zuschrieb, hat ihrerseits Anlaß zu einer Geschichte gegeben. Man erzählt, daß die Sabinerinnen nach dem Raub als Ehefrauen der Römer unfruchtbar gewesen seien. Jedermann machte sich darüber Gedanken und versuchte, den Zorn der Götter abzuwenden. Auf dem Esquilin stand ein der Juno als Göttin der Ehe und Beschützerin der verheirateten Frauen geweihter Baum. Als die Ehemänner mit ihren Frauen dort in großer Zahl zusammenströmten, um die Göttin zu bitten, ihre Vereinigung fruchtbar zu machen, ging ein Zittern durch die Äste und eine Stimme ertönte: «Daß doch die italischen Matronen den heiligen Bock empfangen mögen!» Dies Zeichen erfüllte alle Umstehenden mit Angst und

Schrecken. Wie sollte man die geheimnisvollen Worte der Göttin deuten? Ein alter Wahrsager aus Etrurien fand den wahren Sinn des göttlichen Rates heraus. Er opferte einen Bock und schnitt seine Haut in Streifen. Auf seine Anweisung hin ließen sich die Frauen dann damit auspeitschen. So wurden sie fruchtbar und schenkten Rom viele Kinder.

DIE VESTALIN CLAUDIA

Zur Zeit, als Hannibal Italien verwüstete und ein feindliches Heer nach dem anderen zerschlug, befragten die Senatoren die Sibyllinischen Bücher und lasen darin, daß der heilige Stein, der die Göttin Kybele symbolisiert, aus Asien nach Rom gebracht werden müsse. König Attalus aus Pergamon, in dessen Königreich sich dieser Stein befand, überließ ihn denn auch den Römern, und ein Schiff brachte ihn von Pergamon nach Ostia. Dort waren alle Römer, Beamte, Priester und schließlich auch die Vestalinnen (Priesterinnen der Göttin Vesta) zusammengekommen, um die Göttin zu empfangen. Man setzte den heiligen Stein auf eine Pinasse, und die angesehensten Männer stiegen aus Verehrung für die Göttin in die Seile und zogen das Boot tiberaufwärts nach Rom. Es war Sommer, und es hatte lange nicht mehr geregnet. Der Tiber war niedrig, überall waren Sandbänke zum Vorschein gekommen. Auf einer strandete das Schiff und konnte trotz aller Anstrengungen nicht wieder flottgemacht werden. Da ging die schönste und edelste der Vestalinnen, Claudia Quintia, ans Ufer und bat mit einer Handbewegung um Ruhe. Diese Claudia war sehr kokett und schämte sich auch nicht, hier und da Unverschämtheiten zu sagen. Daher war sie beim Volke schlecht beleumdet, und man munkelte, daß sie auch ihre Gelübde nicht halte, kurz, daß sie es nicht verdiene, die Funktion einer Vestalin auszuüben. Claudia war sich ihrer Tugendhaftigkeit sicher und wollte sie nun vor aller Augen beweisen. So ging sie auf das Ufer zu, und als Ruhe eingetreten war, schöpfte sie mit ihren Händen Wasser, ließ es auf ihre Haare tropfen und sagte: «Mutter der Götter, ich flehe dich an, man unterstellt mir, ich sei nicht rein. Entscheide du. Wenn du mich zurückstößt, stimme ich der über mich verhängten Strafe bei, bin ich meines Dienstes jedoch würdig, bitte ich dich, laß das Schiff meinen Händen gehorchen!» Dann griff sie nach dem Ankertau, und das Schiff wurde auf wunderbare Weise wieder flott.

CASTOR UND POLLUX

Castor und Pollux, die Söhne des Jupiter und der Leda, sind griechische Helden. Sie hatten jedoch auf dem Forum Romanum einen überaus alten Tempel, und ihr Name war sehr eng mit Sagen aus der römischen Geschichte verbunden, so zum Beispiel mit der vom Sieg des römischen Diktators Aulus Postumius über das Heer der Latiner im Jahre 499 nahe beim Regillussee. Es entspann sich ein harter Kampf, und der Diktator versprach den beiden Reiter-Heroen einen Tempel, wenn sie ihm zu Hilfe kämen. Da entdeckte man gleich nach dem Gelöbnis des Postumius zwei wunderbare Reiter auf weißen Pferden im Kampf. Sie verhalfen den Römern zum Sieg und verschwanden dann wieder, traten aber plötzlich auf dem Forum Romanum wieder auf, als Postumius im Triumph in Rom einzog, und tränkten ihre Pferde an der Quelle der Juturna. Diese bis auf den heutigen Tag nicht versiegte Quelle liegt in der Nähe des Castor- und Pollux-Tempels, den der Diktator, wie versprochen, auch erbaut hatte. Dieser Tempel war noch lange Zeit Heiligtum der römischen Reiter, die von den göttlichen Zwillingen beschützt wurden.

Das Eingreifen der beiden Zeussöhne beschränkt sich nicht auf den so weit zurückliegenden Kampf beim Regillussee. Sie traten ganz ähnlich im Krieg gegen den König Perseus um 167 v. Chr. auf. Ein gewisser Publius Vatinius aus Reate (Rieti) im Sabinerland erzählte den römischen Senatoren, daß er eines Nachts auf seinem Weg von Reate nach Rom zwei wunderschöne junge Reiter getroffen habe. Sie hätten ihm berichtet, daß der König Perseus am Vorabend von dem Konsul Paulus Aemilius gefangengenommen worden sei. Die Senatoren standen diesem Bericht sehr skeptisch gegenüber. Sie glaubten, Vatinius wolle sich über sie lustig machen, und ließen ihn gefangennehmen. Einige Tage später bestätigte ein Brief des Paulus Aemilius jedoch die Aussage des Sabiners. Man ließ den Unglücklichen sofort frei und schenkte ihm ein Feld als Ausgleich für sein Mißgeschick. Man erinnerte sich auch daran, daß bei anderen für Rom kritischen Situationen die Türen des Tempels des Castor und Pollux sich von selbst geöffnet hatten, als ob die Götter Rom spontan zu Hilfe gekommen seien.

Die hellenisierten Sagen

Viele nationale Überlieferungen sind im Laufe der Zeit durch das, was die Religionshistoriker «griechische Interpretationen» nennen, abgewandelt worden, das heißt, die Riten, die man zu erklären suchte, oder die Götter, die man genau beschreiben und bestimmen wollte, stimmten mit denen mehr oder weniger ähnlicher griechischer Sagen überein. Daraus entstanden dann neue Sagen, in denen zwar Züge römischer Grundgedanken vorhanden waren, meist jedoch das griechische Modell dem römischen aufgedrängt wurde. Diese Art der Sagenbildung ist nicht immer unbedingt die Tat eines Schriftstellers, der ein literarisches Werk schaffen wollte. viel häufiger scheinen die Sagen Überlieferungen entsprungen zu sein, die im Volk mündlich weitergegeben wurden und die sich meist um Heiligtümer rankten. Sie verdienen im Grunde nicht die abwertende Bezeichnung «künstlich», die man ihnen manchmal anhängt. Ovid hat in seinen Fasten viele hellenisierte Sagen überliefert, aber es ist nicht sicher, ob er sie alle selbst erdacht hat. Auf jeden Fall hat er ihnen die poetische Form gegeben.

Mater Matuta

Auf dem Forum Boarium, dem großen Platz am Tiber am Ausgang des Tals des Circus Maximus, lag ein uraltes Heiligtum, mit dem eigenartige Bräuche verbunden waren. Es war einer Göttin namens Mater Matuta geweiht, was soviel wie «Mutter des Morgens» heißt. Jedes Jahr im Juni, zum Fest der Göttin, brachten die Frauen eine Sklavin in den Tempel, die mit Ruten ausgepeitscht, ins Gesicht geschlagen und schließlich aus dem Tempel getrieben wurde. Bei der gleichen Gelegenheit brachten die Römerinnen die kleinen Söhne und Töchter ihrer Schwestern und erbaten für sie den Segen der Göttin, niemals jedoch für ihre eigenen Kinder. Schließlich opferten sie der Mater Matuta auf einer Terrakottaplatte gebackene

Mehlküchlein (wie es heute noch in bestimmten Gegenden Italiens, zum Beispiel in der Romagna, üblich ist).

Alle diese Bräuche, deren eigentliche Bedeutung seit langer Zeit in Vergessenheit geraten war, gaben Anlaß zu einer «griechischen Deutung». Man hielt die Göttin für eine Fremde aus Griechenland und sah in ihr niemand anders als Ino, die Schwester der Semele und die Gattin des Athamas, Personen, die in der griechischen Sage dem Zyklus des Dionysos angehören.

Man legte sich die Dinge folgendermaßen zurecht: Nach Semeles Tod habe Ino von Jupiter den Auftrag erhalten, den kleinen Dionysos aufzuziehen. Damit zog sie sich den Zorn Junos zu, die in dem kleinen Dionysos die Frucht eines Ehebruches des Jupiter sah. Athamas, der Mann der Ino, wurde wahnsinnig und tötete den kleinen Learchos, seinen Sohn mit Ino. In ihrem Schmerz nahm Ino ihren zweiten Sohn, Melikertes, aus der Wiege, floh mit ihm und stürzte sich schließlich mit dem Kind ins Meer. Die Meeresgottheiten nahmen sie auf und brachten sie zur Tibermündung. Dort stieg sie mit ihrem Kind aus dem Fluß auf und kam dorthin, wo später Rom entstehen sollte, genau an die Stelle des zukünftigen Heiligtums der Mater Matuta.

Außerdem befand sich hier an dieser Stelle ein Hain, der der Semele, der Schwester Inos, geweiht war und den die Bacchantinnen, die Priesterinnen des Bacchus, besuchten. Ino fragte sie, in welchem Land sie nun sei, und die Bacchantinnen antworteten ihr: im Königreich des Arkadiers Evander. Aber Juno wachte; ihr Zorn war noch nicht verflogen. In Gestalt einer Bacchantin wiegelte sie ihre Gefährtinnen gegen die Fremde auf. Sie redete ihnen ein, daß Ino bloß ihre Gebräuche ausspionieren wolle, und meinte, zur Strafe dafür solle man ihr das Kind, das sie bei sich habe, wegnehmen und es opfern. Denn zum Bacchantinnenritus gehörte ein Menschenopfer, bei dem von den Frauen ein Kind lebend zerstückelt wurde. Von Juno angestiftet, stürzten sich die Bacchantinnen auf Ino und versuchten, ihr Melikertes zu entreißen. Da fing die Unglückliche zu schreien an und rief Götter und Menschen zu Hilfe. Zu der Zeit weilte gerade Herkules mit seiner Herde auf den Hängen des Aventin. Er hörte Inos Schreie, rannte los und erkannte die Schwester Semeles. Als die Bacchantinnen Herkules erblickten, nahmen sie schnellstens Reißaus.

Herkules führte Ino in das Haus des Evander, und dort nahm man sie mit großer Gastfreundschaft auf. Die alte Mutter des Königs, Carmenta (ihr Heiligtum lag in historischer Zeit zwischen Kapitol und Tiber), backte Ino zu Ehren auf dem Steinofen Kuchen. Dann enthüllte sie Ino auf ihre Bitte hin die Zukunft. Sie eröffnete ihr, daß ihr göttliche Ehren zuteil würden, daß die Griechen sie als Meeresgottheit unter dem Namen Leukothea verehren und die Römer sie Mater Matuta nennen würden. Auch dem kleinen Melikertes solle in Griechenland unter dem Namen Palaemon, in Rom unter dem Namen Portunus, dem Schutzgott der Häfen, ein Kult entstehen. Tatsächlich stand auch nicht weit von dem Tempel der Mater Matuta sein Tempel.

Und so erklärten sich auf einmal die verschiedenen Züge des Rituals: die Kuchen erinnern an die alte Carmenta, die Mater Matuta hilft eher Nichten und Neffen als den eigenen Kindern, weil sie selbst keine eigene glückliche Mutterschaft erlebt hatte, dafür aber Dionysos, den Sohn ihrer Schwester Semele, in seiner Kindheit behütet hatte. Die schlechte Behandlung der Dienerinnen im Namen der Mater Matuta und das Verbot für Sklavinnen, ihren Tempel zu betreten, sollen daher rühren, daß die Göttin selbst in ihrer Ehe sehr unter den schuldhaften Beziehungen des Athamas zu einer ihrer eigenen Dienerinnen gelitten hatte.

In dieser erklärenden Sage wurden, wie leicht ersichtlich, andere Sagen benutzt, die in keiner ursprünglichen Beziehung zu ihr stehen, wie zum Beispiel die von Herkules und Cacus oder die von Evander; dennoch zielen sie auf ein Ganzes, auf eine verhältnismäßig eng zusammenhängende Geschichte, wenn auch die Zusammenhänge recht außergewöhnlich und oft gesucht erscheinen.

ANNA PERENNA

Die Römer feierten an den Iden des März, dann, wenn die Frühlingswinde wieder Leben in die römische Landschaft brachten, nicht weit vom Tiber entfernt im Norden der Stadt das Fest der Anna Perenna. Das einfache Volk kam aus seinen Wohnungen und ging vergnügt in den heiligen Hain der Göttin. Man lagerte unter freiem Himmel oder baute sich Zelte, offene Lauben oder Laubhütten, und jeder aß und trank soviel er konnte im Glauben, er lebe noch so viele Jahre, wie er Becher leerte. Am Abend kehrte man dann so sicher und gerade, wie es nach einem solchen Trinkgelage noch möglich war, nach Hause zurück.

Wer war diese Anna, zu deren Ehre dieses Volksfest gefeiert wurde? Keiner weiß es genau. Der Name der Göttin, den der Überlieferung zufolge auch die Schwester Didos trug, hat Ovid angeregt, eine umfassende Sage in der Art von der der Mater Matuta zu schaffen (oder zu benutzen). Er erzählt, wie nach dem tragischen Ende der Dido – sie hatte Selbstmord begangen, um nicht länger mit ihrer enttäuschten Liebe zu Aeneas weiterleben zu müssen – das Königreich Karthago von den Numidiern des Jarbas besetzt worden war. Anna mußte fliehen und stach mit einigen Begleitern in See. Zuerst bat sie den König von Melitae (Malta) um Gastfreundschaft, aber der konnte sie nur für kurze Zeit aufnehmen, weil er sich vor Repressalien des Tyriers Pygmalion fürchtete. Pygmalion hatte sich mit Dido und ihrer Familie verfeindet. Anna zog weiter. Auf dem Meer geriet ihr Schiff in einen Sturm, der es bis an die Küste Latiums trieb. Dort zerschellte es in den Wogen, aber die gesamte Besatzung gelangte wohlbehalten und sicher ans Ufer. In dieser Zeit war es Aeneas gelungen, die einheimische Bevölkerung und die Trojaner unter seiner Herrschaft zu vereinen. Der Held ging gerade in Begleitung seines engsten Vertrauten, Achates, am Ufer spazieren. Da entdeckte er Anna. Aeneas hatte im Grunde seines Herzens niemals aufgehört, Dido zu lieben, und erinnerte sich nun, mit welcher Großzügigkeit sie ihn als Schiffbrüchigen im fremden Lande bei sich aufgenommen hatte. Daher empfing auch er Anna sehr gastlich und brachte sie in seinen Palast. Er stellte sie Lavinia, seiner derzeitigen Frau, vor und bat sie, sich um die Fremde, die ihm früher einmal geholfen habe, zu kümmern.

Lavinia gehorchte Aeneas zwar, verfiel jedoch bald in glühende Eifersucht auf Anna. Aus Angst, Anna wolle ihr den Mann nehmen, beschloß sie, sie zu töten. Ehe Lavinia ihren Plan verwirklichen konnte, erschien Dido noch in derselben Nacht Anna im Traum und riet ihr, aus diesem verfluchten Haus zu fliehen. Also floh sie noch in der selben Nacht, so wie sie war, ohne sich erst noch die Zeit zu nehmen, ihre Kleider anzuziehen.

Am folgenden Tag sorgten sich Aeneas und seine Diener sehr um Anna. Sie folgten ihren Spuren und kamen zum Ufer des Numicius. Dort brach die Spur ab. Es sah so aus, als ob sich die junge Frau in den Fluß gestürzt habe. Plötzlich hörte Aeneas aus dem Wasser eine Stimme: «Ich bin eine Nymphe des friedfertigen Numicius, auf ewig in diesem Fluß verborgen; daher heiße ich Anna Perenna.» Alle freuten sich über den glücklichen Ausgang des Abenteuers, und man begann zu trinken. Das war die Geburtsstunde des Festes vom 15. März. Doch diese von ihrer Anlage her literarische Sage stammt aus der Aeneis und spricht nicht als einzige von der geheimnisvollen Gestalt der Anna Perenna. Eine ziemlich prosaische Überlieferung macht aus ihr eine Kuchenverkäuferin, die ihre Ware in dem Dorf Bovillae verkaufte. Als die römische Plebs vor dem Unrecht der Patrizier auf den Mons Sacer geflohen war, ging auf einmal die Nahrung für eine so große Menschenmenge aus. Allein Anna Perenna konnte die Hungrigen mit ihren Kuchen sättigen. Als aber in Rom wieder Eintracht herrschte und die Plebs wieder in die Stadt zurückgekehrt war, vergöttlichte sie Anna Perenna zum Dank dafür.

Mit dieser zweiten Deutung war noch nicht jedermann zufrieden. Insbesondere erklärte sie nicht, warum die jungen Mädchen an dem Fest an den Iden des März obszöne Lieder sangen – eine um so erstaunlichere Tatsache, als die jungen Römerinnen ob ihrer Scham und Zurückhaltung bekannt waren. Die Phantasie des Volkes hat sich folgendes ausgedacht: Bald nach ihrer Vergöttlichung kam Mars persönlich zu Anna und sprach: «Dein Fest liegt in dem mir geweihten Monat, ich habe dich unter meinen Schutz genommen; hilf du mir dafür. Ich habe mich in Minerva verliebt, aber sie will nichts von mir wissen. Sag mir, wie ich mich mit ihr vereinigen kann.»

Gewiß, Minerva galt als eine der schamhaftesten Göttinnen; sie würde sich nicht leicht von den Bitten eines Verehrers erweichen lassen. Anna wußte das, aber sie wußte auch, daß es keinen Zweck hatte, sich mit Mars zu streiten. Deshalb nahm sie Zuflucht zu einer List. Sie bat zuerst um Aufschub und erzählte dem Gott, daß Minerva ihm sehr wohl zugetan sei, aus Scham jedoch zögere. Schließlich mußte es aber zu einer Entscheidung kommen. Mars bereitete auf Annas Einladung hin ein Zimmer vor, in das man eine verschleierte Frau führte. Der Gott schloß sich mit ihr ein und glaubte, daß seine Liebe zu Minerva ihren Widerstand besiegt habe. Als er jedoch den Schleier zur Seite nahm, sah er das faltige, zahnlose Gesicht der alten Anna. Mars war derart verblüfft und böse, daß Anna lachen mußte. Die Erinnerung an dieses Lachen, das sich auf alle Götter wie im homerischen Olymp übertrug, und die Erinnerung an das freizügige Gerede aller bei dieser Gelegenheit, lebt fort in den obszönen Gesängen der römischen Mädchen an diesem Frühlingsfest.

CARNA

Die Sage von Carna sollte einen sehr alten magischen Brauch erklären, der tief im Volksglauben verwurzelt noch nicht ganz aus den Dörfern verschwunden war. Carna hatte zwei sehr verschiedene Funktionen. Einmal war sie die Beschützerin der menschlichen Eingeweide, und in dieser Eigenschaft opferte man ihr am 1. Juni Speckbohnenbrei. Außerdem sollte sie über die Türangeln wachen. Wie läßt sich beides miteinander vereinen?

Am Tiberufer lag ein heiliger Hain, in dem die Nymphe Carna geboren wurde. Sie war sehr schön, kümmerte sich jedoch kaum um die zahllosen Liebhaber, die sie zur Frau begehrten. Sie durchstreifte die Wälder und gab sich ganz den Freuden der Jagd hin. Jedesmal wenn ein Liebhaber sie drängte, mit ihm in den Wald zu gehen, sagte sie, sie wolle zwar, aber nur, wenn sie beide in eine ganz dunkle Höhle gingen, damit sie sich im Tageslicht nicht schämen müsse. Meistens gingen die vertrauensseligen jungen Männer dann auch Carna voran in den Wald. Aber sobald sie ins Unterholz kamen, verschwand Carna. Sie versteckte sich so gut, daß dem armen Liebhaber nichts anderes übrigblieb, als nach Hause zu gehen. Doch eines Tages entdeckte sie der Gott Janus mit den zwei Gesichtern. Er verliebte sich in sie und machte ihr den Hof. Sie gab ihm die gewohnte Antwort. Als sie sich jedoch verstecken wollte, da fand sie Janus sofort, weil er gleichzeitig vorwärts und rückwärts sehen konnte. Er ergriff sie, und die arme Carna mußte die Gunstbezeugungen des Gottes über sich ergehen lassen. Doch Janus war nicht undankbar; er gab ihr für das Vergnügen, das sie ihm bereitet hatte, die Herrschaft über die Türangeln – Janus ist nämlich der Gott der Türen –, und gleichzeitig gab er ihr einen Weißdornzweig, der alles Übel von den Haustüren fernhalten konnte. Weißdorn galt seit jeher als Abwehrmittel gegen Lamien, geflügelte vampirähnliche Dämonen, die nachts Häuser belauern und kleine Kinder anfallen, die von ihren Ammen allein gelassen wurden. Sie reißen ihnen das Fleisch auf und saugen ihnen das Blut aus.

Damals, als Carna Janus nachgeben mußte, wurde König Procas, der noch ein Kind von fünf Tagen war, von einer Lamie angefallen. Als die Amme es bemerkte, war das Kind schon ohnmächtig. Eilends lief sie zur Nymphe Carna, die sie beruhigte. Sie kam mit ins Haus des kleinen Procas und berührte mit ihrem Zweig die Schwelle und alle Türverkleidungen. Den Eingang besprengte sie mit Reinigungswasser und stellte in der Nacht die Eingeweide eines zweimonatigen Ferkels auf. Zugleich rief sie die Lamien an: «Vögel der Nacht, seid zufrieden, verschont die Eingeweide dieses Kindes; ein junges Opfer für ein junges Wesen; Herz für Herz, Leben für Leben, diesen Handel biete ich euch an!» Nach diesem Opfer kehrten Carna und ihre Helfer, ohne sich umzudrehen, ins Haus zurück. Vorsichtshalber hängte Carna noch einen Weißdorn-

zweig an das Fenster des Kinderzimmers. Das Kind bekam allmählich seine natürliche Farbe zurück und lebte wieder auf.

DER ESEL DER VESTA

Vesta, die Göttin des gemeinsamen Herdes der Stadt, war das
Symbol der Keuschheit. Ihr dienten jungfräuliche Priesterinnen.
An ihrem Fest, dem 9. Juni, pflegte man die Esel, die in den Mühlen
den Mühlstein drehten, mit Blumenkränzen zu schmücken. Was
bedeutet dieses Eselsfest? Wieso sah man die so reine Göttin als
Beschützerin dieses unreinen Tieres an?
Ovid erzählt, daß die Göttin Kybele eines Tages ein großes Fest
gab, an dem nicht nur die hohen Götter, sondern auch die niedri-
geren Gottheiten, wie Satyrn und Nymphen, teilnahmen. Es wurde auf dem Gipfel des Berges Ida in Phrygien gefeiert, und der Gott
Priapus, der aus dieser Gegend stammte, war auch gekommen.
Priapus war ein ewig verliebter Gott. Bei der großen Auswahl der
Nymphen wußte er nicht, welcher er den Hof machen sollte. Da
entdeckte er Vesta. Die Göttin ruhte hingestreckt auf der Erde und
hatte den Kopf auf ein kleines Grasbüschel gelegt. So allein, schien
sie dem Priapus eine leichte Beute. Er näherte sich ihr klopfenden
Herzens heimlich auf leisen Sohlen, ohne das geringste Geräusch
zu machen. Nicht weit entfernt stand zufällig der Esel, der dem
Gott Silen, dem Begleiter des Bacchus, als Reittier diente. Als Priapus an die schlafende Göttin herantrat, fing der Esel an zu schrei-
en. Die Göttin wachte auf, sah die Gefahr und rief um Hilfe. Eilends floh der beschämte Priapus. Ovid erzählt, daß die Bewohner
von Lampsakos, der Heimat des Gottes, ihm aus diesem Grunde
einen Esel opferten. Die Göttin Vesta ehrte ihrerseits in Rom an
ihrem Fest die kleinen Esel, eingedenk des Dienstes, den einer von
ihnen ihr einmal erwiesen hatte.
Diese Geschichte erschien Ovid so wichtig, daß er sie gleich zweimal erzählt, einmal im Zusammenhang mit dem Fest der Vesta,
ein andermal im Zusammenhang mit dem Fest der Nymphe Lotis.

Sie war die Gottheit des Lotus, eines den Mittelmeerbewohnern bekannten Baumes, in dem unzweifelhaft der Zürgelbaum wiederzuerkennen ist.

DIE GEBURT DER LAREN

In der römischen Religion gab es eine Gottheit, die man «Mutter der Laren» nannte, von der man aber nicht genau wußte, wer sie war. Die einen behaupteten, sie sei gleichbedeutend mit Acca Larentia, der Frau des Hirten Faustulus, der die Zwillinge Romulus und Remus aufgezogen hatte. Andere meinen, sie sei in Wirklichkeit eine Nymphe, und erzählen ihre Geschichte wie folgt:
Einmal war Jupiter in Latium sehr in die Nymphe Juturna verliebt (man sah in ihr die Schwester der göttlichen Zwillinge Castor und Pollux, ohne zu überlegen, daß sie dann die Schwester Jupiters sein mußte; doch die beiden Sagen sind voneinander völlig unabhängig). Um ans Ziel zu kommen, wendete Jupiter manche Kunstgriffe an. Er versteckte sich zum Beispiel im Dickicht, um die, die er liebte, zu bekommen, oder er versuchte, sie zu fangen, wenn sie in die Waldquellen eintauchte, um ihm zu entkommen. Schließlich versammelte Jupiter, seiner vergeblichen Versuche überdrüssig, alle Götter und sagte zu ihnen: Eure Schwester schadet sich selbst, wenn sie sich der Vereinigung mit dem höchsten der Götter entzieht. Ich bitte euch, versucht sie zu überzeugen und das zu erreichen, was für mich große Freude und für sie große Vorteile bedeutet. Wenn ihr seht, wie sie vor mir flieht, haltet sie am Wasser fest, damit sie nicht untertaucht.» Die latinischen Nymphen versprachen dem König der Götter ihre Hilfe. Doch eine von ihnen – man nannte sie später Lara oder auch Lala, das heißt im Griechischen «die Geschwätzige» – konnte ihren Mund nicht halten. Jupiter hatte kaum die Versammlung aufgehoben, als sie auch schon zu Juturna lief und sie von der Gefahr, in der sie schwebte, unterrichtete. Gleich darauf ging sie sogar zu Juno und verriet ihr das treulose Vorhaben ihres Mannes.

Jupiter erfuhr bald davon (wie konnte man dem König der Götter etwas verbergen?) und riß der armen Geschwätzigen im Zorn die Zunge aus. Dann rief er Merkur, der die Seelen in die Unterwelt bringt, und befahl ihm: «Bringe dieses Mädchen zu den Toten, in die Welt des Schweigens! Sie ist eine Nymphe, sei es; sie soll eine Nymphe der Styx werden!» Jupiters Befehle sind unanfechtbar. Merkur nahm Lala sofort mit sich, ehe sie sich wehren konnte. Beide machten sich auf den Weg in die Unterwelt, durchquerten dabei einen heiligen Hain, und Merkur, der sich in die Nymphe verliebt hatte, konnte sie ohne weiteres nehmen. Aus dieser Liebe wurden Zwillinge geboren, die Laren, Götter, die über die Weggabelungen wachen und lautlos Städte und Häuser zu deren Schutz umschwirren. So wurde gleichzeitig die religiöse Verwandtschaft des griechischen Gottes Hermes, der auch die Weggabelungen beschützt, mit den römischen Laren ausgedrückt, die zweifelsohne etruskischen Ursprungs sind.

FLORA

Flora, die Göttin alles Blühenden, hatte ihr Fest im Mai. Es war ein großes Fest, an dem das römische Volk zu Spielen und Tänzen Gelegenheit hatte. Doch wer war Flora?
Laut Ovid hieß sie früher nicht Flora, sondern Chloris (ein griechischer Name, der soviel wie «die Grünende» bedeutet). Sie war eine Nymphe, die im Goldenen Zeitalter glücklich in den Wiesen lebte. An einem Frühlingsmorgen entdeckte sie Zephyr, der Gott des Westwindes, und verliebte sich in sie. Als Chloris den Gott auf sich zukommen sah, floh sie, wie es sich für eine zurückhaltende Nymphe gehört. Doch Zephyr war schneller – ist er nicht der Gott des Westwindes? Er hatte Chloris bald eingeholt und entführt. Sie wurde seine Frau, und Zephyr schenkte ihr als Hochzeitsgeschenk ewigen Frühling. So wurde Chloris zu Flora, der Göttin der Blumen und Blüten.
Dieser Sage wurde eine zweite zur Seite gestellt: Juno war sehr ei-

fersüchtig, als sie erfuhr, daß Jupiter mit einer anderen ein Mädchen, die Göttin Minerva, gezeugt hatte. Da wollte sie ohne Jupiter ein Kind haben. Sie ging zu Flora, die ihr aus ihrem Garten eine Wunderblume gab, bei deren Berührung allein schon eine Frau Mutter wurde. Dank dieser Blume gebar Juno den Gott Mars, und zum Dank dafür gewährte sie Flora einen Ehrenplatz in der Stadt des Romulus.

Das sind die wichtigsten Sagen, von Dichtern oder auch Unbekannten erdacht, die mit der griechischen Mythologie vertraut waren, um damit fremde Riten oder eigenartige Gebräuche in Rom zu erklären. Man glaube aber nicht, daß diese Sagen keine nationalen Züge tragen: Sie sind immer aufgrund einer römischen Überlieferung entstanden, und oft scheint die Ausarbeitung sowohl auf volkstümlicher Tradition als auch auf kunstvollen Vorlagen zu fußen. Bestimmte Gestalten der griechischen Mythologie wurden schon vor sehr langer Zeit nach Latium gebracht. Seit dem 6. Jahrhundert vor Christus genossen zum Beispiel die Begleiter des Dionysos in den lateinischen Städten das Stadtrecht; nach und nach wurden in den Tempeln Bilder von Satyrn, Faunen, Bacchantinnen und Gorgonen populär. Diese gesamte Götterwelt wurde allen so vertraut, daß sie schrittweise die ältesten Überlieferungen überdeckte, von denen viele fast ganz in Vergessenheit geraten waren. Es ist nicht einmal sicher, daß die uralten Mythen, die man unter der griechischen Form heute wiederzufinden sich bemüht, jemals den Römern bekannt waren, vorausgesetzt, man versteht unter Rom die Stadt, die Kulturgemeinschaft, die um die Mitte des 8. Jahrhunderts vor Christus in Latium entstand. So nimmt man etwa an, die Mater Matuta sei ursprünglich nur eine Gottheit der Morgenröte gewesen und sei als solche nur noch in der indischen Religion belegt. Zusammen mit ihrer Schwester habe sie das Sonnenkind genährt und der Welt dargeboten. Der oben bereits beschriebene Brauch der römischen Frauen soll lediglich die Nachahmung dieses uralten Dramas gewesen sein. Dies ist an sich nicht auszuschließen, es bleibt jedoch zu bedenken, daß die Erinnerung an diesen alten Mythos seit dem 6. Jahrhundert oder noch viel früher ausgelöscht war. Es ist sogar wahrscheinlich, daß er schon viel früher in Vergessenheit geriet, noch bevor man von einer Religion oder selbst von einer Mythologie Roms sprechen kann. Die Römer haben die Mater Matuta nie als «Tante» der Sonne verstanden. Überhaupt hat man in Rom zu keiner Zeit kosmische Sagen übernommen. Daß sie im «Unterbewußtsein» des Volkes dennoch lebendig gewesen wären – wie häufig behauptet – dürfte jedoch nur schwer nachzuweisen sein.

Die Theogonie des Hesiod ist zum Beispiel nie in das römische Gedankengut eingegangen. Der Aufbau der römischen Götterwelt hat einen ganz anderen und vor allem einen weitaus politischeren Charakter – darin liegt die Eigenart des römischen Pantheon.

Die Götterversammlung

Die Griechen kennen zwölf Götter, von denen ein Teil von Kronos, ein Teil von Zeus abstammt. Dieses klassische Pantheon ist mehr oder weniger von den Römern übernommen worden, die schon recht früh in den griechischen Göttern göttliche Kräfte wiederfanden, welche sie selbst verehrten. Doch diese Übernahme von göttlichen Gestalten aus der griechischen in die römische Welt ging nicht immer ohne ernsthafte Schwierigkeiten vor sich. Es sind Abweichungen festzustellen, die die Religionshistoriker zu bestimmen und wenn möglich zu erklären sich bemühen.

Jupiter

Manchmal entsprechen die Unterschiede zwischen den griechischen Göttern und dem, was in Rom daraus wurde, den unterschiedlichen sozialen Ordnungen. So trägt zum Beispiel der homerische Zeus zweifellos Züge der «Könige» der zeitgenössischen Welt, der Könige von Mykene oder von Argos. Wie Agamemnon ist er absoluter Herr und regiert, umgeben von «Fürsten», von denen er Gehorsam und Treue erwartet und die er hart bestraft, wenn sie ihren Aufgaben nicht nachkommen. Selbst ihre göttliche Würde kann sie davor nicht schützen. Der römische Jupiter gleicht ihm kaum: er vereint in seiner Person mindestens zwei verschiedene Gottheiten. Er ist zugleich eine Anlehnung an den etruskischen Tinia, den Gott des Blitzes, und an den «Dies Pater» (Gott des Tages) der latinischen Tradition. Um diesen doppelten Kern gruppieren sich auch die Züge, die ihm in klassischer Zeit zugeschrieben wurden.

So wie Tinia ist auch Jupiter Herr über den Blitz, und zweifellos schleudert auch Jupiter wie er seine Blitze, nicht ohne sich vorher abgesichert zu haben. Jedesmal fragt er vorher den «Götterrat», die zwölf «beratenden Götter» [dii consentes], von denen wir wissen, daß es sie schon in Etrurien gab, und die in Rom selbst entlang der Steigung vom Forum zum Tempel des Jupiter Optimus Maximus auf dem Kapitol eine Säulenhalle besaßen. Diese zwölf «beratenden Götter» sind in ihrem Ursprung gewiß nicht mit den zwölf Hauptgöttern des hellenisierten Pantheon gleichbedeutend; zumindest gibt es kein ausreichendes Zeugnis dafür. Ein später, aber dem antiken Denken immer noch naher Interpret nennt die zwölf Götter um Jupiter die «Senatoren des Himmels». Wir haben es hier mit einer göttlichen Gesellschaft zu tun, die sehr der Roms zur Zeit der Könige gleicht, war es doch Romulus' erste Sorge, die Oberhäupter der vornehmen Familien für den «Rat der Stadt» zu bestimmen. Die für Rom charakteristische politische Ordnung führte zu der Vorstellung eines vergleichbar organisierten Pantheon. Es sei denn, man hält diese politische Ordnung nicht für ursprünglich römisch, sondern als aus dem Etruskischen übernommen.

Die Persönlichkeit Jupiters, Herr über die typisch göttliche Waffe, den Blitz, der ihm Recht über Leben und Tod der Menschen wie einem König über seine Untertanen verleiht, entwickelte sich in Rom parallel zum Königtum. Jupiter setzt zunächst den König, dann später in der Zeit der Republik die höchsten Beamten in ihre Ämter ein. Am meisten jedoch zeigt sich seine wahre Macht beim Triumphzeremoniell. An diesem Tage trugen die Feldherren, die aufgrund ihrer Erfolge auf dem Schlachtfeld zu *imperatores* proklamiert wurden und am Tage des Triumphes ihre außerordentliche *virtus* kundtaten, das gleiche Gewand wie Jupiter: die purpurne, mit Goldpalmen bestickte Toga; dazu war ihr Gesicht eigenartigerweise rot bemalt. Dieser ganz archaische Brauch wurde oft (und vielleicht mit Recht) als eine Vorsichtsmaßnahme gegen den «bösen Blick» gedeutet, gegen den gefährlichen Einfluß neidischer Augen, die dem Zug des Siegers folgen werden. Man muß dabei bedenken, daß diese Farbe auch von den etruskischen Bildhauern für das Gesicht (wie die Hände und allgemein alle sichtbaren Hautpartien) der Männerstatuen benutzt wurde. Demgegenüber blieben Frauengesichter farblos. Wenn dem so ist, beweist das ganz eindeutig, daß der Triumphator als Stellvertreter des höchsten Gottes angesehen wurde. Der mythische Charakter des Gottes spiegelt sich nicht, wie bei den Griechen, in den Erzählungen über ihn wider, sondern in seiner Persönlichkeit selbst, in den ihm zugeschriebenen Eigenschaften und in den Aufgaben, die er in Rom zu erfüllen hatte.

Jupiter, der Gott der politischen Macht und der Militärgewalt, ist außerdem die Personifikation des Tageslichtes. Der Diktator Camillus erregte Ärgernis bei seinen Mitbürgern, als er nach seinem Sieg über Veji am Tage seines Triumphes auf einem von vier weißen Pferden gezogenen Wagen zum Kapitol fuhr, weil Weiß die Farbe des Tages, des leuchtenden Himmels ist. Man warf Camillus allenthalben vor, sich widerrechtlich mit der Person des Gottes gleichgesetzt zu haben. Die Persönlichkeit Jupiters ändert sich jedesmal mit der Funktion, die er in bestimmten Situationen ausübt, und das schlägt sich in einem entsprechenden Beiwort nieder. Als Gott des Blitzes heißt er Jupiter Elicius, als Gott, der auf dem Schlachtfeld den Schrecken hemmt, Jupiter Stator, als Bürge des Eides und des Vertrauens Dius Fidius, als Gott des Sieges und der persönlichen Virtus des Feldherrn (König oder Konsul) Jupiter Feretrius. Wie bereits gesagt, hat sich zu jeder seiner verschiedenen Funktionen eine erklärende Sage entwickelt. Aber die eigentliche Funktion bleibt dennoch lebendig: für einen Römer sieht Jupiter tatsächlich im leuchtenden Himmel die Taten der Menschen. Deshalb durfte auch sein Priester, der *flamen dialis*, seine charakteristische Mütze und seine Unterkleider nur an einer überdachten Stelle ablegen, wenn er also für die «Augen des Himmels» unsichtbar war.

JUNO

Im griechischen Pantheon ist Hera die Gattin des Zeus. Dementsprechend erscheint Juno meist als Frau des Jupiter, jedoch noch nicht in den ältesten Zeugnissen, die uns über die Göttin überliefert sind. Offensichtlich wird die Göttin mit dem Mond in Verbindung gebracht, da ihr die Kalendae (die den Neumond anzeigen) zugeteilt sind. Als solche wird sie auch dem Janus, dem «Gott der Anfänge», zugesellt, oder besser dem Gott des Überganges zwischen Alt und Neu. Daraus wird nicht eben ersichtlich, daß man sie anfangs für die Gattin und Beisitzerin Jupiters hielt. Im Tempel des Jupiter auf dem Kapitol steht sie nicht etwa allein, sondern neben Minerva (der griechischen Göttin Athena vergleichbar). Juno ist hauptsächlich eine Göttin der Frauengemeinschaften. Sie beschützt die Frauen in der gefährlichen Zeit ihrer Niederkunft; sie rufen sie unter dem Namen *Lucina* an. Sicher hatte sie die Macht, ein Unternehmen glücklich ausgehen zu lassen, denn niemand durfte an einem Opfer für Juno Lucina teilnehmen, der irgendein Band, einen Knoten, einen Gürtel oder ein Armband bei sich trug – man fürchtete, daß deren magische Kraft der erhofften Wirkung eines Gebetes oder eines Opfers entgegenstehen könnte.

In Rom verehrte man noch eine andere Juno mit dem Beinamen *Regina*. Sie ist ganz sicher nicht die Gattin des «Königs der Götter», sondern die Königin der Städte und ähnelt somit viel eher der griechischen Athena, der Beschützerin der Städte. Diese Juno Regina stammte aus Veji in Etrurien, und es wird berichtet, daß die Soldaten des Camillus, um Rom einnehmen zu können, zur *evocatio* der Göttin Zuflucht genommen haben. Sie hatten Juno, der Beschützerin Vejis, einen Kult in ihrer eigenen Stadt versprochen, und die Göttin zeigte sich bereit, ihnen bis Rom zu folgen. Auf dem Aventin hatten sie ihr einen Tempel errichtet. Man erzählt, daß die Überführung der Göttin von wunderbaren Umständen begleitet worden sei. Die einen sagen, die Statue habe mit dem Kopf «ja» genickt, andere behaupten, sie habe tatsächlich mit weithin hörbarer Stimme dieses Wort in dem Augenblick gesagt, als man sie mitnahm. Der Transport verlief ohne Schwierigkeit, so als ob Juno ihn erleichtert hätte.

Die Aufgabe Junos, die im rituellen Beinamen Moneta (Mahnerin?) zum Ausdruck kam, war an den Tempel der Göttin auf der kapitolinischen Zitadelle gebunden, wo sie allein, in gebührender Entfernung von Jupiter, dem der andere Gipfel des Hügels gehörte, regierte. In der Anekdote von der Entstehung des Heiligtums wurde bereits erzählt, wie die Göttin während des Galliereinfalls die Stadt aus großer Gefahr errettete. Ein halbes Jahrhundert später scheint dieselbe Göttin der Stadt in einer kritischen Lage erneut einen Dienst erwiesen zu haben, und zwar während des Krieges mit den Aurunkern. Was soll diese militärische Funktion der Göttin? Niemand weiß es. Möglicherweise handelt es sich hier um eine Erweiterung ihres ursprünglichen Wesens: Die nachbarschaftliche Zuordnung der Göttin Moneta und der ebenfalls in Kriegsabenteuer verwickelten Heldin Tarpeja auf demselben Gelände, der kapitolinischen Burg, läßt auf einen umfassenden Mythos, vor allem über die Verteidigung Roms schließen, in dem eine weibliche Gottheit eine wichtige Rolle gespielt haben muß.

MINERVA

Minerva dagegen haftete nicht der kriegerische Charakter der Pallas Athena an, an die sie die Römer immer mehr anglichen. Wie ihr Name, der dem Wort für Geist und dem Verb für geistige Tätigkeiten [mens und memini] entspricht, zweifelsohne andeutet, ist sie die Göttin der menschlichen Begabung. In dieser Eigenschaft beschützt sie die Künstler (wie Athena – gewiß stammt der Vergleich mit ihr von daher), die «Intellektuellen» und Schüler. Bezeichnenderweise heißt sie in einem alten Text die «gute Ratgeberin», genau wie Moneta, in der die Römer Juno zu erkennen glaubten. Dadurch wird erklärt, daß auch sie – an der Seite Junos – im Jupitertempel auf dem Kapitol steht, verkörpert doch jede der beiden Göttinnen einen Aspekt des Gedankens des höchsten Gottes, den Doppelbereich, in dem sich die geistige Aktivität, die Kriegskunst (Juno) und Begabung und Fleiß (Minerva), auswirkt. Aber diese Dreiergruppierung ist älter als Rom selbst, und man nimmt allgemein an, daß ihr Ursprung im Etruskischen liegt. Im klassischen Rom ist Minerva bloß noch die «Patronin» der Lehrer und Schüler, die jedes Jahr vom 19. bis 23. März ihr Fest feierten. Außerdem beschützte sie alle Zünfte, einschließlich der Mediziner. Hier hat man es wohl in erster Linie mit einer städtischen Gottheit zu tun, die wahrscheinlich, wenn man ihre vielfältigen Tätigkeiten bedenkt, aus den etruskischen Städten stammt, in denen Kunsthandwerk und Gewerbe blühten.

MARS

Die Römer betrachteten sich als «Söhne des Mars» und erklärten diesen Namen mit dem Hinweis auf die Sage von Romulus und Remus. Die Historiker unserer Tage unterstreichen, daß Mars in der italischen Welt zweifellos bereits vor der Gründung Roms der Gott war, unter dessen Schutz die periodischen Auswanderungsbewegungen vornehmlich jüngerer Bevölkerungsteile standen. Diese jungen Auswanderer waren dem Mars geweiht. Übrigens ist Mars auch der Gott des Krieges und wurde deshalb oft mit dem griechischen Gott Ares verglichen. Doch seine Persönlichkeit ist reicher und vielfältiger als die des brutalen und dummen Haudegen Ares. Mars ist auch mit dem Frühling verbunden – die Wanderungen, die unter seinem Schutz standen, wurden *ver sacrum* (heiliger Frühling) genannt, und ihm war der erste Frühlingsmonat, der ursprünglich der erste Monat des Jahres war, geweiht.

Der Marskult ist ziemlich vielschichtig und recht undurchsichtig. Darin finden sich sowohl Tänze bewaffneter Priester, der Salii, die heilige Ancilien schwangen, angeblich vom Himmel gefallene Schilde (zumindest eines der Schilde soll, wie schon gesagt, göttlichen Ursprungs sein), als auch friedliche Zeremonien, wie die der Arvalbrüder *(Arvales fratres)*, die die Gunst des Gottes (aber auch anderer Götter) mit einem schon in historischer Zeit schwer verständlichen Lied erflehten.

Mars hatte auch den Vorsitz bei Wagenrennen, und man opferte ihm Pferde. Ein solches Opfer steht einem Kriegsgott zu, aber eine der antiken Überlieferungen berichtet eigenartigerweise, daß der Kopf des Pferdes, das dem Gott Mars geopfert werden sollte, mit einer Brotgirlande geschmückt wurde und daß man dieses Opfer im Oktober zu Beginn der Saat für eine gute Ernte dargebrachte.

Es ist durchaus verständlich, daß ein Historiker unserer Tage (dessen Theorien heute sehr umstritten sind) in Mars die Personifikation des Frühlings sehen wollte.

LIBER PATER

Der Liber Pater der Römer war auf gut Glück dem Dionysos angeglichen worden. Jedenfalls scheint Liber anfänglich das männliche Prinzip des Menschengeschlechts gewesen zu sein, und sein Symbol war ein Phallos – das bringt ihn Dionysos nahe, dessen Riten und Sage dasselbe Zeichen aufwiesen. Liber Pater wurde schon sehr früh in Latium verehrt, und daher findet man die zahlreichen Dionysosdenkmäler überall dort, wo in und um Rom archaische Kultstätten lagen. In dieser Zeit wurde Liber auch der Gott des Weines. Aber seine wesentlichen Aufgaben behielt er in der Stadt, und zwar anläßlich seines Festes, den Liberalia am 17. März, in deren Verlauf die jungen Leute erstmals mit der Toga virilis bekleidet und so in das Mannesalter aufgenommen wurden. Als Beisitzerin gesellte sich dem Liber im Kult eine Göttin Libera zu, die sehr früh mit Persephone, der Tochter der Demeter, verglichen wurde. Libera sollte die Personifikation des weiblichen Prinzips des Menschengeschlechtes sein, und das paßt gut zur angenommenen religiösen Bedeutung der mystischen Kore im Demeterkult. Die Rolle der Libera als göttliche Begleiterin des Liber erschien so wichtig, daß die Dichter zur Zeit Ovids sie mit Ariadne, der Frau des Dionysos, verglichen.

DIE UNTERWELT

Die ältesten in Rom greifbaren Anschauungen von der Unterwelt sprechen nicht von Göttern; sie sind aus einem ziemlich urwüchsigen Brauchtum entstanden, das sich im Umkreis von Riten gebildet hatte. Man glaubte zum Beispiel, daß die Toten unter der Erde ein eingeengtes, dunkles Leben führen und daß sie an bestimmten Tagen durch eigens dafür gedachte, *mundus* genannte Öffnungen in die Stadt kommen. Jedermann muß ihnen willfährig sein, damit sie nicht in der Stadt umherschweifen und die Lebenden stören. Man bietet ihnen Nahrung, aber auch blutige Opfer an. Die Gladiatorenkämpfe sind ursprünglich solche Opfer, bei denen das Leben der Kämpfenden, ehe es dem Toten endgültig gegeben wird, ihm zumindest eine Zeitlang Kraft geben soll.

Gewiß glaubten die Römer auch an ein beständigeres Jenseits. Sie sprachen gern von einem *Orcus*, wobei man nicht genau weiß, ob es sich dabei um einen personifizierten Gott oder bloß um eine Höhle handelte. Der Glaube an den Orcus gehört der Volksreligion an, die ihre Kraft aus alten etruskischen Überlieferungen schöpft. Die Etrusker hatten eine ausgeprägte Vorstellung von der Unterwelt, und die Grabdarstellungen zeigen bei Leichenbegängnissen Personen, wie zum Beispiel Charon, der mit einer Keule bewaffnet dem Toten den «Gnadenstoß» geben soll, oder Tuchulcha, einen Dämon mit Vogelschnabel und langen Ohren. Die Römer haben diese erschreckenden Vorstellungen niemals übernommen. Sie kannten sie zwar, überließen sie jedoch den «alten Weibern», selbst damals schon, ehe die Philosophen in der Stadt ihre Stimme erhoben.

In Rom gibt es, wie leicht ersichtlich, Sagen und Mythen genug, das heißt Anschauungen, die in einem ehrwürdigen Bericht oder in einer göttlichen Person eine geistige oder politische Gegebenheit versinnbildlichen. Das römische Denken bewahrt, obwohl es Anleihen bei griechischen Sagen gemacht hat, trotzdem seine Originalität. Es bemüht sich vor allem, in den Erzählungen aus dem Orient all das aufzudecken, was womöglich die eigenen Überlieferungen und Anschauungen interpretieren, erklären oder illustrieren könnte. Die Römer haben immer zwischen dem, was sie «Religion der Dichter» nannten, und der «Religion der Politiker» unterschieden, zwischen dem, was sie zur Freude des Geistes, nur so zum Spaß erdachten, und den Anschauungen und den Riten, die mit Rom selbst verknüpft waren. Die Existenz von Gottheiten wurde niemals in Frage gestellt, auch von denen nicht, die sich über die Sagen lustig machten. Die meisten Philosophen, wie Cicero, erdachten selbst Mythen, um darin Wahrheiten auszudrücken, die sie anders nicht vermitteln konnten. Das heißt keineswegs, daß sie ihre Äußerungen wortwörtlich aufgefaßt wissen wollten. In seinem Dialog *De re publica* erzählt Cicero, wie Scipio Aemilianus in den Himmel aufgenommen wurde und dort seinen Großvater Scipio Africanus Maior traf, der ihn in das Geheimnis des Universums einweihte. Und Cicero gesteht, daß dies nur eine Erfindung sei. Ebenso berichtet Vergil im sechsten Buch der Aeneis, wie Aeneas in die Unterwelt gelangt und wie sein Held durch die Elfenbeinpforte wieder ans Tageslicht zurückkommt, durch eine Tür also – so sagt der Dichter selbst –, die nur Hirngespinsten den Durchgang erlaubt. Auch Titus Livius läßt seine Leser zu Beginn seines Berichtes über die Anfänge Roms nicht im unklaren darüber, daß dieser Teil seiner Geschichte voller ungesicherter Aussagen steckt und daß er nicht für die Wahrheit der Überlieferungen einstehen könne. Die Römer waren, wie die Griechen, von ihrer eigenen Phantasie beherrscht; dabei haben sich die Römer allerdings wohl eher darum bemüht, in ihren Anschauungen das zu bewahren, was für die Stadt lebenswichtig war, und haben daher in diesem Bereich nichts erfunden. So lassen sich wahrscheinlich die Grenzen erklären, die sie der Phantasie der Dichter gesetzt haben: Jupiter hat eine Würde bewahrt, um die ihn der Zeus der Griechen nur beneiden kann.

III.
GÖTTER UND HELDEN
DER GERMANEN

EINLEITUNG

Das geistige Leben vieler Menschen beginnt mit einem Märchen. Noch bevor Kinder lesen und schreiben lernen, werden ihnen Märchen erzählt oder vorgelesen, und sie erfahren schon früh von Dornröschens, Rotkäppchens und Schneewittchens märchenhaften Schicksalen. Auch das geistige Leben vielleicht aller Völker und Kulturen ist seit frühen Tagen von zunächst mündlicher Überlieferung geprägt, von mythischen Erzählungen, Stammessagen, von Liedern historischen und heroischen Inhalts und auch von Märchenerzählungen. Bei den meisten germanischen Völkern etwa dürften lange vor einer schriftlichen Aufzeichnung vielerlei mythische, heroische und märchenhafte Erzählungen und Lieder im Umlauf gewesen sein. Und wie die Brüder Grimm Märchen sammelten und damit weit über den deutschen Bereich bekannt machten, hat auch einer von ihnen, Jakob, die Göttersagen der germanischen Frühzeit nach langen Jahrhunderten wieder ins Bewußtsein der Deutschen gebracht.

Das Märchenbuch der beiden Brüder enthält reine, vollendete, zauberhafte, ganz in sich geschlossene Poesie, Jakobs «Deutsche Mythologie» dagegen führt uns die zerstörten Bruchstücke einer großen, ergreifenden Dichtung vor Augen, die sich mit frühen Gedanken an das Göttliche befaßt.

Die Grimmschen «Volks- und Hausmärchen» sind für Kinder wie für Erwachsene geschrieben, die «Deutsche Mythologie» jedoch zuerst für den Wissenschaftler. Doch das begründet nicht allein den Unterschied zwischen den beiden kostbaren Büchern: sie sind ungleich, weil sie von ungleicher Überlieferung ausgehen. Während Märchen von Generation zu Generation weitererzählt wurden, verloren die Germanen, als sie Christen wurden, im Laufe weniger Jahrhunderte die Erinnerung an ihre alten Göttergeschichten. Manche Sagen versteckten sich gleichsam im Märchenwald, doch die meisten wurden vergessen. Priester und Mönche, die griechische und lateinische Klassiker abschrieben und durchforschten und damit den Mythenschatz der Hellenen und Römer der Nachwelt bewahrten, waren meist nicht an den Zeugnissen des germanischen Heidentums interessiert und manche, bereits in schriftliche Form gebrachte heidnische Überlieferungen wurden regelrecht zerstört. Über ein halbes Jahrtausend spielte die germanische Götterwelt keine Rolle mehr für die deutsche Kultur. Allein in Skandinavien blieb die vorchristliche Religion noch länger in Erinnerung, wohl bis ins 14. Jahrhundert hinein, und früher als in Deutschland nahm man die Beschäftigung mit dem skandinavischen Heidentum wieder auf: In der Mitte des 16. Jahrhunderts hat ein isländischer Bischof die Edda, die reichste und ursprünglichste Quelle nordgermanischer Mythologie und Heldensage neu entdeckt. In lateinischen und französischen Übersetzungen gelangten diese Lieder nach Deutschland. Herder hat sie zuerst verdeutscht. In Wetzlar erzählte Goethe Lottes Geschwistern die Geschichten von Thor. In jener Zeit wuchs auch die Anteilnahme der Dichter und Gelehrten an deutschen Volksliedern, Märchen, Sagen und Gebräuchen, in denen ja viel Heidnisches weiterlebte. Die Romantiker versuchten, diesen vielgestaltigen Stoff auf ihre Weise zu deuten. Die Brüder Grimm haben ihn dann durch ihr Sammeln und Sichten weiter vermehrt und geklärt. Erst Jakob unternahm es, ein Gesamtbild der germanischen Mythologie zu liefern. Doch was er an Material dazu vorfand, waren Bruchstücke. Und dennoch wagte er, aus diesen Einzelteilen das germanische Pantheon zu rekonstruieren; seine Arbeit läßt sich mit der eines Archäologen vergleichen, der aus einzelnen ausgegrabenen Bauteilen ein altes Bauwerk wenigstens auf dem Papier wieder herzustellen versucht. Das war durchaus eine große Tat. Doch die Beschaffenheit der Quellen erlaubte es Jakob Grimm nicht, seine Götter- und Heldensagen so zu erzählen, wie er und sein Bruder deutsche Märchen erzählt hatten. Sein Buch wirkte zunächst nur auf die Wissenschaft, freilich nachhaltig. Auch beschränkte er sich auf die mythologischen Überlieferungen der Westgermanen, von der uns im deutschen Bereich nur spärliche, zerstreute, oft zweifelhafte Zeugnisse erhalten sind, und zog die ergiebigeren und zuverlässigeren nordischen Überlieferungen lediglich zum Vergleich heran. Die Skandinavier dagegen widmeten sich verstärkt dem Nordgermanischen. Die Forschung, die Jakob Grimm begründet hatte, schien durch Jahrzehnte nur Einzelforschung, nicht mehr. Die Verschiedenartigkeit der deutschen und skandinavischen Quellen führte zu einer immer schärferen Trennung zwischen Westgermanentum auf dem Kontinent und Nordgermanentum. Immer neue Funde, Gräber, Bildwerke, Felszeichnungen, Runeninschriften bereicherten zwar unsere Kenntnisse, doch eine einheitliche Anschauung konnte sich nicht entwickeln. Die Überkritik mancher Gelehrter hat vieles unnötig zerlegt und angezweifelt. Die Edda vor allem wurde, wie ja auch die homerischen Epen, so lange zerlesen und zerfasert, bis man die dahinter liegende verbindende Auffassung fast aus dem Auge verlor. So war die Wissenschaft von der altgermanischen Religion um die Wende vom 19. zum 20. Jahrhundert ein noch ärgeres Trümmerfeld als die Überlieferung, die sie durchwühlt hatte.

In der Zwischenzeit gibt es zahlreiche Ansätze, eine Zusammenschau des Zerstreuten und Zergliederten zu versuchen. Mehrere bedeutende Forscher haben sich daran beteiligt. Das meiste verdanken wir einem Manne, der wie die Brüder Grimm zugleich Märchen- und Mythenkenner gewesen ist: Friedrich von der Leyen. Sein Buch über die Götter der Germanen, in dem er wissenschaftliche Genauigkeit mit dichterischer Einsicht gepaart hat, ist bestrebt, rund hundert Jahre nach Jakob Grimm, ein Gesamtbild der germanisch-heidnischen Religion zu entwerfen. Die Mythologie der Germanen wird darin als Ausdruck einer umfassenden, gedanklich gegliederten Weltansicht aufgefaßt, die göttliches Wesen und Wirken umspannt.

Die greifbare Überlieferung läßt nicht erkennen, ob die Germanen eine Vorstellung von einer letztlich ewigen Kraft hatten, die zur Erschaffung der Erde führte und die nach dem Untergang der alten Götter, der sogenannten «Götterdämmerung», weiterwirkte. Aus dem Nichts jedenfalls entsteht die Welt, zugleich aber auch entstehen immaterielle Kräfte, wie etwa das Schicksal, das sich in den Nornen verkörpert. Die Götter werden aus Urwesen geschaffen. Sie formen die Menschen. Doch sind sie selbst von menschlicher Art: ein Traum des Menschen über seine eigene Begrenzung hinaus. Sie sitzen über allem zu Gericht. Sie leben in einem himmlischen Glück, das bisweilen auch Sterblichen zuteil wird. Es gibt in dieser Weltordnung eine Unterwelt, in der sich die Toten in einer anderen Existenzform aufhalten. Am Ende der Heidenzeit, vielleicht schon unter christlichem Einfluß, wird dieses Totenreich auch als Ort der Strafe aufgefaßt. Strafe trifft endlich sogar die Götter selbst, weil sie geschworene Eide brachen. Sie gehen unter im Endzeitkampf. Doch dieser bringt keine völlige Vernichtung, sondern schließlich Erneuerung. So beginnt ein neuer Kreislauf. Unter den Göttern ist einer der höchste: Wotan-Odin. Er weiß unendlich viel, doch nicht alles. In seinem ewigen Suchen nach Wissen ist der mächtigste auch der menschlichste der Götter. Er wird zu ihrem Anführer im letzten Kampf, er ist der Erfinder der Dichtkunst und wird zum Seher, der das eigene Ende schaut. Dieser sterblich-unsterbliche Gott der Kriegs- und der Dichtkunst ist umgeben von anderen Gewaltigen, in deren Wesen sich der Kosmos vielfach spiegelt. Neben Thor, dem Kämpfer gegen die dunklen Urgewalten der Natur, oder Freyja, der Ur- und Erdmutter, stehen Loki, der An-sich-Böse, Balder, der An-sich-Reine, oder Niörd, der Meeresgott, Skadi, die Berggöttin; neben Gedankenwesen, wie es die Raben Hugin und Munin, das heißt Gedanke und Gedächtnis, sind, leben Wassermädchen und Steinriesen. So mengen sich, wie ja auch in der griechischen Mythologie, Seelenwesen und Naturgeschöpfe, und es entsteht jenes vielgestaltige Bild göttlichen Lebens, das sich wie sein irdisches Gegenbild in keine Formel fangen läßt. Was wir vom göttlichen Sein und Werden erfahren, ergänzen die Heldensagen. Der nie ganz gelöste Zusammenhang zwischen Götter- und Menschenwelt lehrt uns beide Welten besser verstehen. Wir hören von den Tugenden, von Treue und Tapferkeit, durch die Helden und Heldinnen einen unsterblichen Ruf gewinnen, freilich auch von Verbrechen und Rachetaten, die sich durch ihre ungeheuerliche Unmenschlichkeit dem Gedächtnis der Menschen einprägten. Wundervolle Werbungssagen erzählen von leidenschaftlicher Liebe, und oft findet solche Liebe den Lohn der Götter; es gibt in den Vorstellungen vor allem der Nordgermanen einen Ort, an dem Liebende, die dies Leben getrennt hat, ein ewiges Glück finden. Mit Bewunderung betrachten wir eine Religion, die den Germanen die Natur und das Menschliche vergöttlicht und die ewigen Fragen nach Anfang und Ende, nach Recht und Unrecht, nach Tod und dem Weiterleben nach dem Tode zu beantworten gesucht hat. Ohne Zweifel bleiben sehr viele Einzelzüge ungeklärt. Wichtige Probleme, die der Wissenschaft gestellt sind, haben wir im zweitletzten Kapital dieses Büchleins knapp zusammengefaßt.

Es kann und soll nicht mehr geboten werden als ein kleiner Grundriß des gewaltigen Gedankengebäudes, das einst errichtet wurde. Wir wollen nicht deuten, dem Alten nichts Neues hinzufügen. Ängstlich vermieden haben wir eine die alten Dichtungen nachahmende Sprache. Auch haben wir uns nicht davor gefürchtet, nüchtern zu wirken, denn viele Gestalten aus germanischer Mythologie und Heldensage haben ihre eigene Ausstrahlungskraft, die von jedem heutigen Menschen unmittelbar erfahren werden kann. Doch nur wer selbst in die Überlieferung, vor allem in die Edda, eindringt, wird mit eigenen Augen den Reiz jener Bilder erkennen, mit denen die heidnischen Germanen ihre mythologischen Vorstellungen beschrieben haben.

DIE GÖTTERSAGEN

DER ANFANG

Urzeit war es,
Da Ymir hauste:
Nicht war Sand noch See
Noch Salzwogen,
Noch oben Himmel,
Nicht Erde unten:
Gähnung grundlos,
Doch Gras nirgend.

Bis Burs Söhne
Den Boden hoben,
Sie, die Midgard,
Den mächtigen, schufen;
Die Sonne von Süden
Sah aufs Gestein:
Grüne Gräser
Im Grunde wuchsen.

Im Ursprung war das Nichts, der gähnende Abgrund Ginnungagap.
Im Norden lag das eisige, finstere Niflheim, im Süden das flam-
mende, heiße Muspellsheim. In beiden lebten Urzeitriesen. Muspellsheim schützte der Feuerriese Surtr mit loderndem Schwert.
In Niflheim entsprang tosend die Quelle Hvergelmir, der brausende Kessel. Zwölf giftige Ströme, die Elivagar, brachen daraus hervor, ergossen sich in Ginnungagap und erfüllten den Abgrund mit
Eis. Dort wo die glühenden Funken von Muspellsheim auf das Eis
trafen, entstand Leben: der Urriese Ymir, ein Zwitterwesen, und
nach ihm die hornlose Kuh Audhumbla, die Milchreiche, von deren Milch sich Ymir nährte. Ymir aber fiel in tiefen Schlaf. Aus dem
Schweiß in der Achselhöhle seines linken Armes wuchsen zwei gewaltige Wesen, ein männliches und ein weibliches, und als er seine Füße aneinanderrieb, zeugte er einen Sohn. Von diesen stammt
das Geschlecht der Hrimthursen, der Frost- und Reifriesen. Audhumbla, die nirgends Gras zur Nahrung fand, leckte an den salzi-
gen Eisblöcken. Da löste ihre Zunge einen Mann aus dem Eis: am
ersten Tage das Haar, am zweiten das Haupt, am dritten den Leib.
Dieser Mann hieß Buri. Er war groß, schön und stark. Sein Sohn
hieß Bur. Der zeugte mit der Riesin Bestla drei Söhne: Odin, Vili
und Vé, die Erstgeborenen aus dem Göttergeschlecht der Asen.

DIE SCHÖPFUNG

Skinfaxi heißt er,
Der den hellen Tag
Über die Volkssöhne fährt
Kein Roß
Gilt den Reidgoten mehr,
Seine Mähne glänzt morgenhell.

Hrimfaxi heißt es,
Das den Hehren die Nacht
Aufzieht von Osten her;
Jeden Morgen
Träuft vom Maul ihm Schaum,
Davon sind die Täler betaut.

Odin, Vili und Vé gewannen die Herrschaft über die Schöpfung, denn sie erschlugen Ymir. In seinem Blut, das die Welt überflutete, ertranken alle Frostriesen bis auf einen einzigen, Bergelmir, der sich mit seinem Weibe auf einem Boot rettete. Von ihm stammt das neue Geschlecht der Frostriesen. Aus dem Leib Ymirs schufen die Söhne Burs den Kosmos: Aus seinem Blut wurden alle Wasser, aus seinem Fleisch Erde und Lehm, aus seinen Haaren die Bäume, aus seinen Knochen und Zähnen Berge und Felsen, aus seinem Schädel wurde der Himmel, dessen Gewölbe die Zwerge Austri, Vestri, Nordri und Sudri auf ihren Schultern tragen, aus seinem Gehirn, das die Götter in die Luft schleuderten, wurden die Wolken, und seine Augenbrauen bildeten den Wall, der Midgard, die Welt der Götter und der Menschen, gegen Utgard, die Welt der Riesen, schützte. Als das alles geworden war, ordneten die Asen die himmlischen Dinge. Odin, der höchste der Götter, gab einer Riesentochter, der schwarzumschleierten Nacht, einen schwarzen Wagen und ein schwarzes Roß, das Hrimfaxi, die Reifmähne, heißt, und ihrem Sohn, dem lichten Tag, einen goldschimmernden Wagen und ein weißes Roß, das den Namen Skinfaxi trägt. Nachts fährt der schwarze Wagen mit der Mutter einher, Hrimfaxi schüttelt den Reif aus seiner Mähne, der Schaum seiner Nüstern fällt als Tau zur Erde; tags rollt der goldene Wagen des Sohnes über das Himmelsgewölbe, und der strahlende Skinfaxi leuchtet der Welt. Zwei andere Riesen aber machte Odin zur Sonne und Mond. Sie hießen Sol und Mani, und ihr Vater Mundilfari, der Achsenwender, war so stolz auf die Schönheit seiner Kinder, daß er sich selbst den Göttern zu vergleichen wagte. Die aber straften ihn dafür und versetzten Sol und Mani an den Himmel, damit sie ihnen dienten. Am Tage fährt Sol im Sonnenwagen über das Firmament, die Rosse Arvakr, Morgenwache, und Alsvidr, der Allgeschwinde, ziehen sein Gefährt; in der Nacht folgt ihm Mani auf dem Mondwagen. Eines Nachts aber fand Mani zwei Kinder an seinem Weg: Bil, die Untergehende, und Hjuki, den Lebendigleuchtenden. Sie trugen zwei Gefäße mit Wasser. Weil sie müde dreinschauten, nahm Mani sie zu sich; seitdem steht ihr Bild im Mond. Aber dort leben sie in ewiger Furcht. Denn der Wolf Hati, der Verächter, jagt die ganze Nacht hindurch hinter Mani her, ebenso wie der Wolf Sköll, der Spott, den ganzen Tag hindurch Sol verfolgt, bis dieser am Abend im Meere untertaucht. Kommen aber die Wölfe den beiden Gestirngespannen zu nahe, dann erblassen deren leuchtende Führer, und so entstehen Sonnen- und Mondfinsternis. Schließlich schufen die Götter aus Funken, die von Muspellsheims Feuern aufstoben, die großen und kleinen Sterne, gaben jedem seinen Namen, wiesen jedem seine Bahn. Und dann begann auch die Erde zu grünen.

DIE MENSCHEN

Bis drei Asen   *Nicht hatten sie Sinn,*
Aus dieser Schar,   *Nicht hatten sie Seele,*
Stark und gnädig,   *Nicht Lebenswärme*
Zum Strande kamen: *Noch lichte Farbe:*
Sie fanden am Land,   *Sinn gab Odin,*
Ledig der Kraft,   *Seele Hönir,*
Ask und Embla,   *Leben Lodur*
Ohne Schicksal.   *Und lichte Farbe.*

Eines Tages wanderte Odin mit zwei anderen Göttern am Ufer des Meeres dahin. Manche Sagen berichten, diese beiden seien seine Brüder Vili und Vé gewesen, die mit ihm die Welt geschaffen hatten, andere erzählen, Hoenir und Lodur, hätten ihn auf jenem Gang begleitet. Die drei aber sahen am Strande Ask, die Esche, und Embla, die Ulme. Aus diesen bildeten sie Mann und Weib. Odin gab ihnen Leben und Geist, Hoenir Verstand und Gefühl, Lodur Gesicht, Gehör, Sprache und Farbe. So entstand das erste Menschenpaar. In einem jüngeren Lied, der Rigsthula, wird noch erzählt, wie der Gott Heimdall die Stände unter den Menschen schuf. In fernsten Zeiten stieg er unter dem Namen Rigr zur Erde hinab und zeugte mit einer Frau, die er in einer elenden Hütte antraf, Thraell, den Stammvater aller Sklaven. Als Rigr zum zweiten Mal die Erde besuchte, fand er Obdach bei einem fleißigen und tüchtigen Paar, und mit der Frau zeugte er Kerl, den Stammvater der Bauern. Auf seiner dritten Erdenfahrt aber zeugte er mit der Herrin eines vornehmen Hauses Jarl, den Stammvater der Adligen. Und diesen Sohn liebte Rigr so sehr, daß er ihn selbst erzogen und sogar in die Geheimnisse der Runen eingeweiht hat.

DIE WELTEN DES KOSMOS

Wafthrudnir spricht:
Der Rater und Riesen
Runenkunde
Kann ich weisen fürwahr,
Da ich alle Welten durchwallt;
Zog zu neun Heimen
Bis Niflhel nieder,
Wo der Gestorbnen Stätte ist.

Odin spricht:
Viel erfuhr ich,
Viel erforschte ich,
Viel befragt ich Erfahrene.
Wer lebt von den Menschen,
Wenn der mächtige Winter
Auf Erden enden wird?

Die Erde dachte man sich ursprünglich als kreisrunde Scheibe, die vom Urmeer umgeben war. Im Zentrum der Scheibe lag Asgard, die Welt der Götter. Außerhalb von Asgard wohnten die Menschen «unter Midgard», dem großen Wall oder Zaun, der die Welt der Götter und der Menschen umschloß. Jenseits des Walls, in Utgard, befanden sich die Wohnstätten der Riesen. Nach späteren Vorstellungen ist Asgard aber auch durch die Brücke Bifröst, den Regenbogen, mit dem Himmel verbunden. Dorthin verlegte man die Sitze der Götter, und von dort aus konnte Odin die ganze Welt überblicken. Mitten in Asgard breitet sich das Idafeld, der Beratungsplatz der Götter, aus. Dort standen auch ihre ersten Werkstätten, dort bearbeiteten sie Erz und Gold, errichteten Altäre und Tempel und führten ein glückliches Dasein bis zu dem Tage, an dem die Nornen, die Schicksalsfrauen, den ersten Krieg in die Welt brachten.

Nur die Götter können die Brücke Bifröst überschreiten, denn unter den Farben, die im Regenbogen leuchten, ist das Rot reines Feuer, das nur die Götter nicht verbrennt. Der Gott Heimdall bewacht die Brücke. Er trägt das Giallarhorn, mit dem er am Tage des Götteruntergangs, der «Götterdämmerung», die Asen warnt und zum Kampfe rufen wird.

Über der Erde, im himmlischen Bereich, lag nach späterer Vorstellung auch das Feuerland Muspellsheim, das in den Weltschöpfungssagen für den flammenden Süden stand. Auch Alfheim, die

Odin · Bronzeportal (Stockholm, Historisches Museum)

Sonnenwagen · Trundholm (Kopenhagen, Nationalmuseum)

Reiterstein · Hornhausen (Darstellung Wotans als Lanzenreiter?)
(Halle/Saale, Landesmuseum für Vorgeschichte)

Welt der schöngestaltigen Lichtalben, lag in den himmlischen Regionen über der Erde. Unter der Erde schließlich ist Hel, der dunkle, kalte Aufenthaltsort der Toten. Niflhel, der unterste Bereich von Hel, galt später als Strafort für Meineidige und Verbrecher.

DIE WELTESCHE

Eine Esche weiß ich,
Sie heißt Ygdrasil,
Die hohe, umhüllt
Von hellem Nebel;
Von dort kommt der Tau,
Der in Täler fällt,
Immergrün steht sie
Am Urbrunnen.

Von dort kommen Frauen,
Drei, aus dem Saal,
Unter den Ästen,
Allwissende.

Die immergrüne Weltesche Yggdrasill ist der schönste und der heiligste unter allen Bäumen. Er trägt die Welt, denn seine Zweige breiten sich über Himmel und Erde, und so verbindet er das Götterland Asgard mit dem Menschenland Midgard und beide mit den unterirdischen Reichen. Auf drei Wurzeln steht sein hochaufgerichteter Stamm, eine erstreckte sich zu den Asen, eine zu den Riesen, die dritte steht über Niflheim, der Totenwelt, und unter jeder von ihnen entspringt ein Quell. Dort haben die Götter ihre Thingstätte. Der erste Quell ist Hvergelmir, das heißt der brausende Kessel, das Wasser des Urwerdens. Aus dem zweiten trinkt Mimir, das zur göttlichen Gestalt gewordene Gedächtnis, sein Wissen um die Geheimnisse der Urzeit. Der dritte, der Quell des Schicksals, wird Urdsbrunnen genannt. Im höchsten Geäst der Weltesche sitzt ein Adler, der viele Dinge weiß, und zwischen den Augen des Adlers ein Habicht: Vederfölnir, der Wettermacher. Viele Gefahren bedrohen den Baum. Auf seinen Zweigen weidet die Ziege Heidrun. Vier Hirsche beißen ihm die jungen Sprößlinge ab. Unter seinen Wurzeln nistet Nidhöggr, der Haßdrache. Er und viel anderes Schlangengewürm benagen Yggdrasill. Fehde herrscht zwischen dem Adler in der Höhe und dem Drachen in der Tiefe. Und ein Eichhörnchen, Ratatoskr, der Bohrzahn, raschelt am Stamm der Esche auf und nieder und trägt dem einen zu, was der andere sagt, unaufhörlich neuen Zwist in der Welt säend. Und doch grünt der Baum und wird grünen bis zum Untergang der Götter, denn er steht im Schutze der Nornen.

DIE NORNEN

Sie pflogen heiter
Im Hof des Brettspiels –
Nichts aus Golde
Den Göttern fehlte –,
Bis drei gewaltge
Weiber kamen,
Töchter der Riesen
Aus Thursenheim.

Urd hieß man eine,
Die andre Werdandi –
Man schnitt's in ein Scheit –,
Skuld die dritte;
Sie setzten Satzung,
Der Menschensöhne
Leben sie lenkten,
Das Los der Krieger.

In der frühesten, der goldenen Zeit, wußten die Götter nichts von den Nornen. Damals lebten die Himmlischen in seliger Unschuld, dachten nicht an die Vergänglichkeit noch an die Macht des Geschickes. Aber als sie sich mit Sünde befleckten, kamen aus dem Riesenland drei gewaltige Schwestern. Sie heißen: Urd, die Herrin des Vergangenen; Verdandi, die das Seiende und Werdende kennt; Skuld, die weiß, was einst sein soll. Da endete die Zeit des seligen Nichtwissens. Denn diese drei Frauen haben von den Riesen die Schicksale aller Götter und Menschen erfahren. Sie leben am Urdsbrunnen, dem Schicksalsquell, an dem sich die Götter täglich zum Rate versammeln, und sprechen in jenen Versammlungen ihr unwiderrufliches Urteil. Denn weder Götter noch Menschen kennen ganz das Geschick, selbst Odins Wissen ist Stückwerk. Schneeweiß wie die zarten innersten Eihäutchen werden alle Dinge, die man in den Urdsbrunnen taucht, und mit diesem wunderbaren Wasser begießen die Nornen die Weltesche Yggdrasill, damit der Baum, an dessen Dasein das Weltenschicksal gebunden ist, so lange grüne, wie es sein kann. Den Menschen bringen die Nornen Heil und Unheil. Oft hören wir, daß zwei von ihnen dem Neugeborenen Glück und Begabung in die Wiege legen, während die dritte durch ihren Spruch diesem Glück eine grausame Grenze setzt. Diese Grenze aber ist der Tod, und die, die ihn vorbestimmt, ist die jüngste der Nornen, die böse, tückische Skuld.

DIE HEL

Einen Saal sah ich,	*Dort sah ich waten*
Der Sonne fern,	*Durch Sumpfströme*
Am Totenstrand,	*Meineidige*
Das Tor nach Norden:	*Und Mordtäter;*
Tropfendes Gift	*Dort sog Nidhöggr*
Träuft durch das Dach;	*Entseelte Leiber,*
Wurmleiber sind	*Der Wolf riß Leichen –*
Die Saalwände.	*Wißt ihr noch mehr?*

Loki, Odins böser Bruder, hatte drei schreckliche Kinder: Hel, den Fenriswolf und die Midgardschlange. Sie sind das Unheil der Welt. Hel ist ein riesiges Weib, halb schwarz, halb von menschlicher Farbe. Sie herrscht in Niflhel, dem tiefsten Grunde der Totenwelt. Odin gab ihr Gewalt über neun Welten und das Amt, alle zu beherbergen, die er ihr sendet: Menschen, die durch Krankheit oder Alter starben; denn diejenigen, die den Schlachtentod fanden, kommen zu Odin nach Walhall. Gute und Böse wohnen darum bei Hel, denn ursprünglich galt Hel nur als Aufenthaltsort der Toten, aus dem keine Rückkehr möglich war. Erst später, als man im Norden von der christlichen Hölle erfahren hatte, wurde Hel auch zu einem Ort der Bestrafung und der Leiden. Die großen Verbrecher, die Meuchelmörder, die Meineidigen, die Ehebrecher, werden hinabgestoßen an den Nastrand, den Strand der Toten, den Dornengestrüpp, unermeßliche Sümpfe und der Höllenfluß Giöll von den Lebenden trennen. Am Giöll wacht Garm, der Höllenhund. Seine Brust ist mit Blut gefleckt, weit reißt er den Rachen auf und stürzt sich mit wildem Bellen auf alle, die über den Strom kommen. Jenseits des Stromes steht eine Halle. Auf ihrem Dach kräht ein schwarzroter Hahn. Dies Dach ist aus Schlangen geflochten, aus deren Zähnen beißendes Gift in die Sünder herabträufelt. Hels Saal, so sagt die Edda, heißt Plage, ihre Schüssel Hunger, ihr Messer unersättliche Gier, ihr Diener Faulheit, ihre Dienerin Langsamkeit, ihre Schwelle Unheil, ihr Bett Leiden und ihre Decke bleiches Unglück. Ein Gießbach aber fließt im Osten dieses Schreckenssaales durch ein Tal faulenden Bodens. Geschliffene Schwerter reißt er mit sich fort und schindet so die Verbrecher, die in seinem schlammigen Wasser waten. Und inmitten von Niflhel saugt Nidhöggr, der Haßdrache, die Leichen der Toten aus. Dort entspringt auch Hvergelmir, und aus ihm gehen die zwölf eisigen Urströme hervor, die durch die Nebelwelt brausen und sie von der Menschenwelt trennen. Eine einzige Brücke führt hinüber; die Riesin Modgudr, das heißt zorniger Kampf, bewacht sie streng.

FENRISWOLF UND MIDGARDSCHLANGE

Im Riesenzorn
Rast die Schlange,
Sie schlägt die Wellen.

Der Lande Gürtel
Gähnt zum Himmel,
Gluten sprüht er,
Und Gift speit er;
Entgegen geht
Der Gott dem Wurm.

Ein alter Wahrspruch verhieß den Göttern Unheil vom Fenriswolf, dem grausigen Geschöpf Lokis und der Riesin Angrboda. Darum hielten sie das Untier von klein an in strenger Obhut. Nur Tyr, der Kriegsgott, hatte unter ihnen den Mut, sich dem Wolf zu nähern und ihn zu nähren. Als die Asen aber sahen, wie Fenrir von Tag zu

Tag größer und furchtbarer wurde, beschlossen sie, ihn für immer zu fesseln. Sie versuchten also, ihn zu überlisten, und sagten ihm, welchen Ruhm er für alle Zeiten gewinnen werde, wenn es ihm gelänge, eine starke Fessel zu sprengen. Ruhig ging der Wolf auf diesen Vorschlag ein, ließ sich binden, streckte und reckte aber dann seinen Leib so gewaltig, daß die Fessel in tausend Stücke sprang. Mit einer anderen, noch stärkeren Kette ging es den Göttern nicht besser, denn auch diese zersprengte der Wolf. Da ließen die Asen von den kunstvollen Zwergen eine dritte Fessel schmieden. Die war seidenfadendünn und alles, was es nicht gibt, darin miteinander verflochten: der Klang des Katzenschrittes, der Bart der Weiber, die Stimme der Fische und der Speichel der Vögel. Doch Fenrir mißtraute diesem Zauberwerk, und als man ihn damit binden wollte, stellte er eine Bedingung: Tyr sollte ihm seinen Arm ins Maul stecken, damit er ihn abbeiße, wenn er die Fessel nicht zerreißen könne. Tyr willigte ein, der Wolf ließ sich fesseln und verlor seine Freiheit, Tyr aber seinen Arm. Dann banden die Götter Fenrir an einen Felsen im Meer, stießen ihm ein Schwert zwischen die Zähne und sperrten ihm damit den Rachen. Tag und Nacht heult er in seinem Schmerz und in seiner Wut und wird weiterheulen bis zum Untergang der Götter. Dann aber wird er sich befreien und den Kampf mit den Asen aufnehmen. Und mit ihm kommt dann die Midgardschlange, seine grausige Schwester. Sie heißt auch Jörmungand, das riesige Ungeheuer, denn sie liegt tief im Weltmeer, in das sie Odin hinabschleuderte, und umzingelt mit ihrem Riesenleib die ganze Erde. Wenn sie sich regt, rauschen die Wogen wild empor und branden wider den Wall, mit dem die Götter Midgard gegen die See geschützt haben.

DIE ASEN

Kund ist er allen,　　　*Fünfhundert*
Die zu Odin kommen,　　*Und vierzig Tore*
Den Saalbau zu sehn:　　*Kenn ich in Walhall wohl;*
Schilde sind die Schindeln,　*Achthundert Einherier*
Schäfte sind die Sparren,　*Gehn auf einmal aus jedem,*
Es decken Brünnen die Bank.　*Wenn's mit Fenrir zu fechten gilt.*

Das gewaltigste unter den Göttergeschlechtern sind die Asen. Sie allein leben seit Anbeginn im himmlischen Asgard. Ihre Macht ist beschränkt durch das Schicksal, um das die Nornen wissen, und wenn einst die «Götterdämmerung» kommt, wird das Todesgeschick manchen von ihnen ereilen, aber bis zu jenem fernen Tag herrschen sie über die Welt und über die Menschen. Ihr oberster Gott ist Odin. Neben ihm sind die mächtigsten Asen: der Donnergott Thor, dann Balder, der schönste und reinste unter den Göttern, und Tyr, der Kriegsgott. Unter den Asinnen ist Frigg, die in althochdeutschen Zeugnissen auch den Namen Frija trägt, die höchste und herrlichste. Zwölf prächtige Wohnsitze haben sich die Asen in Asgard erbaut, eines für jeden der großen Götter: für Odin, Thor und Tyr, für den lichten Balder und den dunklen Vidar, für Bragi, den Sänger, und Forseti, den Richter, für Heimdall, den Himmelswächter, und Hermodr, den Götterboten, für Ullr, den Wintergott, für Niördr, den Meeresbeherrscher, und für Hödr, den Blinden. Das schönste darunter heißt Gladsheim, das Glänzende. Gewaltige Speerschäfte bilden die Dachsparren dieses Sitzes; es ist mit Schilden gedeckt, und die Wände in seinem Inneren schmücken kunstvolle Waffen. In der Halle stehen zwölf goldene Hochsitze, einer davon ist ein Thron mit drei Stufen für die höchsten unter den Asen. Fünfundvierzig Pforten hat der Bau, und jede davon ist so breit, daß achthundert gerüstete Kämpfer nebeneinander hindurchschreiten können. Über dem westlichen Tor hängt ein Wolf und über diesem ein Rabe. Dieser Göttersitz trägt auch den Namen Walhall, das heißt «die Halle der im Kampf Gefallenen», denn dort versammelt Odin alle in der Schlacht gefallenen Krieger: die Einherier. Wunderbare Jungfrauen, die Walküren, das heißt die Erwählerinnen der Gefallenen, sind Odins Botinnen. Hoch zu Roß reiten sie über die Schlachtfelder, erwecken die gefallenen Krieger durch ihren Kuß zum Leben und führen sie nach Asgard. Auch in Asgards Gefilden üben sich die Helden täglich im Kampf, denn der Tag der Götterdämmerung wird kommen, an dem die Asen aller Streiter bedürfen. An jedem Morgen ziehen sie zum Gefechte aus und lassen nicht ab, bis ein jeder von ihnen tödlich verwundet ist. Dann aber erwachen sie zu neuem Leben und versammeln sich zu frohem Mahl in den festlichen Himmelshallen. In Walhall trinken die Einherier die Milch der Ziege Heidrun, die ihnen die Unsterblichkeit erhält, essen vom Fleisch des Ebers Sährimnir, der zwar täglich gebraten und verspeist wird, aber sich täglich wieder belebt und rundet. Frigg und die Walküren bringen den Göttern und Helden schäumenden Met, und Bragi, der Dichter und Sänger unter den Asen, singt ihnen Liebeslieder. Folkwang, der Sitz Freyjas, wo sich auch die Hälfte der von Odin gewählten Gefallenen aufhält, ist noch viel größer als Walhall, darum heißt diese Wohnstatt auch Sessrumnir, das Geräumige.

DIE WANEN

Da kam zuerst
Krieg in die Welt,
Als Götter Gullweig
Mit Geren stießen
Und in Heervaters
Halle brannten,
Dreimal brannten
Die dreimal Geborne.

Man hieß sie Heid,
Wo ins Haus sie kam,
Das weise Weib:
Sie wußte Künste,
Sie trieb Zauber,
Betörte den Sinn;
Immer ehrten sie
Arge Frauen.

Ein uraltes Göttergeschlecht, vielleicht die Götter vorgermanischer Völker, sind die Wanen. Sie bewohnen die Tiefen der Erde und des

Meeres, gewähren den Menschen Gedeihen und Fruchtbarkeit. Am Ende des goldenen Zeitalters, als die Nornen aus Riesenheim kamen, erschien eine wanische Zauberin, Gullveig, die Macht des Goldes, unter den Asen, wurde aber von ihnen mit Schimpf und Schande verjagt. Durch sie kam die Gier nach Gold in die Welt. Und da nun die Asen nach den unermeßlichen Schätzen der Wanen gelüstete, überfielen sie diesen Götterstamm. Das war der erste Krieg. Beide Göttergeschlechter kämpften mit wechselndem Kriegsglück, aber keiner konnte den Sieg erringen. Da beschlossen sie, die Waffen ruhen zu lassen, und ein ewiger Friede wurde zwischen ihnen geschlossen. Asen und Wanen räumten sich gegenseitig gleiches Recht und gleiche Macht ein und schufen aus dem Speichel, den sie zur Besiegelung des Friedens in einen Kessel gespuckt hatten, den weisen Kvasir. Dann tauschten sie Geiseln. Die Wanen erhielten den allwissenden Riesen Mimir und Hœnir, Odins Bruder, zum Unterpfand der Friedenstreue, die Asen aber den Meeresgott Niördr und dessen beide Kinder: den Fruchtbarkeitsgott Freyr und die Liebesgöttin Freyja. Niördr, Freyr und Freyja gelangten unter den Asen zu hohem Ansehen und wurden ihnen völlig gleichgeachtet.

ODIN, DER WALVATER

Sage mir zum elften,   *Alle Einherier*
Wer in Odins Hof   *In Odins Hof*
Kämpft Tag für Tag;   *Kämpfen Tag für Tag;*
Sie kiesen die Wal,   *Sie kiesen die Wal,*
Reiten vom Kampfe heim,   *Reiten vom Kampfe heim,*
Sitzen beisammen versöhnt.   *Sitzen beisammen versöhnt.*

Die Germanen kannten einen obersten Gott, der bei den Westgermanen Wodan, Woden, Wuotan, Wotan genannt wurde, im Norden aber Odin. In diesen Namen, die in unserem Worte «Wut» nachklingen, lag einst der Sinn, daß Wotan-Odin Kräfte besitzt und verleiht, durch die in der Welt das Außerordentliche sich ereignet: rasende Kühnheit, die den Krieger unwiderstehlich macht, heilige Begeisterung und Besessenheit, in der Sänger und Seher das Höchste schauen. Denn Odin, der sieghafte Kämpfer, sucht, findet und kündet die höchste Weisheit; als Herr des Himmels und der Erde, als Oberster der Götter und Menschen ist er kriegsgewaltig und zugleich wissend wie kein anderer. Dieser Gott der Schlachten, der auch Sieg- und Walvater («Vater der Erschlagenen») heißt, schlägt seine Feinde mit blinder Furcht und nimmt ihren Waffen alle Macht, aber die Helden, die er beschützt, erfüllt er mit übernatürlicher Kraft, daß ihnen weder Eisen noch Feuer etwas anhaben können und sie auch waffenlos den Sieg erringen. Bei ihm liegen darum das Kriegsgeschick und das Todesschicksal. Er selbst nimmt am Kampfe nicht teil, aber mit seiner strahlenden Rüstung angetan reitet er auf dem achtfüßigen Roß Sleipnir, dem Raschdahingleitenden, über die Walstatt und zeichnet mit Gungnir, seinem wundermächtigen Speer, die Männer, denen er den Tod bestimmt hat. So ist Odin auch Herr der Toten und vor allem der Einherier, die, von den Walküren geleitet, sich in Walhall um ihn versammeln. An ihrer Spitze zieht er täglich zum Kampfe aus, und am Tage des Götteruntergangs wird er ihr Anführer sein.

ODIN, DER WANDERER

Odin spricht:
Rate mir, Frigg,
Da's zur Fahrt mich drängt
Nach der Wohnung Wafthrudnirs!
Nach dem Urzeitwissen
Des allweisen Riesen
Nenn ich groß mein Begehr.

Frigga spricht:
Daheim bleiben
Sollte Heervater
In der Rater Reich,
Da keinen der Riese
An Kräften gleich
Ich dem Wafthrudnir weiß.

Wenn Odin mit einem Helden ein Bündnis schloß, dann verlieh er ihm für einige Zeit Sieg und Ruhm, bestimmte ihm aber zugleich den Todestag. Und wenn dieser Tag gekommen war, dann vertrat plötzlich ein Alter mit grauem Haar und langem Bart, der ein zerschlissenes Gewand trug, dem Kämpfer den Weg: das war Odin selbst, der in dieser Verkleidung und in menschlicher Gestalt manchmal auf Erden einhergeht. Denn Odin liebt die Verwandlungen und das Wandern. Oft erscheint der Gott auch in einem großen, breitkrempigen Reiseschlapphut und in einem blauen, sternbesäten Mantel. In alle neun Reiche der Welt ist er auf der Suche nach Wissen und Weisheit gezogen. So kam er zu den Menschen, Zwergen und Riesen, stieg hinab unter die Wurzeln der Weltesche und in die unheimliche Hel. Überall aber fragt er nach dem, was auch ihm verborgen ist: nach dem Schicksal, das ihn selbst und die Götter am Ende aller Tage erwartet. Doch wenn ihn dies brennende Verlangen nach Wissen um die Zukunft nicht umtreibt, dann weilt er auf seinem Göttersitz Hlidskjalf, dem hohen Turm, denn dort sieht er alles, was geschieht, hört alles, was gesprochen wird. Zu seinen Füßen liegen dann die Wölfe Geri und Freki, der Gierige und der Gefräßige, die er mit dem Fleische Sährimnirs nährt. Ihm selbst aber genügt als Speise der wunderbare Honigmet, den ihm die Walküren Rista und Mista, Wolke und Nebel, immer von neuem einschenken. Zwei Raben, Hugin, der Gedanke, und Munin, das Gedächtnis, hocken auf seinen Schultern, schlagen mit den Flügeln und raunen ihm ins Ohr, was sie gesehen und gehört haben, denn alle Morgen sendet der Gott die beiden Vögel aus, um die Welt für ihn zu durchforschen. Darum weiß er, was den Menschen nützt. Er gibt ihnen Schönheit und Kraft. Er verleiht dem Landmann reiche Ernten, dem Schiffer glückliche Fahrt, denn er regiert die Jahreszeiten und den Sternenlauf, Winde und Wogen. Er beschützt die Liebenden, segnet den Ehebund. Odin ist auch ein großer Arzt und Heiler, kennt die verborgenen Schätze und Kräfte der Erdtiefe, hat Macht über das Feuer, kann Gehängte lebendig machen und Tote beschwören. Denn er ist ein gewaltiger Zauberer. Wann immer er will, wechselt er die Gestalt, wird Fisch, Vogel, Schlange; er kann in Bande schlagen und Fesseln lösen, und er kennt die Macht zauberkräftiger Runen, denen nichts auf der Welt widerstehen kann. Er hat sie ersonnen, geschaffen

und geschnitten. Vor allem aber sucht er das Wissen um die Dinge
der fernsten Vergangenheit und Zukunft, und manche Sagen erzählen, wie er sich dies Wissen gewonnen hat.

ODIN, DER WISSENDE

Ich weiß Odins
Auge verborgen
In Mimirs Quell,
Dem märchenreichen;
Met trinkt Mimir
Jeden Morgen
Aus Walvaters Pfand –
Wißt ihr noch mehr?

Auf seinen Wanderungen gelangte Odin auch zu Mimir, der am
Quell der Weisheit wohnt, und bat den Riesen um einen Trunk von
jenem Wasser. Mimir aber forderte als Gegengabe eines von Odins
Augen; wenn der Gott bereit sei, ihm dies Pfand zu geben, solle er
jederzeit Zutritt zu dem Quell haben. Und so begierig war Odin
nach Wissen, daß er sein Auge hingab und seitdem einäugig ist.
Wer aber Wissen besitzt wie er, der kann es auch verkünden: darum ist Odin der Erfinder und höchste Meister der Dichtkunst. Mit
der göttlichen Saga sitzt er oft an einem Wasserfall, lauscht der Göttin und der wahrsagenden Sprache des Wassers, trinkt Weisheit aus
ihm. Die Edda erzählt, wie Odin sich den wunderbaren Trank er-
listete, der dichterische und seherische Eingebung verleiht. Kvasir,
jenes allwissende Wesen, das Asen und Wanen zum Zeichen ihres
Friedensbundes geschaffen hatten, kam einmal zu den Schwarzelben, und zwar zu den bösesten unter ihnen, den Zwergen Fiallar
und Giallar. Diese aber schläferten ihn mit einem Zaubertranke
ein, öffneten ihm die Adern und ließen sein Blut in drei Kessel rin-
nen, von denen der eine Odhrœrir, das heißt Erreger des Geistes,
genannt wird, und vermischten es mit Honig. Wer von diesem

Tranke trinkt, wird ein Sänger oder ein Weiser. Den Asen aber sagten die Zwerge, Kvasir sei an all seiner Weisheit erstickt. Nachdem sie diesen Wissenden getötet hatten, begingen die beiden noch ein zweites Verbrechen: sie ertränkten den Riesen Gilling und erschlugen dessen Frau, die laut über den toten Gatten klagte, mit einem Stein, weil sie ihr Jammern nicht hören mochten. Das erfuhr Suttungr, Gillings Sohn, zog wider Fiallar und Giallar, ergriff sie, setzte sie auf eine Klippe, die zur Flutzeit vom Meere überspült wird, und gab sie erst wieder frei, als sie ihm als Lösung die drei Kessel mit dem köstlichen Met gegeben hatten. Seitdem hütete Gunlöd, Suttungs Tochter, den Trank. Odins Raben aber hatten von all dem gehört und hinterbrachten es dem Gott. Da zog er aus, den Met zu gewinnen. Er kam auf eine Wiese, wo neun Knechte Heu mähten, und gab ihnen einen Wetzstein, der so gut wetzte, daß jeder der Knechte ihn haben wollte. Darüber gerieten die neun in Streit, so daß sie sich gegenseitig töteten. Dann ging Odin zu dem Riesen Baugi, Suttungs Bruder, dem die Wiese gehörte und dem die Knechte gedient hatten. Der Gott aber gab sich dem Baugi nicht zu erkennen, sondern nannte sich Böllwerk. Baugi klagte nun dem Böllwerk, daß es um seine Felder schlecht stünde, denn seine Knechte hätten sich gegenseitig umgebracht. Da erbot sich Böllwerk, die Arbeit der neun Knechte zu verrichten, und verlangte als Lohn dafür einen Schluck von Suttungs Met. So half der Gott dem Riesen einen Sommer über, doch im Herbst forderte er das Ausbedungene. Nun gingen Böllwerk und Baugi zu Suttungr, der aber verweigerte den Trank. Da bat Böllwerk den Baugi, ihn zu dem Berge zu führen, in dem der Met verborgen war, gab dem Riesen einen Bohrer in die Hand, hieß ihn den Berg anbohren, nahm, als das Bohrloch tief genug war, die Gestalt eines Wurmes an und schlüpfte hinein. So gelangte er zu Gunlöd, der er in der Gestalt eines Riesen gegenübertrat. Durch seine wunderbaren Erzählungen gewann er die Liebe der Riesentochter und blieb drei Tag und drei Nächte bei ihr. Gunlöd aber gewährte ihm, dreimal von dem Met zu trinken, und so gewaltig war jeder Schluck, den der Gott tat, daß beim dritten Zuge alle drei Kessel leer waren. Dann verwandelte sich Odin in einen Adler und flog davon. Vergeblich nahm auch Suttungr Adlergestalt an und kämpfte in den Lüften einen Kampf mit dem gewaltigen Asen. Der Riese unterlag. So brachte Odin den Dichtermet nach Asgard. Darum heißt die Dichtkunst unter den Menschen Odins Fund, Fang und Gabe oder der Asen Trank.

FRIGG

Loki spricht:
Schweig doch, Frigg!
Du bist des Fjörgynn Tochter
Und warst lüstern nach Liebe stets:
We und Wili
Hast du, Widrirs Gattin,
beide an die Brust gedrückt.

Frigg spricht:
Wisse, säße mir ein Sohn
im Saale Ägirs
auf der Bank, ein Baldergleicher,
nicht kämst du hinaus
von den Kindern der Asen,
Man böte dir Keckem Kampf.

Frigg, Odins Gemahlin, ist, neben Freyja, die höchste der Göttinnen. Sie allein thront neben Walvater auf dem Hochsitz im himmlischen Asgard. Bei den Langobarden und im Althochdeutschen wird sie auch Frea/Frija genannt. Dieser Name bedeutet eigentlich «Frau, Geliebte, Gattin» und deutet darauf hin, daß Frigg die Göttin der Ehe ist, zugleich gilt sie als Gottheit aller irdischen Fruchtbarkeit. Sie gibt und beschützt das Leben der Pflanzen, der Tiere, der Menschen. Darum kennt sie auch die Geschicke der Sterblichen, und oft fragt Odin die wissende Gattin um Rat. Wenn sie nicht an seiner Seite unter den Helden Walhalls weilt, dann wohnt sie in ihrem herrlichen Schlosse und spinnt mit ihrem goldenen Rocken, den die alten Germanen im Sternbild des Orion sahen, seidenweiches Garn, das nie ein Ende nimmt. Mit diesem Garn beschenkt sie fleißige Frauen. Sie hat die Menschenkinder das Spinnen gelehrt, in ihrem Schutz steht überhaupt alle häusliche Arbeit. Sie beschützt auch den Landbau. Zu ihr flehte man um Kindersegen. Oft geht sie mit Odin auf Erden um, und wo sie hinkommt, bringt sie Gedeihen und Glück. Ihre treue Gefährtin ist Fulla, die Gestalt gewordene Fülle, die Bewahrerin von Friggs kostbarem Geschmeide. Auch sie bringt den Menschen Reichtum und Segen. Friggs Botin heißt Gna; deren geschwindes Roß aber trägt den Namen Hofhvarfnir, das heißt Todesroß. Denn Frigg ist auch eine Gottheit der Toten, und in ihrem Schlosse Fensal versammelt sie um sich alle Liebenden, die der Tod vor der Ehe dem Leben entrissen hat, alle treuen Ehegatten, die dort unter ihrem göttlichen Schutz für immer vereint ein glückliches Dasein führen.

Friggs List

Odin spricht:

Trunken bist du, Geirröd,   *Ich wies dir vieles,*
Zu gierig trankst du,   *Doch wenig verstandest du:*
Verstört ist dein Verstand;   *Dich läßt fallen dein Freund;*
Manches verlorst du,   *Liegen sah ich,*
Da du meiner Gunst   *Besudelt mit Blut,*
Und Gefolgschaft fern bleibst.   *Meines Schützlings Schwert.*

Zwei alte Geschichten erzählen, wie Frigg Odin überlistet hat. Einmal, als Odin für das Volk der Wandalen Partei ergriff, weil sie sich vor ihrem Kampf mit den Winnilern ihm geweiht hatten, kam seine Gattin, die auf der Seite der Winniler stand, zu ihm und bat ihn, ihren Schützlingen den Sieg zu verleihen. Er aber schlug diese Bitte ab und sagte ihr, daß er bei sich beschlossen habe, dem Volke beizustehen, das er am kommenden Morgen beim Erwachen zuerst erblicken werde; er fügte hinzu, daß er die Wandalen zuerst sehen müsse, da seine Lagerstatt den Stammsitzen dieses Volkes zugewandt sei. Da befahl Frigg den Winnilern, sich vor Sonnenaufgang zur Schlacht zu ordnen und vor den Reihen der Krieger die Frauen aufzustellen; diese sollten sich ihre langen Flechten so ums Kinn halten, als ob sie Bärte trügen. Und bevor Odin erwachte, wandte sie sein Bett den Sitzen ihrer Schützlinge zu. Als nun der Gott die Augen öffnete, fragte er verwundert: «Wer sind diese Langbärte?» Und Frigg erwiderte: «Es sind die Winniler. Du hast ihnen

den Namen gegeben, nun hilf ihnen, wie du's versprochen hast.»
Da lachte der Gott und verlieh den Winnilern, die seitdem Langobarden, nämlich Langbärte heißen, den Sieg. Ein anderes Mal kam
es zum Streit zwischen Odin und Frigg, weil Walvater seinen
Schützling Geirröd über alles lobte, Frigg aber erwiderte, der Riese
sei ein ungastfreundlicher Grobian. Um ihr zu beweisen, daß er
recht habe, zog Odin aus, nahm eine andere Gestalt an und bat den
Geirröd um Gastfreundschaft. Ehe er aber bei ihm anlangte, hatte
schon Frigg ihre Gefährtin Fulla zu dem Riesen geschickt und ihn
durch sie vor einem Zauberer warnen lassen, der ihn bald besuchen werde. Darum nahm Geirröd, als Odin an seine Tür klopfte,
den Asen höchst unwillig auf und mißhandelte ihn sogar. Und als
der Göttervater heimkehrte, mußte er Frigg eingestehen, daß ihr
Urteil über seinen Schützling ganz und gar richtig gewesen war.
So wurde Odin, der weiseste unter den Göttern, zweimal von seiner Gattin getäuscht.

THOR

Grimm ward Wingthor,
Als er erwachte
Und umsonst seinen
Hammer suchte:
Er schwang das Haar,
Er schwenkte den Bart,
Jäh griff um sich
Der Jörd Sprößling.

Und also war
Sein erstes Wort:
«Lausche, was ich,
Loki, dir sage,
Was niemand noch
Vernahm auf Erden,
Noch auf Himmels Höhn:
Mein Hammer ist geraubt!»

Thor, auch Wingthor genannt, von den Germanen auf dem Kontinent aber Donar, ist Odins ältester Sohn. Seine Mutter ist die
Riesin Jörd («Erde»). Seine Gemahlin ist Sif, und seine Söhne sind
Magni und Modi, seine Tochter ist Thrud – dies alles sind Perso-
nifizierungen der Stärke. Neben Odin ist er der mächtigste unter
den Göttern. Er hat Macht über Winde und Wolken, über Blitz und

Donner, er war, wie sein Name sagt, der Donnergott. Doch er beschützt zugleich die Erde, seine Mutter, und die Bauern, die die Erde bearbeiten. Riesenhaft ist seine Gestalt, ein langer roter Bart umwallt sein Antlitz. Wenn Thor zürnt, schüttelt er diesen Bart: dann durchzucken Blitze den Himmel, und grollender Donner rollt durch die Wolken. Thor fährt auf einem Wagen daher, den zwei Böcke ziehen, Tanngniostr und Tanngrisnir; in diesen Namen liegt auch das Knistern des Blitzes. Und während er diese Böcke mit der Linken lenkt, schwenkt er in der Rechten Mjöllnir, einen riesenhaften Hammer, seine furchtbarste Waffe. Mjöllnir hat die Eigenschaft, jedesmal, wenn Thor ihn geworfen hat, in die Hand des Gottes zurückzukehren. Zu allen Zeiten hat Thor gegen die Riesen, seine und der Asen ärgste Feinde, gekämpft. Viele Sagen berichten uns von diesen Kämpfen, denn der Donnergott war der volkstümlichste unter den Göttern der Germanen. In der Wikingerzeit war Thors Hammer, als Amulett getragen, das Zeichen der alten Götterverehrung – eine deutliche Reaktion auf das Kreuzamulett der Christen. Es wird uns auch erzählt, wie Thor zum letzten Male unter den Menschen erschienen ist. Eines Tages segelte der christliche König Olaf die Küste entlang. Da stand ein großer rotbärtiger Mann auf einem Felsvorsprung und bat, man möge ihn mitnehmen. Seine Bitte wurde gewährt, er mischte sich unter das Schiffsvolk, mit dem er allerhand Wettspiele anfing, wobei er seine große Kraft und Gewandtheit zeigte. Darum führte man ihn vor Olaf, der ihn bat, eine alte Sage zu erzählen. Der Mann erzählte nun, das Land, an dem Olafs Schiff vorbeisegelte, sei einst von Riesen bewohnt gewesen. Die Riesen aber seien umgekommen bis auf zwei Weiber. Da habe sich Volk aus dem Osten hier angesiedelt, aber viel Böses von den Riesenweibern erlitten und darum ihn, den Rotbart, zu Hilfe gerufen. Er sei mit seinem Hammer gekommen und habe die Riesinnen erschlagen. Und darum hätte ihn das Volk des Landes immer in allen Nöten angerufen. «Bis du, o König Olaf», so sagte der Fremde, «fast alle meine Freunde vertilgt hast, was wohl der Rache wert wäre!» Bei diesen Worten aber sprang der Mann so schnell über Bord, als ob ein Pfeil ins Meer schösse, und seitdem ward er niemals mehr gesehen.

LOKI

Eldir, Ägirs Diener spricht:　*Loki spricht:*
Von ihren Schwertern　*Eintreten will ich*
Und vom Schlachtmut reden　*In Ägirs Halle,*
Die Söhne der Sieggötter;　*Das Saalfest zu sehn;*
Die Asen und Alben,　*Hohn und Haß*
Die hier innen sind,　*Bring ich den hohen Göttern*
Sprechen alle arg von dir.　*Und mische Bosheit ins Bier.*

Loki ist ein Gott ohne eigentliche Funktion. Er ist die schillernd-
ste Figur des germanischen Pantheon, denn in vielen überlieferten
Geschichten ist er den Asen nützlich und rettet sie durch seine Ver-
wandlungskunst und seine Durchtriebenheit – Loki verkörpert in
der Tat manche Züge eines «Tricksters» (göttlichen Schalks) – aus
bedrohlichen Situationen, die er bisweilen selbst heraufbeschworen
hat, dann wiederum findet man ihn auf der Seite der Riesen, der
mächtigen Gegner der Götter. Im Endzeitkampf ist er schließlich
Anführer der götterfeindlichen Mächte. Loki ist nicht zu verwech-
seln mit den Riesen Utgard-Loki und Logi, der Personifizierung
des Feuers. Auch ist unklar, ob er mit Luciferus, dem «Lichtbrin-
ger», verwandte Züge aufweist. Loki ist mit Odin in Blutsbrüderschaft verbunden, und doch wird er zum Verräter der Asen. Die
Riesin Angrboda, die «Kummer Bereitende», hat ihm den Fenriswolf, die Midgardschlange und die grauenhafte Hel geboren. Seine
Gattin ist Sigyn, mit der er Vali und Narfi zeugte. Er ist von schöner Gestalt, doch verschlagener, ränkesüchtiger Art, ein Räuber,
der Friggs Halsband und Sifs goldene Locken stiehlt. Er trägt die
Schuld am Tode des guten Gottes Balder und verhindert, daß dieser aus dem Totenreich wiederkehrt. Die Asen bestrafen ihn für
diese Untat und schmieden ihn an einen Felsen. Zum Endzeitkampf kommt er wieder frei, tötet den Gott Heimdall, findet dabei aber auch selbst den Tod.

BALDER

Breitglanz heißt das siebente,
Dort hat Baldur sich
Die Halle hingebaut;
Auf jener Flur,
Der Freveltat
Nimmer nahen mag.

Baldr oder Balder, Odins und Friggs herrlicher Sohn, ist der schönste, edelste und geliebteste unter den Göttern: ein blühender Jüngling, dessen lichte Erscheinung weithin strahlender Glanz umgibt.
Sein Göttersitz heißt Breidablick, der Weithinleuchtende. Nichts
Unreines wird an dieser heiligen Stätte geduldet, denn dort gilt das
Gesetz des schuldlosen und mitleidvollen Gottes. Balders Bruder
ist der finstere, blinde Hödr, der – von Loki angestiftet – unwis-
sentlich seinen Bruder mit einem Mistelzweig tötet. Dies galt als
das größte Unglück der Götter. Nanna, Neprs Tochter, war Balders
liebevolle Gattin. Mit ihr zeugte er Forseti, den gerechten Richter.
Denn wie Loki in der Welt und unter den Göttern das Böse vertritt,
so ist Balder der Gott der Guten und Gerechten, auch des Schönen.
An dem Tage aber, an dem das Böse über das Gute siegt und Balder
durch Lokis List und Hödrs Hand den Tod findet, beginnt sich das
Geschick der Asen zu vollenden, und der Untergang der Götter ist
nahe. Nach dem Auftauchen der neuen, besseren Welt sitzen Balder
und Hödr wieder vereint nebeneinander.

TYR, HEIMDALL, FORSETI

Himmelsburg heißt das achte,   *Glastheim heißt das zehnte,*
Wo Heimdall lange   *Von Gold sind die Pforten*
Des Weihtums walten soll;   *Und von Silber das Saaldach;*
Im behaglichen Haus   *Doch Forseti*
Trinkt herrlichen Met   *Wohnt dort viele Tage*
Dort gerne der Götterwart.   *Und stillt allen Streit.*

Neben Odin und Thor ist der Kriegsgott Tyr ein weiterer bedeutender Gott der Germanen. Er ist zugleich der Gott des Rechts und der Thingversammlung. Sein Attribut ist das Schwert. Seine Namensverwandtschaft mit Zeus und dem indischen Gott Dyaus zeigt, daß es sich um eine sehr alte Gottheit handeln muß, deren Bedeutung im Norden jedoch bereits verblaßt war. Im Althochdeutschen heißt dieser Gott Ziu, und es ist möglich, daß mit dem angelsächsischen Saxnot ebenfalls der Kriegsgott Tyr/Ziu gemeint ist. Seit Tyr bei der Fesselung des Fenriswolfes der Überlieferung nach seinen rechten Arm verlor, führt er die Waffe mit der Linken. Während Odin von himmlischer Höhe aus das Schlachtgeschick lenkt, stürzt sich Tyr selbst in den Kampf. Die T-(Tyr-)Rune trägt seinen Namen, und er wurde angerufen, wenn man Siegrunen in ein Schwert ritzte. Doch sonst hören wir wenig von Gestalt und Wesen dieses alten, einst mächtigen Gottes. Einer der größten unter den Asen scheint einst auch Heimdall gewesen zu sein, denn die Edda sagt, neun Riesenweiber, Gestalt gewordene Wellen und Meeresklippen, hätten ihn gezeugt, und die heilige Erde selbst nähre ihn. Dort, wo die Regenbogenbrücke Bifröst, die er bewacht, Asgard erreicht, steht Himinbiörg oder Himmelsburg, sein strahlendes Schloß. Er ist ein lichter Gott, ein Gott des Morgens, goldmähnig ist sein Pferd, und golden sind sogar seine Zähne. Vor allem aber ist er der himmlische Wächter. Er hört das Gras auf den Wiesen, die Wolle auf den Schafen wachsen, und nichts entgeht seinem scharfen Blick. So sah er einst, wie Loki der schlafenden Freyja ihr schimmerndes Halsband Brisingamen entwendete. Sofort eilte er dem Räuber nach, doch Loki verwandelte sich in eine Flamme. Da verwandelte sich Heimdall zur Wolke und löschte die Flamme mit Regen. Loki aber wurde zu einem Eisbären und trank die Flut aus. Heimdall nahm die Gestalt eines noch größeren Eisbären an und packte Loki mit den Zähnen. Da ward Loki eine aalglatte Robbe und entschlüpfte ihm. Aber Heimdall packte die Robbe abermals, und nach hartem Kampf mußte Loki Brisingamen herausgeben: nun leuchtete es wieder an Freyjas Hals. Ein lichter Gott wie Heimdall ist auch Forseti, Balders und Nannas Sohn. Sein Schloß heißt Gleitnir oder Glastheim, das Glitzernde. Dort sitzt Forseti alle Tage und spricht Menschen und Göttern Recht. Daß er ein Richter ist, sagt auch sein Name: der Vorsitzer; und die Edda rühmt, es sei keiner, der sein Urteil tadeln könne.

VIDAR, VALI, ULLR

Gesträuch wächst
Und starkes Gras
Auf Widars Waldgebiet;
Auf Rosses Rücken
Zu rächen den Vater
Verheißt dort der Heldensohn.

Ein dunkler Gott ist Vidar, Odins und der Riesin Gridr schweigsamer Sohn. Einsam lebt er im Walde, und seine Wohnung heißt Vidi, das weite Land. Darin herrscht geheimnisvolle Stille, denn im Verborgenen rüstet der Gott dort die Waffen für den letzten Götterkampf; er selbst aber soll nach einer alten Prophezeiung in jenem grauenhaften Ringen den Fenriswolf besiegen. Ein anderer Sohn Odins ist Vali, der kühne Bogenschütze. Seine Mutter war die Erdgöttin Rinda. Odin hatte erfahren, daß sein Lieblingssohn Balder einst sterben müsse und daß diesem nur dann ein Rächer erstehen würde, wenn er selbst Rinda gewinnen und mit ihr einen Sohn zeugen könne. Darum nahte er sich dem Mädchen, erst in der Gestalt eines Wanderers, dann in der eines kunstfertigen Goldschmiedes, endlich in der eines schönen Ritters. Doch Rinda wies ihn ab. Da berührte sie der Gott mit seinem Runenstabe, nahm ihr den Verstand, erschien dann in der Gestalt eines alten Weibes vor ihrem Vater und versprach ihm, daß er seine Tochter heilen werde, wenn dieser bereit sei, sie ihm mitzugeben. So gelangte er in den Besitz der Rinda, und so wurde Vali geboren: er war erst einen Tag alt, als Balder ermordet wurde, hatte aber schon gewaltige Kräfte und rächte den Tod des schönsten unter den Göttern. Nur bei den Nordgermanen begegnet uns der Gott Ullr, ein Sohn jener Sif, die sich später Odin zur Gattin nahm. Er ist schön und von kriegerischem Aussehen. Er gilt als tüchtiger Jäger, geschickter Schiläufer und Schlittschuhläufer und als guter Bogenschütze. Sein Göttersitz heißt Ydalir, «Eibental», da man die Bogen aus Eibenholz fertigte. Beim Zweikampf rief man ihn als Beschützer an, und man schwor bei seinem Ring. Ähnliche Züge wie Ullr trägt die Jagdgöttin Skadi, ebenfalls eine gute Schiläuferin und geschickt im Bogenschießen. In welcher Beziehung beide zueinander stehen, geht aus den Quellen nicht hervor. Beim dänischen Geschichtsschreiber Saxo Grammaticus ist die Sage überliefert, Odin sei für den Raub an Rinda mit einer zehnjährigen Verbannung bestraft worden, in der Zwischenzeit habe aber Ullr («Ollerus») seine Herrschaft übernommen, doch als Odin heimkehrte, sei Ullr verjagt und in fremden Landen erschlagen worden.

HÖDR, HŒNIR, HERMODR

Die Seherin spricht:
Hödur bringt her,
Den hohen Ruhmsproß;
Er wird Baldurs Blut vergießen,
Das Alter enden
Odins Söhne.
Genötigt sprach ich;
Nun will ich schweigen.

Ein anderer Sohn Odins ist der blinde Hödr. Er war es, der auf Anstiften Lokis seinen Bruder Balder mit einem Mistelzweig tötete, denn dieser Zweig war das einzige Ding auf der Welt, das Balder schaden konnte. Hödr wird von Odins Sohn Vali aus Rache erschlagen. Nach dem Untergang der Götter werden Hödr und Balder gemeinsam in die neue Welt einziehen. Odins Bruder ist Hœnir, ein alter, in den Quellen jedoch schwer faßbarer Gott. Bei der Erschaffung des Menschen, zusammen mit Odin und Lodur, verleiht er dem Menschen Verstand. Im Krieg zwischen den Asen und den Wanen wird er den Wanen als Geisel übergeben und erringt bei ihnen eine hohe Stellung. Hermodr, Balders Bruder, ist der Bote der Götter. Auf Bitten Friggs unternimmt er einen Ritt auf Odins Pferd Sleipnir zu Hel, um Balder aus dem Totenreich zu befreien, aber Loki durchkreuzt das Vorhaben. Wir hören da und dort auch von anderen Asen, doch erfahren wir wenig von ihnen. Vili und Ve, die zusammen mit Odin die Menschen geschaffen haben, regierten einmal, als Odin eine Zeitlang in Verbannung lebte, Himmel und Erde. Da sie an Odins Rückkehr zweifelten, teilten sich die beiden in Friggs Besitz. Als Odin dies hörte, kehrte er auf der Stelle zurück und nahm seine Frau wieder zu sich, doch noch lange nachher machte ihr Loki den Vorwurf, sie sei ihrem Gatten untreu gewesen. Modi und Magni, der «Zornige» und der «Starke», gelten als Thors Söhne, sind aber wohl, wie auch seine Tochter Thrud, die «Kraft», lediglich Personifikationen der Eigenschaften Thors.

ANDERE WEIBLICHE GOTTHEITEN

Sturzbach heißt das vierte,
Umstrudeln soll
Ihn die frische Flut;
Odin und Saga
Trinken dort alle Tage
Glücklich aus Goldbechern.

Es gibt unter den Göttinnen der Germanen eine große Reihe von Gestalt gewordenen Gedanken: Saga, die Sage, die Geschichte; Fulla, die Fülle, Friggs Gefährtin; Sif, die Sippe, Thors Gattin, Magnis und Modis Mutter; Menglöd, die Göttin, «die sich des Schmukkes freut», eine Heilsgottheit, wohl der Frigg oder Freya verwandt, die ja selbst das Halsband Brisingamen trägt; Wara oder Var, die Wahrhaftige, der die Eide heilig sind, die die Meineidigen bestraft; Syn, die Verteidigerin der Angeklagten, die Schützerin der Tore; Snotra, die Kluge, die Wissende; Siöfn, die Liebenswürdigkeit, die Liebe. Auch Thrud, Sifs und Thors Tochter, die Gestalt gewordene Kraft ihres Vaters, des Herrn in Thrudheim, ist eine Gottheit von dieser gedanklichen Art. Sie war die Verlobte des Nachtzwerges Alvis, aber Thor wollte nur unter der Bedingung in die Hochzeit einwilligen, daß ihm Alwis alle Fragen, die er ihm stellen werde, beantworten könne. Unerschöpflich schien des Zwerges Weisheit, doch der Donnergott fragte eine ganze Nacht hindurch, bis der erste Sonnenstrahl kam und den Nachtalben versteinerte. Eine andere Heilsgöttin, die der Menglöd nahesteht, ist Eir, die beste Ärztin. Gefion, die Jungfräuliche, beschützt die Jungfrauen; Odin sagt von ihr, sie kenne das Weltengeschick ebenso gut wie er. Der Asin Lofn hat Walvater die Gabe verliehen, alle Liebenden zusammenzuführen, was diese auch immer trennen mag. Hlin, eine Schutzgottheit, gehört zum Gefolge der Frigg. Diese höchste Göttin der Germanen ist auch mit drei anderen weiblichen Gottheiten verbunden oder mit ihnen in einer Gestalt: mit Holda, Berchta, Ostara, die, soviel wir wissen, vor allem bei den deutschen Stämmen verehrt wurde. Holda, die als Frau Holle in den Märchen weiterlebt, ist eine gütige Beschützerin der Menschen, besonders der Frauen, die nur dann zürnt, wenn sie in Haus und Hof Unordnung antrifft. Diese große Wohltäterin wohnt in den Höhlen der Berge und kommt alle Jahre auf die Erde, um den Menschen Wohlstand und Segen zu bringen. Die kleinen Kinder stehen unter ihrem mächtigen Schutz, und wenn sie in jungen Jahren sterben, nimmt Holda sie in ihr Gefolge auf. Die Göttin erscheint in der Wilden Jagd, von der uns die Märchen erzählen, und der getreue Eckart war ihr Gefährte. Segen und Gedeihen verleiht auch Berchta, eine Gottheit der Erde und der Fruchtbarkeit; auch in ihrem Gefolge finden wir die Seelen gestorbener Kinder, wie Frigg belohnt sie die fleißigen und bestraft die faulen Spinnerinnen. Der großen Wanin Freyja ist wohl Ostara, die Östliche, verwandt, eine Göttin der Morgenröte. Im Frühjahr, wenn die Natur erwacht, wurden ihr in vielen Gegenden freudige Feste gefeiert; ihr Name klingt in unserem Ostern bis heute fort.

BRAGI UND IDUN

Idun spricht:
Mit Lästerworten
Begrüß ich Loki nicht
In der Halle hier:
Ich besänftige Bragi,
Den biergrimmigen,
Da ich Hader verhüten will.

Im Anfang der Zeiten, da alles starr und stumm, ohne Atem und ohne Leben war, fuhr ein Schiff, das Zwergenschiff, über die regungslose See. Darauf ruhte schlummernd Bragi, der göttliche Sänger, Odins Sohn. Als aber das Fahrzeug vorüberglitt an der Schwelle des Todeszwerges Naim, erwachte der Gott, griff in die Saiten seiner goldenen Harfe und sang das Urlied des Lebens. Mit ihm erwachte die Natur aus ihrer Erstarrung und lauschte bezaubert seinem Gesang. Aus Gräsern und Blumen erhob sich Idun, die Göttin unsterblicher Jugend und Schönheit, die liebliche Tochter des Zwergenvaters Ivaldi, der aus der Tiefe der Erde das Leben zum Lichte emporsprießen läßt. Und Bragi gewann Idun mit seinem Lied, vereint zogen die beiden nach Asgard. Zu ihnen kommen Odin und die anderen Götter, und Idun reicht ihnen die zaubermächtigen Äpfel, deren Genuß ihnen die ewige Jugend erhält, Bragi aber singt ihnen seine herrlichen Lieder von Kampf und Sieg, von Liebesleid und Liebeslust. Kein Ehebund war so glücklich wie der zwischen dem alten und weisen Sänger und der schönsten und liebenswürdigsten unter den Göttinnen, doch einmal wurden die zwei durch schwere Trennung geprüft. Daran trug Loki die Schuld. Auf einer Wanderung kam er einst mit Odin und Hœnir in ein wüstes Waldgebirge. Dort fanden die Asen eine Herde, und da sie hungerte, schlachteten sie eines der Rinder. Doch das Wasser, worin sie das Fleisch legten, wollte nicht sieden. Sie verwunderten sich sehr, bis sie in einem Baum einen riesigen Adler entdeckten, der mit seinem Flügelschlag die Flamme verwehte. Der Vogel versprach zwar den Göttern, er werde das Feuer hoch auflodern lassen, wenn er einen Anteil am Mahl erhielte, als ihm das aber zugesagt und das Fleisch mit seiner Hilfe gekocht war, fraß er so gierig, daß Loki fürchtete, leer auszugehen. Wütend schlug er mit einer Stange nach dem Adler, doch die Stange blieb im Gefieder des Tieres stecken, er selbst blieb mit seinen Händen an der Stange kleben, der Riesenvogel flog jäh auf, riß den Gott empor und schleppte ihn durchs dornige Gestrüpp, über spitzige Steine, bis der Geschundene um Gnade flehte. Und nur dadurch erlangte Loki die Freiheit, daß er dem Adler, der niemand anders als der verwandelte Sturmriese Thiassi war, mit bindenden Schwüren gelobte, ihm die liebliche Idun und ihre goldenen Äpfel zu bringen. Mit schlauen Worten überredete er nun die Göttin, ihm zu folgen: er fabelte von einem Wunderbaum, dessen Früchte noch schöner seien als Iduns Äpfel, und so brachte er sie in die Gewalt des Thiassi, der sie ins öde Thrymheim verschleppte. Als aber die Göttin der Jugend Asgard verlassen hatte, da wurden die Asen alt, ihre Haare grau, ihre Haut runzelig. Verzweiflung ergriff sie, und da Loki bald seiner Tat überführt wurde, drohte Thor ihn mit Mjöllnir zu zermalmen, wenn er nicht Idun ins himmlische Reich zurückbrächte. In Freyjas Falkengewand flog Loki darum nach Thrymheim. Zum Glück fand er Idun allein, verwandelte sie in eine Nuß, nahm sie in seinen Schnabel und flog mit ihr davon. Doch als der Riese heimkam und seine liebliche Gefährtin nicht mehr fand, nahm er Adlergestalt an und flog den Flüchtigen nach. Nur mit knapper Not entkamen die beiden nach Asgard. Thiassi wurde von den Asen gefangen, und Thor warf des Riesen Augen als Sterne an den Himmel, wo sie noch heute den Menschen leuchten. Mit Idun aber kehrte die Jugend wieder unter die Götter zurück.

NIÖRDR UND SKADI

Skadi spricht:　　　　　　*Niörd spricht:*
Nicht schlafen kann ich　　*Leid sind mir die Berge;*
Vor dem Schreien der Vögel　*Nicht lange war ich dort,*
An der Brandung Bett:　　　*Neun Nächte nur:*
Jeden Morgen,　　　　　　　*Schöner schien mir*
Wenn sie vom Meere kommt,　*Der Schwäne Gesang*
Weckt die Möwe mich.　　　　*Als der Wölfe Wutgeheul.*

Als die Asen Thiassi getötet hatten, erschien seine schöne und kampfgewaltige Tochter Skadi unter ihnen und wollte den Vater rächen. Als Buße wurde vereinbart, daß die Asen versuchen sollten, Skadi zum Lachen zu bringen. Da verbeugte sich Loki tief vor der Zürnenden, sprang bald rechts, bald links, bald vorwärts, bald rückwärts, und ein Ziegenbock, den er an seine Hoden gebunden hatte, machte hinter ihm die gleichen Bewegungen. Zuletzt aber warf er sich wie ein Verliebter vor Skadi auf die Knie, und als der Ziegenbock das gleiche tat, brach sie in lautes Lachen aus. Nun fiel es Odin nicht schwer, des Riesen Tochter zu überreden, daß sie in Asgard bleibe. Er versprach ihr sogar einen Asen zum Mann, freilich unter einer Bedingung: sie solle ihn mit halbverhüllten Augen wählen, so daß sie nur die Füße der Götter sehen könne. Skadi willigte ein. Doch die schönsten Füße, von denen sie geglaubt, daß sie Balder, dem schönsten der Götter, gehörten, waren Niörds Füße, und so wurde Skadi Niörds Gattin. Dieser Gott des Meeres und der Schiffahrt, der Gewaltigste aus dem Geschlecht der Wanen, hatte einst die Erdgöttin Nerthus zur Frau gehabt, mußte sie aber verlassen, als er nach dem Friedensschluß zwischen Asen und Wanen unter die Himmlischen aufgenommen wurde, denn Nerthus war seine leibliche Schwester, und Geschwisterehen widersprachen dem Gesetz, das in Asgard galt. Niörds himmlisches Schloß heißt Noatun, nämlich Schiffsstadt; oft weilen die Götter dort zu fröhlichen Festen. Das Rauschen der Wogen und der Sang der Schwäne sind Niörds größte Lust. Wenn Ägir, der Meeresbeherrscher, die Wellen erregt, dann genügt ein Wink des mächtigen Wanen, und die Flut beruhigt sich. Er ist es, der gute Winde bringt und glückliche Fahrt, doch ist er auch ein Totengott, und die Schwäne, die nach dem Glauben der alten Germanen das Lied des Sterbens singen, sind ihm heilig. Der Gott geht in einem meergrünen Gewande einher, Muscheln schmücken seinen Hut, seine schönen Füße aber, die ihm Skadi gewannen, läßt er unbedeckt. Freudig führt er die Gattin in sein Schloß am Meeresufer. Doch Skadi, die den Wald und die Berge, weißen Schnee und glitzerndes Eis, wilde Tiere, die Jagd und den Schneeschuhlauf liebt, wurde nicht froh in Noatun. Sie haßte das Geschrei der Meeresvögel und das Brausen der Brandung. Da schlug ihr Niördr vor, daß sie abwechselnd neun Tage in seinem Reich und neun Tage in ihren Bergen verbringen sollten. Aber auch er litt Skadis Heimat nicht, das Heulen der Wölfe war ihm zuwider. Darum trennten sich die beiden Gatten. Später heiratete Skadi den ritterlichen Gott Ullr und genoß an seiner Seite die Freuden, die der Winter und die Berge schenken.

FREYR

Freyr spricht:
Gehen sah ich   *Die Maid ist mir lieber,*
In Gymirs Hof,   *Als ein Mädchen noch*
Die ich minne, die Maid: *Je einem Jüngling war;*
Die Arme glänzten,   *Von Asen und Alben*
Von ihnen strahlten   *Nicht einer uns gönnt,*
Die Luft und das Land.   *Zusammen zu sein.*

Mit Nerthus, seiner ersten Gemahlin, hatte Niördr, der Vater und
König der Wanen, zwei herrliche Kinder gezeugt: Freyr und Freyja.
Auch diese kamen nach Asenheim, als der Friede zwischen Asen
und Wanen geschlossen wurde, und gelangten zu hohem Ansehen
unter den Göttern. Freyr ist der Gott der Sonne und des himmlischen Lichtes. Sein Reittier ist Gullinbursti, der Eber mit den goldenen, weithinschimmernden Borsten, sein Fest das Julfest, die
Wintersonnenwende. Lichtalfenheim, das Land der Lichtelfen, ist
ihm untertan. Dieser menschenfreundliche Gott bringt die Wärme
und die Fruchtbarket, vor allem aber den Frieden. Seinen Tempel
darf niemand betreten, der Waffen trägt, den Mord oder andere
Sünden beflecken. Die Friedenskönige unter den Menschen, so erzählt die Sage, sind seine Söhne, ja er selbst soll einmal auf Erden
geherrscht und ein Volk durch seine friedvolle Herrschaft glücklich und groß gemacht haben. Eine angelsächsische Legende berichtet von Skeaf, der als ein schlafendes Kind in einem Boote an
Schwedens Ufer landete, von den Bewohnern als ein Gottgesandter
begrüßt und zum König gekrönt wurde. Als er nach einer geseg-
neten Regierungszeit starb, wurde er, wie er sich's gewünscht, wiederum in ein Schiff gelegt, das ihn in seine rätselhafte Heimat
zurückbrachte. Dieser Skeaf und der Gott Freyr sind wohl ein und
dieselbe Gestalt. Die Edda erzählt von Freyrs Liebe zur Riesentochter Gerdr. Eines Tages hatte sich der Sonnengott auf Odins Thron
gesetzt, wurde aber für seine Überkühnheit hart gestraft. Denn von
dort erblickte er ein Mädchen von so wunderbarer Schönheit, daß

Luft und Land vom Schimmer ihrer weißen Arme widerschienen und der Gott von leidenschaftlicher Liebe zu ihr ergriffen wurde. Doch er fürchtete, daß er sich Gerdr nie gewinnen könne, weil sie die Tochter des Meeres- und Wolkenriesen Gymir, eines hartherzigen und gewalttätigen Mannes, war. Darüber fiel er in Schwermut, und als Niördr, sein Vater, sah, daß Freyr die Versammlungen der Götter floh, sandte er Skirnir, Freyrs treuen Gefährten, aus, um nach dem Leid seines Sohnes zu forschen. Freyr gestand dem Freund seine Liebe. Da bat Skirnir den Gott um sein Roß und sein Schwert und zog aus, um Gerdr zu werben. Aber das Haus, in dem Gerdr wohnte, umzüngelte die Waberlohe: Freyrs Roß trug Skirnir durch die Flammen hindurch. Ein Donnerschlag dröhnte, das ganze Gebäude erbebte, als der Götterbote zu Gerdr eintrat, doch er warb vergeblich um sie. Weder mit elf goldenen Äpfeln noch mit dem herrlichen Odinsring Draupnir konnte er sie gewinnen. Erst als er drohte, ihren Vater zu töten und ihr selbst durch einen gewaltigen und furchtbaren Zauberfluch alles Lebensglück zu nehmen, fügte sich die Widerspenstige. Nach neun Nächten, so versprach sie dem Skirnir, wolle sie im Haine Barri, den noch nie eines Menschen Fuß betreten, den Gott erwarten. Endlos lang schienen Freyr diese neun Nächte, aber als sie vorüber waren, gewann er Gerdr. Doch sein Schwert erhielt er von Skirnir nicht zurück, und am Tage der Götterdämmerung wird dem Friedensgott seine Waffe fehlen.

FREYJA

Freyja ist die herrliche Tochter Niörds. In manchem hat sie Ähnlichkeit mit Frigg, der Gemahlin Odins, denn ihrer beider Attribut ist das Falkengewand, und wie uns Frigg unter mancherlei verschiedenen Namen begegnet, so auch Freyja. Aus einzelnen Stellen könnte man herauslesen, daß Odin auch Freyja einmal zur Frau hatte. Doch das Urwesen der Niördstochter ist das einer Erdgöttin, die mit dem Himmelsgott vermählt die Welt beherrscht, und wohl erst in späteren Zeiten hat man in ihr eine jungfräuliche Gottheit der Liebe und des Frühlings gesehen. In einer alten Sage heißt die Göttin Syr, und es wird von ihr erzählt, sie habe keinem Mann ins Angesicht schauen wollen und sich selbst geschworen, nur dem ihre Hand zu geben, der sie dazu bewegen könne, ihre Augen zu ihm aufzuheben. Der weise Odr aber, hinter dem sich vielleicht kein Geringerer als Odin verbirgt, liebte Syr. Ein Riese raubte sie, Odr befreite das Mädchen, doch vergebens bat er um einen Dankesblick von ihr. Die Göttin geriet in die Gefangenschaft eines alten Waldweibes, dessen Ziegen sie hüten mußte; wieder erlöste sie Odr, und wieder verweigerte sie ihm einen freundlichen Blick. Da verließ er die Spröde. Halbnackt und hungrig kam sie zu dem Hause, in dem Odrs Mutter wohnte, und bat um Aufnahme. Die Mutter sah wohl, daß diese Bettlerin keine Niedriggeborene war, und ließ sie ein. Bald kam auch Odr und traf alle Vorbereitungen für ein Hochzeitsfest, das er mit einer anderen Frau feiern wollte, doch nur zum Schein. Bei dem Fest mußte dann Syr eine Fackel tragen. Dabei bemerkte sie nicht, daß die Fackel heruntergebrannt

war und ihr die Hand zu verbrennen drohte. Odr aber bat das
Mädchen, sie möge ihre Hand schonen. Da blickte Syr endlich zu
ihm auf und wurde seine Gattin. Der Rest dieser Sage ist uns nicht
erhalten. Es scheint, daß Odr seine Frau eines Tages verließ, ohne
zu sagen, wohin er zog, und daß sie lange um ihn geweint hat, ihn
aber dann in einem fernen südlichen Lande wiederfand und, als
die Blumen blühten und die Vögel sangen, mit ihm in die Heimat
zurückkehrte: eine Göttin des wiederkehrenden Frühlings. Denn
in der Edda lesen wir eine ähnliche Sage von der Heimkehr aus der
Fremde. Da heißt Freyja Menglöd, ihr Geliebter aber Svipdagr, der
Tagförderer. Menglöd erwartet ihren Bräutigam in einem Schloß,
das von grimmigen Hunden bewacht und von der Waberlohe um-
schlossen wird. Da gewahrt ihr Wächter Fiölsvidr, der Vielwisser,
einen Fremdling, der sich der Burg nähert, und befiehlt ihm, sich
zu entfernen. Doch der Wanderer fragt kühn, wie er in die Burg gelangen könne. «Die öffnet sich nur für Svipdagr, den erwarteten
Bräutigam», erwidert Fiölsvidr. Da gibt sich der Wanderer als der
Erwartete zu erkennen. Freudig nimmt Menglöd ihn auf, und von
nun an werden sich die Liebenden nie mehr trennen.

DIE WALKÜREN

Weit ist gespannt
Zum Waltode
Webstuhls Wolke;
Wundtau regnet.
An Geren hat sich
Grau erhoben
Volksgewebe,
Das die Freundinnen
Odins mit rotem
Einschlag füllen.

Geflochten ist es
Aus Fechterdärmen
Und stark gestrafft
Mit Streiterschädeln;
Kampfspeere sind
Die Querstangen,
Der Webebaum Stahl,
Das Stäbchen ein Pfeil;
Schlagt mit Schwertern
Schlachtgewebe!

Walküren, ehemals wohl dämonische Wesen, sind Dienerinnen Odins, die eng mit Kampfgeschick und Schlachtentod verbunden sind (wal = Leichnam im Kampf Gefallener; küren = wählen). Hoch zu Roß reiten sie über die Walstatt und erfüllen Odins Befehle: binden und lösen Gefangene, bringen Niederlage und Sieg, entrücken die gefallenen Krieger nach Asgard. Sie sind also nicht nur gewaltige Kämpferinnen, sondern auch mitleidvolle Helferinnen. Die Gefallenen führen sie nicht nur nach Walhall, sondern auch in die Halle Vingolf, das «freundliche Haus». In Walhall gehen sie unbewaffnet und bringen den Einheriern in Odins Namen den Met. Sie werden Walvaters Töchter und Botinnen genannt, doch stammen sie vielleicht aus dem Geschlecht der Wanen. Ihrem Wesen nach sind sie den Nornen eng verwandt. Wie diese waren sie Weberinnen des Schicksals, eine von ihnen heißt Skuld, wie die jüngste der Schicksalsfrauen, und sie können sich in Schwäne verwandeln. Wenn die Walküren ihre schimmernden Schwanenhemden anziehen, schwimmen sie über die Wasser, fliegen sie durch die Lüfte in Schwanengestalt; legen sie aber diese Gewänder wieder ab, dann erscheinen sie als göttliche Jungfrauen, und wenn eine von ihnen, wie einst Brünhild, sich das Schwanenhemd rauben läßt, fällt sie in die Gewalt des Räubers. Die Walküren sind also auch Mittlerinnen zwischen der Götter- und der Menschenwelt.

Nordgermanisches Götterbild · Moorfund (Rude Eskilstrup)
(Kopenhagen, Nationalmuseum)

Eine Walküre · Relief einer norwegischen Stabkirche des Mittelalters
(Oslo, Sammlung der Universität)

Wir hören von drei oder sieben, doch meist von neun Walküren.
Unter diesen werden in den Sagen Sigrun, Sighild, Sigelind, Brünhild, Gunda, auch Thrud, Thors Tochter, genannt. Frigg-Freya erscheint unter ihnen mit dem Namen Hilde, das heißt Krieg. Nicht
alle von ihnen waren göttlicher Herkunft, sondern schöne und tapfere Königstöchter wie Brünhild und Sigrun, die Odin zu sich erhoben hat.

DIE ZWERGE

Zum Richtstuhl gingen   *Motsognir ward*
Die Rater alle,   *Der mächtigste da*
Heilige Götter,   *Aller Zwerge,*
Und hielten Rat,   *Der zweite Durin;*
Wer der Zwerge Schar   *Die machten manche*
Schaffen sollte   *Menschenähnlich,*
Aus Brimirs Blut   *Wie Durin es hieß,*
Und Blains Gliedern.   *Die Höhlenzwerge.*

Manche Sagen berichten über die Entstehung der Zwerge, die auch
Alben oder Elben hießen. Aus Brimirs Blut und Blains Gliedern,
sagt eine dunkle Eddastrophe, seien sie geschaffen worden, Mod-
sognir sei der mächtigste, Durin der zweite unter ihnen gewesen;
nach diesem Vers hat es den Anschein, als ob die Zwerge auch als
Schöpfer der Menschen galten. In anderen Berichten heißt der
Vater der Zwerge Ivaldi. Wiederum in anderen Sagen hören wir, im
Fleisch des getöteten Riesen Ymir hätten sich Würmer gebildet,
und daraus hätten die Asen das Zwergengeschlecht geschaffen.
Zwei Arten solcher winzigen Wesen gibt es in der Welt: die wunderschönen, zierlichen, guten und hilfreichen Lichtelben, Freyrs
Untertanen, und die häßlichen, ja krüppeligen, bösen und heim-
tückischen Schwarzelben. Von den Zwergen glaubt man, daß sie
das Wetter machen, die Kräuter sprießen lassen, in der Tiefe der
Erde Gold hämmern und Edelsteine schleifen, wie wir denn oft

lesen, daß sie wunderbar geschickte Handwerker sind. Den Menschen bleiben sie meist unsichtbar, denn sie besitzen Tarnkappen; wenn aber ein Sterblicher sich der Tarnkappe bemächtigt, wie das Sigfrid mit Alberich gelang, dann gerät der Zwerg in seine Gewalt. Oft erschrecken die Alben Menschenkinder durch plötzliches Erscheinen oder ängstigen sie im Traum; darum reden wir noch heute vom Alpdruck. Man sagt ihnen nach, daß sie Kinder rauben, die ihnen gefallen, und dafür Wechselbälge in die Wiege legen. Als König der Elben gilt in manchen Märchen Oberon, in anderen werden uns Alberich, Laurin, Goldmar, Giebich und Heiling genannt. Als Wichtelmännchen und Bützenmänner lebt das vielgestaltige Zwergengeschlecht in der Volkserzählung fort. Es gibt auch besondere Wasser- und Waldelben; die einen kennen wir noch als Neck und Nix, als Wassermann und Mummel, die anderen als Waldschrate und Moosweiblein. Aus der Familie der hilfreichen elbischen Hausgeister stammen die Heinzelmännchen und die Kobolde, doch auch die bösen Poltergeister und Trolle, dazu das Rumpelstilzchen. Der Klabautermann ist ein Zwerg, der in den Schiffen sein Wesen treibt. Verwandt mit den Wasserelben sind die Nixen: liebliche Mädchen, in denen die verführende Macht des Wassers Gestalt wird. Wie sie Menschen zu sich in die Tiefe hinabgelockt haben, davon erzählt manche Sage, darunter die alte rheinische von der Loreley, und deutlich wird dadurch, daß diese schönen Geschöpfe einst auch als Seelengeleiterinnen und Todesmächte galten. Sie können wie alle Elben ihre Erscheinung wandeln, gehen unbemerkt um, doch wer um die Art weiß, erkennt sie an dem feuchten Streifen, der ihre Kleider säumt. Die Nixen der See heißen auch Meerminnen. Starke prophetische Gaben sind all diesen Wasserwesen eigen. In den Märchen hören wir auch von den Zwerg- und Elfenköniginnen, unter denen Titania die berühmteste ist, und vom Spiel der Elfenkinder. Goethes Erlkönig, der Nebelgeist, ist ein Elbenfürst.

DIE RIESEN

Aus dem Eliwagar
Flogen Eistropfen.
Aus den Tropfen ein Thurse wuchs.
Unsre Sippen
Stammen dort alle her,
Darum ist's ein schlimmes Geschlecht.

Das Geschlecht der Riesen, so erzählen die Ursprungssagen der Edda, ist älter als das der Asen. Die Riesen werden Thursen (von thurs) oder Jöten (von jötunn) genannt. Während die alten Thursen, die Frost- und Reifriesen, im Blut des getöteten Ymir ertranken, zeugten Bergelmir und sein Weib, die sich allein aus dieser Flut retteten, das neue Geschlecht der Reifriesen. Sie hausen in Jötunheim, das auch Utgard genannt wird und gleichbedeutend ist mit der Welt am äußersten Rand von Midgard, zunächst im Osten gelegen, nach späteren Vorstellungen im Norden. Da sie uralter Abkunft sind, besitzen viele von ihnen jene Urzeitweisheit, die Odin unablässig sucht: so jener Vafthrudnir, den Walvater befragte, Mimir, das Gestalt gewordene Gedächtnis, und die wahrsagende Wala. Aber die Riesen sind die Todfeinde der Asen. Großartige Sagen erzählen von den Kämpfen zwischen ihnen und den Göttern, unter denen vor allem Thor ein erbitterter Gegner und Überwinder einzelner Riesen ist. Sturm- und Gewitterriesen sind Thiassi und Thrymr, die der Donnergott überwand, auch Beli, Gerds Bruder, den Freyr tötete, ist ein solcher. Ein Waldriese war Witolf. Der Herr der Meere ist Ägir, der Grauenhafte; er trägt den Ägirshelm, den kein Mensch schauen kann, ohne vor Schrecken zu versteinern. Sein Vater heißt Forniotr. Die Winde werden Forniots Verwandte genannt, Logi, das Feuer, und Kari, der Windbeherrscher, gelten als seine Söhne. Ägirs Frau aber war Ran, die die Ertrunkenen mit einem Netz in die Tiefe zieht. Sie hat ihrem Gatten neun Töchter geboren. Ein Steinriese war Hrungnir, ein Blitzriese Geirrödr; diese fällte Thor mit seinem Hammer. Der König der Feuerriesen aus

Muspellsheim ist Surtr mit dem flammenden Schwert. Der gewaltigste unter den Riesen aber heißt Utgardloki; ihn konnte nicht einmal der Donnergott überwinden. Unter den Riesinnen nennen die Sagen Gunlöd und Gerdr, dazu Bestla, Odins Mutter, und manche andere. Am Tage der Götterdämmerung wird dieses Urgeschlecht mit den Asen den Endkampf kämpfen.

THOR UND THRYM

Da sagte Thrym,
Der Thursen König:
«Bringt den Hammer,
Die Braut zu weihn!
Leget Miölnir
Der Maid in den Schoß!
Mit der Hand der War
Weiht uns zusammen!»

Das Herz im Leibe
Lachte da Thor,
Als der Hartgemute
Den Hammer sah:
Erst traf er Thrym,
Der Thursen König;
Der Riesen Geschlecht
Erschlug er ganz.

Thors Gattin Sif hatte wunderbares goldenes Haar. Doch der listige Loki schnitt ihr diese Locken insgeheim ab. Als Thor das erfuhr, wäre Loki bestimmt nicht mit dem Leben davongekommen, wenn der Feuergott nicht versprochen hätte, daß er von den Schwarzelben neues Goldhaar für Sif verschaffen werde. Und er verschaffte es auch. Drei Wunderwerke erhielt er von den Zwergen; außer dem Haar eine nie fehlende Lanze, Gungnir, und ein Segelschiff, Skidbladnir, dem der Wind immer und allerorten günstig weht, das alle Asen auf einmal fassen und das man dennoch zusammenfalten und in die Tasche stecken kann. Mit diesen drei Werken kam der Gott zu dem Zwerge Brock und wettete seinen eigenen Kopf darum, daß Sindri, Brocks kunstvoller Bruder, nicht fähig sei, drei so köstliche Dinge wie diese zu schaffen. Brock nahm die Wette an. Sindri tat eine Schweinehaut ins Feuer und befahl seinem Bruder, den Balg so lange zu blasen, bis er die Haut wieder aus der Esse hervorholen werde. Und Brock blies unentwegt, obwohl sich Loki in eine Bremse verwandelte und ihn schmerzhaft in die Hand stach, bis Sindri einen Eber mit goldenen Borsten, den Gullinbursti, aus dem Feuer zog. Nun tat Sindri Gold in die Flammen. Und wieder blies Brock, obwohl ihn die Bremse in den Hals stach, bis der herrliche Ring Draupnir geschmiedet war. Zuletzt legte Sindri Eisen ins Feuer. Während aber Brock blies, stach ihn die Bremse so schmerzhaft ins Lid, daß der Zwerg nach ihr schlug und der Balg einen Augenblick stille stand. Darum wurde das dritte Werk, der Hammer Mjöllnir, nicht so vollkommen wie die beiden anderen, denn der Stiel war zu kurz geraten, und so entstand Streit zwischen Brock und Loki, wer die Wette gewonnen habe. Odin, Thor und Freyr sollten nun diesen Streit entscheiden. Da gab Loki Odin den nie fehlenden Speer, Thor das Goldhaar für Sif, Freyr das Wunderschiff. Brock aber gab Odin den goldenen Ring und sagte, daß jede neunte Nacht von diesem Ring acht ebenso kostbare Ringe abtropfen würden; er gab Freyr den Eber und sagte, das Tier werde über Land und Meer laufen, schneller als das schnellste Roß, und mit seinen goldenen Borsten den finsteren Wald und die dunkelste Nacht erhellen; doch dem Thor gab er Mjöllnir. Die Götter aber entschieden, daß der Hammer, der immer wieder in die Hand des Werfenden zurückkehrt, von all diesen Wunderwerken das kostbarste sei und daß Loki seinen Kopf verwettet habe. Da floh Loki. Zwar holte Thor ihn ein, lieferte ihn Brock aus, doch als sich der Zwerg anschickte, dem Gott den Kopf abzuschneiden, sagte der Listige: «Ich weiß, der Kopf gehört dir, aber nicht der Hals.» Der Zwerg wußte nicht, was er darauf antworten sollte, und ließ Loki leben, aber aus Rache nähte er dem Gott die Lippen zusammen, die diese schlauen Worte gesprochen hatten. Von da an wurde Mjöllnir Thors kostbarster Besitz. Da träumte der Donnergott eines Nachts, ein Riese habe ihm den Hammer geraubt, und wirklich, als er erwachte, fand er ihn nicht mehr. Loki aber versprach, ihm die Waffe zurückzugewinnen, wenn ihm Freyja ihr Falkenhemd leihe. Die hohe Göttin willigte ein, und so flog Loki ins Riesenland Jötunheim zu Thrym, dem gewaltigen König der Thursen. Der hatte den Hammer gestohlen, doch wollte er ihn unter der Bedingung zurückerstatten, daß man ihm Freyja zur Frau gebe. Da sich Freyja

voller Zorn weigerte, Thryms Gattin zu werden, riet der Gott
Heimdall zu einer List: Thor solle sich als Braut verkleiden und
sich selber bei Thrym den Hammer holen. Der Thursenkönig freute sich nicht wenig, als die stattliche Braut, begleitet von Loki, der
die Kleidung einer Magd trug, in Jötunheim erschien, und richtete
sogleich das Hochzeitsmahl. Freilich wunderte er sich darüber, daß
die Braut einen ganzen Ochsen, acht Lachse und alle Süßigkeiten
verspeiste, dazu drei Fässer mit Met leertrank; doch Loki sagte ihm,
Freyja habe aus lauter Sehnsucht nach dem Bräutigam acht Tage
lang weder gegessen noch getrunken. Da beruhigte sich der Riese
und wollte der Braut einen Kuß geben. Aber als er den Schleier von
ihrem Gesicht hob, schauten ihn zwei Augen so furchtbar an, daß
er erschrak. Loki erklärte auch das: vor Sehnsucht habe Freyja acht
Nächte lang nicht geschlafen. Nun befahl Thrym, daß man Mjöllnir
holen solle, um der Braut den Hammer in den Schoß zu legen und
sie damit zur Ehe zu weihen, wie es bei den Nordländern Sitte war.
So kam die gewaltige Waffe wieder in Thors Hand, und der Gott
erschlug damit Thrym und sein ganzes Geschlecht.

THOR UND THIALFI

Harbard spricht:
Hier will ich stehn
Und dich hier erwarten:
Du trafst noch keinen Zäheren
Seit dem Tode Hrungnirs.

Thor spricht:
Davon fängst du nun an,
Daß ich focht mit Hrungnir,
Dem keckdreisten Riesen,
Der einen Kopf aus Stein hatte;
Dennoch mußte er stürzen
Und in den Staub sinken.
Was tatest du derweil, Harbard?

Thor hatte einen treuen Kampf- und Waffengefährten: Thialfi. Die
Sage erzählt, wie er ihn gewann. Eines Tages verließen Thor und
Loki auf dem Widderwagen des Gottes Asgard und gelangten zu
einem Bauern. Am Abend schlachtete Thor seine Böcke und lud

den Bauern und dessen Familie zum Mahl, befahl ihnen aber, die Knochen auf die Felle der Böcke zu werfen, die er neben dem Herd ausgebreitet hatte. Und so taten sie. Nur Thialfi, des Bauern Sohn, zerbrach einen Schenkelknochen, um das Mark daraus zu verspeisen. Am Tage darauf berührte Thor die Felle mit seinem Hammer, und sofort erwachten die Tiere zu neuem Leben. Eines aber hinkte, weil der Knochen gebrochen war. Als der Gott das sah, geriet er in rasende Wut und wollte den Bauern erschlagen; doch dieser entschädigte ihn dadurch, daß er ihm seinen Sohn Thialfi und seine Tochter Röskva gab. Von da an blieben die beiden Geschwister des Gottes ständige Begleiter. Vor allem in dem gewaltigen Streit, den Thor gegen Hrungnir bestehen mußte, wurde Thialfi sein Kampfgenosse. Dieser Hrungnir war König der Steinriesen in Jötunheim. Einst kam Odin zu ihm. Der Gott aber und der Riese gerieten in einen Wortstreit darüber, wessen Pferd schneller sei: der achtbeinige Sleipnir oder Hrungnirs Roß Gullfari, und veranstalteten einen Wettlauf, bei dem Odin zwar siegte, aber auch der Steinriese so rasch ritt, daß er gar nicht bemerkte, wie er über die Himmelsbrücke Bifröst geritten und plötzlich mitten in Asenheim war. Die Götter nahmen ihn gastlich auf und gaben ihm zu trinken, doch der Riese betrank sich und prahlte laut, er werde Walhall samt Freyja und Sif nach Jötunheim schleppen, die anderen Asen aber umbringen. Da riefen die Götter nach Thor, und der Gewaltige wäre gleich auf Hrungnir losgegangen, wenn das Gastrecht den Riesen nicht noch geschützt hätte. Darum vereinbarte man einen Zweikampf; jeder der Streiter sollte dabei von einem Mitstreiter begleitet sein. Thor kam mit Thialfi. Den Hrungnir aber begleitete Mökkurkalfi, ein Ungetüm, das die Riesen, neun Meilen hoch und drei Meilen breit, aus Lehm geformt und dem sie ein Stutenherz eingesetzt hatten. Als der Riese den Gott erblickte, schleuderte er ihm seine steinerne Keule entgegen, Thor aber warf Mjöllnir. Die beiden Waffen trafen einander in der Luft. Da sprang die Keule in tausend Stücke: von ihr stammen alle Wetzsteine der Welt. Dann schlug Thors Hammer in Hrungnirs Haupt und tötete den Steinriesen, während Thialfi den Lehmriesen besiegte. Doch auch der Donnergott war von einem Splitter getroffen worden und gestürzt;

dabei kam er unter das Bein des Riesen zu liegen und konnte sich nicht aus dieser Lage befreien, bis sein riesenstarkes Söhnchen Magni kam und das Bein einfach beiseiteschob. Doch der Steinsplitter in seiner Stirn schmerzte den Gott. Da nahte die Zauberin Groa, um mit Sprüchen den Splitter zu entfernen. Um sie zu erfreuen, erzählte ihr der Ase, er habe, als er durch die Elivagar, die Eisströme, gewatet sei, ihren Gatten Aurwandil als Stern an den Himmel geworfen. Aurwandill kehre eben heim. Vor Freude darüber vergaß die Zauberin ihre Sprüche, so daß der Splitter in Thors Stirne steckenblieb.

THOR UND HYMIR

Der Kräftige kam
Zum Kreis der Götter
Und hatte bei sich
Hymirs Kessel;
Nun mögen die Asen
Bei Ägirs Bier
Wacker trinken
Den Winter hindurch.

Als Thor auszog, um die Midgardschlange, seine furchtbare Feindin, zu töten, kam er zu Hymir und bat den Riesen, er möge ihn auf den Fischfang mitnehmen. Der Riese meinte zwar, Thor werde ihm keine rechte Hilfe sein, denn er sei klein und schwach, und darum wunderte sich Hymir nicht wenig, als der Gott den größten Ochsen in Hymirs Herde packte und ihm den Kopf abriß, um ihn als Köder an seiner Angel zu befestigen; und noch erstaunter war er, als er sah, wie gewaltig sich Thor in die Ruder legte. So gelangten sie auf die hohe See hinaus und, trotz Hymirs Warnung, bis dorthin, wo die Midgardschlange haust. Da warf Thor seine Angel aus. Die Schlange biß in den Köder, der Ase riß sie empor, und der gewaltige Kampf begann. Hymir erzitterte. Gerade wollte Thor mit seinem Hammer dem Ungeheuer den Kopf zerschmettern, da zerschnitt der Riese mit einem Messer die Angelschnur, und die Schlange glitt in die See zurück. Aus Wut darüber schleuderte Thor den Hymir mit einem solchen Schlag ins Meer, daß nur noch die Fußsohlen des Riesen aus der Flut emporragten. Anders erzählt uns die Edda dies Abenteuer des Donnergottes. Ägir, so hören wir da, hatte einmal den Asen versprochen, sie zum Trunk in seinen Saal zu laden, doch er hielt sein Versprechen nicht. Als Thor ihn deswegen mahnte, antwortete der Meeresgott, daß es ihm für so viele Gäste an einem Braukessel fehle, der groß genug sei. Da zogen Thor und Tyr aus, um den meilentiefen Kessel zu holen, der Tyrs Stiefvater Hymir gehörte. Sie trafen den gewaltigen Frostriesen nicht in seiner Burg, wohl aber dessen neunhundertköpfige Großmutter und Tyrs Mutter, eine wunderschöne Frau mit goldenen Haaren, die ihren Gatten haßte. Grimmig musterte die Alte die Gäste, doch Hymirs Weib verbarg die beiden hinter einem Pfeiler der Halle. Als aber der Frostriese heimkam, verriet ihm die Alte das Versteck. Vor seinem eisigen Blick barst der Pfeiler, und es wäre den beiden Göttern schlecht ergangen, wenn Thors Hammer den Unhold nicht gefügig gemacht hätte. Am folgenden Tage zogen dann Hymir und Thor auf den Fischfang und in den Kampf gegen die Midgardschlange; doch erzählt die Edda, nicht nur der Gott sei von dieser gefährlichen Fahrt heimgekehrt, sondern auch der Riese, und sie hätten unterwegs zwei Walfische gefangen. Aber statt nun das Schiff am Ufer festzubinden und die Wale einzeln heimzutragen, wie es ihm Hymir befahl, nahm Thor das Fahrzeug und die beiden Fische einfach auf die Schultern und trug sie in die Riesenburg. Dort sagte dann Thor dem Hymir, warum er gekommen sei. Der Riese erwiderte, der Ase solle einmal seine Kraft versuchen und die vor ihm stehende Trinkschale zerbrechen, dann wolle er ihm den Kessel geben. Thor schleuderte die Schale gegen einen Pfeiler, doch Säule und Mauern zerbrachen, die Schale nicht. Da raunte Tyrs goldhaarige Mutter dem Donnergott ins Ohr: «Hymirs Schädel ist härter.» Und wirklich, als Thor die Schale gegen Hymirs Schädel warf, zersprang sie. Nun mußte ihm der Frostriese den Kessel geben; Thor stülpte ihn sich über den Kopf,

und beide Asen machten sich auf den Heimweg. Plötzlich aber erhob sich hinter ihnen unheimlich wildes Getöse: ein gewaltiges
Heer von Frostriesen, das, von Hymir geführt, aus allen Abgründen
und Höhlen der Eisgebirge hervorbrach, stürmte heran und wollte ihnen den Kessel wieder abnehmen. Eine ganze Nacht hindurch
kämpften die Götter mit ihnen. Doch Thors Hammer sandte die
Unholde wieder hinab zur Niflhel, aus der sie gekommen waren,
und das aufgehende Morgenrot zeigte den beiden Asen den Heimweg nach Asgard. Hymirs Kessel aber brachten sie in die Halle
Ägirs, der nun die Götter alle zu festlichem Gelade lud.

THOR UND UTGARDLOKI

Harbard spricht:
Thor hat Kraft genug,
Doch keinen Mut:
Vor Schrecken und Herzensangst
Wurdest du in einen Handschuh gestopft,
Und nicht trautest du dich, Thor zu sein.
Da wagtest du nicht einmal
Vor lauter Angst
Zu niesen ...

Einmal zog Thor mit Loki und Thialfi nach Utgard an die äußer-
ste Grenze von Jötunheim. Gegen Abend kamen sie in eine Hütte
und legten sich darin zur Ruhe nieder. Mitten in der Nacht er-
schütterte ein Erdbeben ihre Behausung, so daß sie sehr erschra-
ken. Als es aber Tag wurde, entdeckten sie einen gewaltigen Riesen,
von dessen Schnarchen das Erdbeben herrührte. Kaum erwacht,
fragte er nach seinem Handschuh. Da zeigte sich, daß der Riesen-
handschuh die Hütte war, in der Thor und seine Gefährten über-
nachtet hatten. Der Riese nannte sich Skrymir, das heißt der Prah-
ler, und bot sich den Asen als Begleiter an. Sie wanderten mit ihm
den ganzen Tag über. Als es dunkel wurde, gab Skrymir dem Thor

seinen Reisesack mit den Speisevorräten und schlief auf der Stelle ein. Doch Thor vermochte es nicht, den Riemen des Sackes zu lösen, und ergrimmte so sehr darüber, daß er einen gewaltigen Schlag nach Skrymirs Schläfe führte. Der aber erwachte kaum und fragte nur aus dem Halbschlaf heraus, ob ihm ein Blatt auf den Kopf gefallen sei. Und wieder schlug Thor zu, diesmal noch kräftiger, und wieder erwachte der Riese kaum und sagte nur, es werde wohl eine Eichel vom Baum gefallen sein. Und zum dritten Male führte Thor seinen Streich, so gewaltig diesmal, daß Mjöllnir bis an den Schaft in Skrymirs Schädel drang; der aber erhob sich ruhig, rieb sich die Stirne und meinte, nistende Vögel hätten ihm ein Zweiglein an den Kopf geworfen. Dann verließ er die Wanderer. Gegen Mittag erreichten die drei eine mächtige Burg, die groß und glänzend wie ein Eisberg dastand. Sie gehörte Utgardloki, dem Riesenfürsten. Schon von weitem brüllte er den Ankömmlingen entgegen: «Was wollt ihr, Wichte? Zeigt eure Kunst!» Loki rühmte sich, wie viel er essen könne, doch als er mit Logi, Utgardlokis Koch, um die Wette aß, schlang der Koch nicht nur seinen Anteil am Fleisch, sondern auch die Knochen und den Trog mit hinunter, so daß er Sieger wurde. Thialfi rühmte sich, wie schnell er laufen könne, wurde aber im Wettkampf von einem Jüngling namens Hugin rasch geschlagen. Dann wollte Thor seine Kunst zeigen. Ein Horn mit Met wurde ihm gereicht, das er in einem Zuge mühelos zu leeren glaubte: nach dreimaligem Trinken hatte er kaum einige Zoll fortgetrunken. Eine Katze hieß man ihn aufheben, und er meinte, er werde sie einfach an die Decke schleudern: es gelang ihm kaum, sie vom Boden zu lüpfen. Da forderte er die Riesen zum Ringkampf heraus: man hieß ihn sich mit Elli, Utgardlokis steinalter Amme, messen, und fast unterlag er der Greisin. Da sagte der Riesenfürst, nun sei es genug mit dem Spiel, und bewirtete die Gäste auf das festlichste. Am folgenden Tage begleitete er sie dann an die Grenze von Riesenheim, und ehe er sich verabschiedete, erklärte er ihnen, was sie erlebt hatten. «Ich selbst», so sagte er, «war Skrymir. Deine Schläge, Thor, fuhren in einen vorgeschobenen Berg, in den sie tiefe Täler gefurcht haben. Logi ist die alles verzehrende Flamme, Hugin der pfeilschnelle Gedanke. Das Trinkhorn war mit dem Weltmeer verbunden, in dem dein gewaltiges Trinken nun zum ersten Male Ebbe und Flut hervorgerufen hat. Die Katze ist die Midgardschlange gewesen, die du fast vom Grunde der See emporrissest. Die Amme Elli aber ist das schleichende Alter, dem niemand widersteht.» Nach diesen Worten verschwand Utgardloki höhnisch lachend im Nebelgewölk. Die drei Asen kehrten nach Asgard zurück, nachdem sie sich davon überzeugt hatten, daß im Riesenland selbst der Macht und Stärke des Donnergottes Grenzen gesetzt sind.

THOR UND GEIRRÖDR

Thor spricht:
Wachse nicht, Wimur,
Da ich dich durchwaten muß
Nach der Riesen Reich!
Wisse, wenn du wächst,
So wächst mir Asenkraft
Wie der Himmel so hoch!
Einmal brauchte
Ich all meine Kraft
In der Riesen Reich,
Als Gialp und Greip,
Geirröds Töchter,
Mich himmelan heben wollten.

Loki flog einmal in Freyjas Falkengewand nach dem Gehöft des Riesenfürsten Geirrödr und ließ sich neugierig auf dem Fenstersims des Hauses nieder. Der Riese aber befahl einem Diener, den seltsamen Vogel zu haschen, und da Loki auf Geirröds Frage, wer er sei, keine Antwort gab, wurde er drei Monate ohne Nahrung eingesperrt, bis er sich dazu bequemte, seinen Namen zu nennen. Der Riese freute sich nicht wenig darüber, einen Asen gefangen zu haben, und ließ Loki erst wieder frei, als ihm dieser versprach, Thor, den Riesentöter, ohne seinen Hammer und auch sonst waffenlos in

Geirröds Haus zu bringen. Lange brauchte Loki, um Thor zu überreden, daß er ohne Mjöllnir auszog; endlich gelang es ihm doch.
Unterwegs kehrten die zwei bei dem Riesenweib Grid ein, das Thor
vor Geirrödr warnte und ihm zum Schutz ihren eigenen Stärke-
gürtel, ihren Stab und ihre Eisenhandschuhe lieh. Dann kamen die
Asen an den Strom Vimur, den Gialp, Geirröds Tochter, reißend
hatte anschwellen lassen. Thor verjagte sie, indem er einen Felsblock nach ihr warf, und gelangte so endlich in Geirröds Haus. Dort
setzte er sich ermüdet auf einen Stuhl, wurde aber mit diesem so
rasch emporgehoben, daß er an der Decke des Saales zerdrückt
worden wäre, wenn er nicht Grids Stab gebraucht und damit den
Stuhl wieder zu Boden gestemmt hätte. Da hörte er grauenhaftes
Jammergeschrei: Geirröds Töchter Gialp und Grip, die sich unter
dem Stuhle versteckt und ihn emporgehoben hatten, um den Gott
auf diese Weise zu töten, lagen mit zerschmetterten Gliedern auf
der Diele. Hierauf kam ein Knecht und lud Thor zum Waffenspiel.
In einer Halle, an deren Wänden Flammen emporzüngelten, trat
ihm Geirrödr entgegen und schleuderte einen glühenden Eisenkeil
nach ihm, doch der Ase fing den Keil mit Grids Eisenhandschuh auf
und warf ihn so gewaltig zurück, daß er durch den ehernen Pfeiler
des Saales dem Blitzriesen tief in die Brust drang. Geirrödr aber
wurde zu Stein, und diesen Stein richtete Thor zum Zeichen seines Sieges und seiner göttlichen Macht auf. Doch vor Odins Macht
muß selbst der Donnergott weichen: davon erzählt das alte Har-
bardslied. Einmal, so hören wir da, kam Thor an einen Sund, der
ihm den Weg versperrte. Am andern Ufer sah er einen Fährmann
und rief ihn, damit er ihn übersetze. Der Fährmann, der sich selbst
Harbard nannte, wies ihn voller Verachtung zurück. Da rühmte
sich der Donnergott seiner Abstammung und seiner Taten: er habe
Hrungnir besiegt und die Augen des Riesen Thiassi als Sterne an
den Himmel geschleudert. Harbard erwiderte barsch: «Hast du
dich nicht einmal feige in eines Riesen Handschuh versteckt? Du
bist nur der Gott der Knechte. Odin aber ist der Gott der Fürsten,
die im Kampf fallen. Geh lieber nach Hause und versuche deine
Stärke an dem, der dein Weib Sif mit Werbung bedrängt.» Und
soviel Thor auch drohte, er mußte unverrichteter Dinge abziehen.

Doch als er sich umsah, hatte sich der Fährmann verwandelt: er trug einen Goldhelm, eine leuchtende Rüstung und statt des Ruders einen Speer. Odin selbst hatte den Thor seine göttliche Macht fühlen lassen.

DIE SCHULD DER ASEN

Nur Thor schlug zu,
Zorngeschwollen:
Selten sitzt er,
Wenn er solches hört;
Da wankten Vertrag,
Wort und Treueschwur,
Alle Eide,
Die sie ausgetauscht.

Schon einmal hatten die Asen schwere Schuld auf sich geladen: als sie, von Gullveig verführt, nach dem Golde der Wanen begehrten. Da kam der Krieg in die Welt. Doch Allvater stiftete Frieden, und der dauerte lange Zeit, wir wissen nicht wie lange. Aber schlimmer noch verstrickten sich die Götter in Schuld, als sie den Schwur brachen, den sie bei der rächenden Hel geschworen hatten. Das geschah, als sie, um sich vor dem drohenden Einfall der Eis- und Feuerriesen zu schützen, Asgard mit einem hohen Wall umgeben wollten. Ein Riese versprach ihnen, dies Werk in einem Winter zu vollenden, wenn die Götter bereit seien, ihm nach getaner Arbeit Freyja zur Gattin zu geben. Das gelobten sie ihm bei der Hel, denn sie glaubten nicht, daß so kurze Zeit genügen werde, um den Bau aufzurichten. Der Riese aber war der Winter selbst, und sein Roß Svadilfari, das heißt der Eisfahrer, trug die Steine so rasch und in solchen Mengen herbei, der gewaltige Baumeister türmte sie so schnell empor, daß der Bau drei Tage vor Winters Ende so gut wie vollendet war. Da zitterten die Asen um Freyja und flehten Loki um Rat an. Der aber verwandelte sich in eine Stute und lockte den

Hengst Svadilfari in den Wald, wo die beiden miteinander Sleipnir, Odins achtbeiniges Roß, zeugten. Inzwischen kam der Mauerbau nicht voran, der Riese sah sich betrogen, und er hätte in seinem Zorn über die Hinterlist der Asen den ganzen Wall in Stücke geschlagen, wenn nicht Thor den Göttern zu Hilfe gekommen wäre. Der aber tötete den Baumeister mit seinem Hammer: so luden die Asen den furchtbarsten Eidbruch auf sich.

IDUNS SCHEIDEN

Da ritt Odin
Ostwärts vors Tor,
Dort wo er wußte
Der Wölwa Hügel.
Ein Wecklied sang er
Der Weisen da,
Bis auf sie tauchte
Totenwort sprach:

«Wer ist der Mann,
Mir unbekannt,
Der mir vermehrt
Mühvollen Weg?
Regen schlug mich,
Bereift war ich
Und taubeträuft:
Tot war ich lange.»

Böse Zeichen kündeten den Göttern Schlimmes. Die Weltesche Yggdrasill welkte, kein Lied erklang mehr im Gezweig des Weltenbaumes, und das Wasser des Lebens vertrocknete, denn Idun, die Göttin der Jugend, die Yggdrasill mit dem Met Odrœrir, dem «Rauschtrank», begossen hatte, war verschwunden und weilte in den finstern Wäldern der Hel. Vergebens sandte Odin seinen Raben Hugin nach ihr aus, vergebens auch Heimdall, den himmlischen Wächter, den listigen Loki und Bragi, Iduns trauernden Gatten: die Liebliche kehrte nicht zurück, und auch Bragi, der sich nicht von ihr losreißen konnte, blieb in der Unterwelt. So verschwanden die Jugend und die Lieder aus Asgard, Trauer und Sorge kehrten unter den Göttern ein. Frigg aber träumte einen bösen Traum: sie sah, wie Hel Balder, ihren Lieblingssohn, entführte. Und auch Balder träumte Böses. Da zog Odin selbst zur Unterwelt hinab, um sich gewisse Kunde zu holen, und beschwor Vala oder Völva, die unterweltliche Seherin, aus ihrem Grab. «Ich bin Wegtam, der Wegkundige», sagte Odin, «Waltams, des Schlachtenkundigen, Sohn. Wen erwartet man in der Hel?» Und die Vala erwiderte: «Balder, den Guten. Hödr wird ihn töten, Vali wird ihn rächen.» Da wußte Odin viel. Doch er wollte auch den Namen des Weibes wissen, das nicht um Balder weinen würde. An dieser Frage, in der etwas lag, was erst nach Balders Tod sinnvoll werden sollte, erkannte die Vala den Gott. «Du bist nicht Wegtam», sagte sie, «du bist Odin, der Allwissende. Du allein konntest mich zur Rede zwingen. Nun aber werde ich schweigen, bis sich der Götter Schicksal erfüllt.»

BALDERS TOD

Ich sah Balder,
Dem blutenden Gott,
Odins Sohne,
Unheil bestimmt:
Auf hohem Stamm
Stand gewachsen
Der Zweig der Mistel
Zart und schön.

Ihm ward der Zweig,
Der zart erschien,
Zum herben Harmpfeil:
Hödur schoß ihn;
Und Frigg weinte
In Fensals Heim
Um Walhalls Weh –
Wißt ihr noch mehr?

Doch trotz Valas Weissagung erfüllte die Götter neue Hoffnung. Denn Frigg hatte alle Geschöpfe, die im Himmel und auf Erde sind, Riesen und Elben, Menschen, Tiere und Pflanzen, einen heiligen Eid schwören lassen, daß sie Balder niemals etwas antun würden. Und jede Waffe, die man gegen Balder richtete, um den neuen Bund zu erproben, verfehlte ihr Ziel, nichts schien dem lichten Gotte etwas anhaben zu können. Ja es wurde zum Spiel unter den Asen, Geschosse nach Balder zu werfen, die ihn nicht trafen. Lautes La- chen erfüllte bei diesem Spiel die himmlischen Hallen. Nur Frigg hielt sich abseits, und als, scheinbar zufällig, ein altes Weib in ihr Schloß kam, fragte die Göttin erstaunt, was dieses Lachen bedeu- te. «Hast du nicht alle Geschöpfe schwören lassen, dem Balder nicht zu schaden?» fragte die Greisin. «Darüber freuen sich die Götter. Aber es mag ein mühseliges Geschäft für dich gewesen sein, und es nimmt mich wunder, ob du dabei keines vergessen hast.» «Nur um die unbedeutende Mistel über Walhalls Tor», erwiderte Frigg, «kümmerte ich mich nicht. Die schien mir zu schwach.» Da wußte Loki, der die Gestalt dieses alten Weibes angenommen hatte, was er wissen wollte. Er schnitt einen Speer aus der Mistel, gab diesen dem blinden Hödr, der sich bis dahin nicht am Spiel der andern Götter beteiligt hatte, und führte ihm die Hand, so daß er die Waffe nach Balder schleuderte. Tödlich getroffen sank der lichte Gott zusammen, gemordet vom eigenen Bruder, und was die Vala gewahrsagt, hatte sich grausam erfüllt.

BALDERS BESTATTUNG

Odin spricht:
Viel erfuhr ich,
Viel erforschte ich,
Viel befragt ich Erfahrene:
Was sagte Odin
Dem Sohn ins Ohr,
Eh man auf den Holzstoß ihn hob?

Wafthrudnir spricht:
Nicht einer weiß,
Was in alten Tagen
Deinem Sohn du gesagt!
Verfallen dem Tod,
Erzählte ich Vorzeitkunde
Und von der Asen Untergang!
Mit Odin maß ich
Mein Allwissen:
Du bleibst der Wesen Weisester!

Die Götter hatten Hödr auf der Stelle für seine Tat strafen wollen, aber Odin wehrte ihnen: er wußte, daß der dunkle Gott nur das vorherbestimmte Schicksal vollendet hatte. Dann befahl er, Balder zu bestatten. Auf einem Seeschiff wurde ein mächtiger Holzstoß geschichtet, darauf legte man Balders Leichnam. Im Schmerz erstarrt stand Nanna neben dem Toten. Als die Brandfackel in den Scheiterhaufen fiel, brach ihr vor Jammer das Herz, und man legte ihren entseelten Leib neben den ihres Gatten. Odin aber flüsterte dem toten Sohn ein geheimes Wort ins Ohr. Niemand hat es gehört. Vielleicht war es das Geheimnis von seiner Auferstehung und von einem neuen, schöneren Leben. Doch das Totenschiff war so schwer, daß es keinem unter den Asen, Riesen und Elben, die zum Totenfest gekommen waren, gelang, es in die See hinauszustoßen. Da rief man auf Rat der Riesen ein gewaltiges Weib, Hyrokkin mit Namen, die das Fahrzeug mit einem einzigen Tritt in die Wellen stieß, so gewaltig, daß sich die Rollen, auf denen es lag, dabei entzündeten. Darüber ergrimmte Thor, und er hätte Hyrokkin erschlagen, wären die Götter nicht für sie eingetreten. Dann weihte er mit Mjöllnir den Leichenbrand; auch stieß er ein Zwerglein, Lit mit Namen, das ihm dabei zwischen die Füße kam, in die auflodernde Flamme: eine geheimnisvolle Sage, deren eigentlicher Sinn uns, wie manches am Mythus von Balders Bestattung, ganz und gar dunkel bleibt.

HERMODS HELRITT

Mit trockenen Tränen
Wird Thökk beweinen,
Daß man Baldur verbrannt;
Nicht lebend noch tot
Tat mir Liebes der Mann:
Halte Hel, was sie hat!

Niemand war so untröstlich über Balders Tod wie Frigg, seine Mutter. Auf ihre Bitte entschloß sich Hermodr, der Götterbote, mit Odins Roß Sleipnir zur Hel hinabzureiten. Neun lange Nächte ritt er, bis er an den Giöllstrom kam, wo ihm Modgudr begegnete und ihm den Weg zum verschlossenen Gitter der Totenherrscherin wies. Mutig sprang Sleipnir über dies Gitter, mitten hinein in die Schatten der Gestorbenen. Zwischen denen aber thronte Hel, und ihr zur Seite saßen auf dem Ehrensitz Balder und Nanna, schlafbefangen und welk wie verdorrende Blüten. Da näherte sich Her-

modr dem ermordeten Gotte, flüsterte ihm Trostworte ins Ohr,
verhieß ihm baldige Wiederkehr. Vergebens. Balder schüttelte
schweigsam das Haupt und wies auf Nanna, als wollte er sagen:
nimm diese mit. Doch Nanna konnte sich nicht von ihm trennen.
Nun wandte sich der Götterbote an Hel und flehte sie an, der Welt
den lichten Gott zurückzugeben. «Wenn alle Wesen um Balder weinen», antwortete die Furchtbare, «dann soll er frei sein.» Das rätselhafte Wort der Totengöttin, das Hermodr nun den Asen wie-
derbrachte, erfüllte alle Götter mit neuer Hoffnung, denn die ganze
Schöpfung weinte um Balder, und sogar die Steine erbarmten sich
seiner. Nur ein Riesenweib, Thökk mit Namen, vergoß keine einzige Träne um ihn. Und so blieb der Gott unerlöst. Wilder Haß gegen Hödr, den Mörder, erfüllte darum die Asen, doch der dunkle
Gott war schwer zu fassen, denn er wandelte in Finsternis, und ein
Zauberhemd, ein Zauberschwert schützten ihn. Da trat eines Tages
ein lichter Knabe mit strahlenden Augen in die Götterhalle: Vali,
Odins und der Rinda Sohn. Und obgleich Vali erst eine Nacht alt
war, vollendete er die Weissagung der Vala und das Werk, zu dem
ihn das Geschick ausersehen hatte: er tötete Hödr und rächte Balders Tod.

LOKIS VERDAMMUNG

Loki spricht:
Du willst es, Frigg,
Daß ich weiter noch
Hohnreden halten soll:
Mein Werk war's,
Daß du nach Walhall reitend
Den Sohn nicht mehr siehst.

Freyja spricht:
Von Sinnen bist du, Loki,
Da du selbst erzählst
Deine schlimmen Schandtaten:
Kund ist Frigg
Das Künftige all,
Wenn sie's auch selbst nicht sagt.

Die Asen waren in Ägirs leuchtender Halle versammelt. Nur Thor
und Loki fehlten. Unerwartet erschien Loki vor dem Tore, erschlug
Fimafeng, Ägirs Diener, und erzwang von Eldir, dem Zünder, Ägirs

Koch, den Eintritt in den Saal. Zwar war dort kein Platz für den Verräter, doch er berief sich auf die Blutsbrüderschaft, die ihn mit Odin verband, und man räumte ihm einen Sitz ein. Er aber war gekommen, die Götter zu lästern. Den Bragi nannte er einen Feigling und Bänkelsänger, den Tyr einen einarmigen Krüppel, warf den Göttinnen Mannstollheit, der Frigg Ehebruch vor und dem Odin, daß er den Sieg nicht nach Verdienst, sondern nach Laune verteile. Schließlich aber rühmte er sich in frechem Übermut seines Verrates an Balder. Empörung ergriff die Asen. Plötzlich erschien der gewaltige Thor. Doch auch ihn beschimpfte Loki und drohte allen Göttern mit einem baldigen Ende ihrer Herrlichkeit. Dann entschlüpfte er in der Gestalt eines Lachses. Da beschlossen die Asen, ihn zu strafen. Lange suchte Odin vergeblich nach ihm, und als er ihn fand, verschwand der Lachs in einem reißenden Bergstrom. Unmöglich schien es, ihn zu fassen. Loki aber war überschlau: er flocht Netze, um zu versuchen, ob man ihn mit einem Netz fangen könne. Dabei ertappten ihn die Asen. Zwar warf er sein Netz rasch ins Feuer, doch die Götter zogen es heraus und stellten ihm damit nach. Mit knapper Not entkam er noch einmal ins Weltmeer. Da lockte Bragi mit seinem Zauberliede einen Haifisch herbei, der den Lachs in sein eigenes Netz trieb, und so wurde der Listige endlich gefangen. Mit den Eingeweiden seines eigenen Sohnes fesselten ihn die Götter an drei scharfkantige Felsen der Unterwelt, über seinem Haupte aber befestigte Skadi eine Natter, deren Geifer auf ihn herabträufelte. Zwar saß Sigyn, Lokis Gattin, Tag und Nacht neben dem Gefangenen und fing das Natterngift in einer Schale auf, sooft aber die Schale voll war und sie das Gefäß leeren mußte, tropfte das Gift auf Loki herab und brannte ihn so qualvoll, daß er sich in Schmerzen wand und die Erde davon erzitterte. Dies Erzittern nennen die Menschen Erdbeben.

DIE GÖTTERDÄMMERUNG, DER UNTERGANG DER GÖTTER

Was gibt's bei den Asen?	*Gellend heult Garm*
Was gibt's bei den Alben?	*Vor Gnipahellir:*
Riesenheim rast;	*Es reißt die Fessel.*
Beim Rat sind die Götter.	*Es rennt der Wolf.*
Zwerge stöhnen	*Vieles weiß ich,*
Vor Steintoren	*Fernes schau ich:*
Die Weisen der Felswand –	*Der Rater Schicksal,*
Wißt ihr noch mehr?	*Der Schlachtgötter Sturz.*

Das Ende kam, denn zu viel Arges war unter Göttern und Menschen geschehen: Meineid und Mord, Ehebruch und Verletzung der Gastfreundschaft, Gier und Gottlosigkeit hatten zu lange geherrscht. Das war die Windzeit, die mit rasenden Stürmen einherging, die Wolfszeit, da wölfisches Würgen war, die Beil- und Schwertzeit, in der nur das Recht des Stärkeren galt. Der Fimbulwinter, der Winter des Schreckens, brach herein: drei volle Jahre furchtbarster Kälte verödeten die Welt. Nur Fenrir gedieh, gefüttert mit dem Mark erschlagener Eid- und Ehebrecher. Und schlimme Vorzeichen künden noch Schlimmeres: unheilvolle Gestalten durchfliegen die Lüfte, der hellrote Hahn auf Asgards Dach kräht laut, und krächzend antwortet ihm der dunkelrote auf Hels Halle. Die Wölfe Sköll und Hati fressen Sonne und Mond. Finsternis bedeckt den Himmel, und die Erde bebt. Denn Loki reißt sich von seinen Fesseln los, Fenrir befreit sich aus seinen Banden, aus dem aufbrausenden Meer erhebt die Midgardschlange ihr furchtbares Haupt. Garm, der Höllenhund, stürmt heran, ihm folgen grauenhafte Unterweltsgestalten. Die Welt ist entfesselt. Ragnarök, der Tag der Götterdämmerung, ist da mit allen seinen Schrecken. Trauernd sitzen die Nornen am welkenden Weltenbaum. Über die tosende See kommt Naglfar, das Totenschiff: es ist aus den Nägeln der Toten erbaut, weil seit langem uralter Brauch, den Gestorbenen die Nägel zu beschneiden, unfromm vernachlässigt worden war.

Loki steuert das Fahrzeug; die Frost- und Reifriesen, der Asen geschworene Feinde, sind alle mit ihm. Nun naht auch Surtr mit flammendem Schwert, ihm folgen Muspellsheims schwarze Scharen. Da stößt Heimdall gellend ins Giallarhorn. Götter und Helden sammeln sich zum letzten Kampf. In leuchtender Rüstung zieht ihnen Walvater voran. Doch unter Surts Tritten bricht die Himmelsbrücke. Und auf dem Wigridfelde, der Walstatt des Weltenringens, beginnt die entsetzliche, die letzte Schlacht. Vom Schwerte Surts getroffen, fällt Freyr, der Waffenlose. Loki und Heimdall durchbohren sich gegenseitig. Zwar zerschmettert Mjöllnir der Midgardschlange das Haupt, doch des Ungeheuers Giftatem tötet den gewaltigen Thor. Zwar erschlägt Tyr den Höllenhund, doch Garms reißende Zähne verwunden den Kriegsgott tödlich. Lange ringt Odin mit Fenrir, aber vergebens: der Rachen des Weltenwolfes verschlingt Walvater. Das ist das Ende. Die Hel klafft auf und verschlingt die Toten. In Surts Lohe verbrennt die Himmelsburg. Dann wälzt sich das Meer über die grauenvolle Verwüstung. Alles Leben erlischt, und die Welt ist öde und leer wie am Anfang der Tage.

DER NEUE TAG

Einen Saal seh ich,
Sonnenglänzend,
Mit Gold bedeckt,
Zu Gimle stehn:
Wohnen werden
Dort wackre Scharen,
Der Freuden walten
In fernste Zeit.

Doch die Götterdämmerung bedeutet nicht das Ende der Welt, denn Allvater lebt und wirkt. Jahrtausende vergehn. Da taucht eine neue Sonne aus den Fluten empor. Und kein Wolf bedroht mehr die Schöpfung, denn Vidar, Odins schweigsamer Sohn, hat mit einem Tritt seines eisernen Schuhs Fenrir getötet und den Vater gerächt. Mit Vidar kommt Vali, Balders Rächer, zurück. Und auch Balder kehrt wieder; Hödr, sein Bruder, der ihn getötet und mit dem er sich dennoch versöhnt hat, begleitet ihn. Es wölbt sich ein neuer Himmel, auf Gimles leuchtender Höhe prangt ein neuer Götterpalast. Und wieder wie in den Urzeiten der Unschuld spielen die Asen mit goldenen Tafeln. Auf Erden aber wird neues Leben: Gräser sprießen, Blumen blühn, Vögel singen. Und zwei Menschenkinder, ein Jüngling und eine Jungfrau, die nach Odins Willen den Weltenbrand in todähnlichem Schlummer überlebt, erwachen erstaunt. Von ihnen stammt das neue Geschlecht der Sterblichen.

HELDENSAGEN

SIGMUND UND SIGURD

Sigurd spricht:
Bin Sigmunds Sohn,
Sigurd heiß ich,
Doch Hiördis ist
Des Helden Mutter.
Melde, vermagst du's,
Mutterbruder,
Wie mein Leben
Verlaufen wird.

Gripir spricht:
Unterm Himmel
Wirst du der Hehrste,
Ob allen Herrschern
Hochgeboren,
Ein Goldvergeuder,
Geizend mit Flucht,
Edel zu schauen,
Gescheit in Worten.

Sigmund, der Wölsunge, hatte die schöne und kluge Hiördis, König Eylimis Tochter, zur Frau. Aber Lyngi, König Hundings Sohn, machte sie ihm streitig und überzog ihn mit Krieg. Trotz seines hohen Alters kämpfte Sigmund tapfer mit seinem Nebenbuhler, doch mitten in der Schlacht vertrat ihm Odin den Weg, vor dem Ger des Gottes zersprang das Schwert des Helden, tödlich verwundet sank er nieder. Hiördis aber, die sich im Walde versteckt hatte, kehrte auf die Walstatt zurück, als Lyngi und seine Genossen den Kampfplatz verlassen hatten. Dort reichte ihr Sigmund die beiden Stücke seines Schwertes, damit sie ein neues daraus schmiede. Dies neue Schwert, so sagte er, solle Gram heißen, und sein Sohn, mit dem Hiördis schwanger ging, solle es führen, denn er werde ein gewaltiger Held sein und mit Gram große Taten vollbringen. Bald nach Sigmunds Tod kamen fremde Seeleute an jenes Gestade, entführten Hiördis und brachten sie zu König Hialprek, der sie seinem Sohne Als zur Gattin gab. Hiördis aber gebar Sigmunds Sohn Sigurd, den die Deutschen Sigfrid nennen, «den durch Sieg Frieden Bringenden». Manche Sagen berichten freilich, seine Mutter sei nicht Hiördis, sondern Sisibe gewesen und habe kurz vor ihrem Tode das Kind in einem gläsernen Gefäß verborgen, das durch unglücklichen Zufall in einen Strom fiel, ins Meer hinaustrieb und an einer fernen Küste zerbrach. Da sei eine Hirschkuh gekommen und habe den Knaben genährt und aufgezogen. Diese Hirschkuh oder König Hialprek sollen dann Sigurd zu dem zauberkundigen Zwerge gebracht haben, der Regin, nämlich Ratgeber, hieß und bei dem der junge Held aufwuchs. Sigurd war schön und klug, vor allem aber von wunderbarer Körperkraft und stand unter Odins besonderem Schutze. Mit Walvaters Hilfe fing er sich den herrlichen Hengst Grani, der von Sleipnir abstammte, auf Regin Rat aber vollbrachte er jene gewaltigen Taten, die im Anfang seines Heldenlebens stehen.

SIGURD UND REGIN

Nun kam hierher
Der Kühnentschlossene,
Der Sohn Sigmunds,
Zu unsern Sälen;
Mut hat er mehr
Als ein alter Mann;

Warten will ich
Den Walstattfrohen;
Yngwis Erbe
Zu uns nun kam;
Der Hehrste wird er
Unterm Himmel sein,
Des Schicksals Gespinst
Umspannt die Lande.

Der gewaltige und reiche Hreidmar hatte drei Söhne: Regin, Fafnir und Ottur. Oft nahm Ottur Otterngestalt an und fing Fische in einem Fluß, in dem auch der Zwerg Andvari in Hechtsgestalt auf den Fischfang ging. Da kamen eines Tages Odin, Hœnir und Loki an jenes Wasser, und als Loki den otterngestaltigen Ottur sah, wie er einen Lachs verzehrte, tötete er ihn mit einem Steinwurf, den Balg des Getöteten aber nahm er zu sich. Als nun die drei Asen am Abend bei Hreidmar einkehrten, rühmte sich Loki seiner Beute, doch Hreidmar erkannte sofort, wer der tote Otter war, befahl Fafnir und Regin, die Mörder ihres Bruders zu fesseln, und gab sie erst wieder frei, als sie gelobten, den Otternbalg inwendig ganz mit Gold zu füllen und auswendig mit Gold zu bedecken. Loki zog darum aus, fing im Netze der Wassergöttin Ran den hechtgestaltigen Andvari und zwang ihn, das Lösegeld herbeizuschaffen. Als man den Balg damit bedeckt hatte und dennoch eine Stelle frei blieb, entriß Loki dem Andwari auch einen schätzemehrenden Zauberring und legte ihn zu dem anderen Gold. Darüber erbost, sprach der Zwerg einen Fluch über diesen Ring: wer ihn besitze, solle eines gewaltsamen Todes sterben. Und rasch erfüllte sich die Verwünschung, denn Fafnir geriet mit Hreidmar über den Besitz der Schätze in Streit und tötete seinen Vater. Dann verwandelte er sich selbst in einen furchtbaren Drachen und fuhr mit den Schätzen zur Gnitaheide, wo er den Hort hütete. So aber kam Regin um sein Erbe. Doch da Regin sah, wie stark Sigurd war, den man seiner Pflege anvertraut hatte, forderte er den jungen Helden auf, den Drachen Fafnir zu töten und den Schatz zu gewinnen. Zwei Schwerter schmiedete er ihm für diesen Kampf, aber Sigurd zerschlug sie beide an Regins Amboß. Darum zog der Sigmundssohn zu seiner Mutter Hiördis, ließ sich von ihr die beiden Stücke von seines Vaters Schwert geben und befahl Regin, daraus Gram zu schmieden. Als der Zwerg die Waffe aus der Esse zog, funkelte sie wie Wetterleuchten, und als Sigurd sie zum ersten Male schwang, spaltete er Regins Amboß damit, eine Wollflocke aber, die er in einen Strom warf und gegen des Schwertes Schneide antreiben ließ, wurde von Grams wunderbarer Schärfe entzweigeschnitten. Dann zog der Held gegen die Mörder seines Vaters, die Hundingssöhne. Er sammelte eine bewaffnete Schar und schiffte sich mit seinen Gefährten zum Kriegszug ein. Unterwegs erhob sich ein gewaltiger Sturm. Als aber Sigurd und die Seinen die Küste entlangsegelten, sahen sie auf einem Vorgebirge einen alten Mann, der um Aufnahme bat. Sie erfüllten ihm seine Bitte, und sofort beruhigte sich die See, denn der Alte war niemand anders als Odin, der Herr der Wogen, Sigurds Beschützer. Dann besiegte und tötete der junge Held Hundings Söhne in einer blutigen Schlacht und rächte den Tod seines Vaters. Bevor er aber zum Kampfe ausgezogen war, hatte er Gripir, den Bruder seiner Mutter, aufgesucht und diesen weisen Seher um seine Zukunft befragt. Dabei wurde ihm geweissagt, daß er Fafnir erlegen, den Goldhort gewinnen, Brünhild befreien, lieben und um Gudruns, Giukis Tochter, willen verlassen werde. Und was Gripir gewahrsagt hatte, erfüllte sich ganz.

SIGURD UND FAFNIR

Fafnir spricht:
Ich rate dir, Sigurd,
Den Rat nimm an
Und reit heim von hinnen;
Das gleißende Gold
Und der glutrote Schatz –
Es bringt der Hort dich zur Hel.

Sigurd spricht:
Du rietst den Rat,
Doch ich reite dorthin,
Wo der Hort auf der Heide liegt;
Du aber lieg
Im letzten Kampfe,
Bis Hel du gehörst!

Nachdem er die Vaterrache vollendet hatte, zog Sigurd gegen den Drachen Fafnir aus. Regin begleitete seinen Zögling und riet ihm, nahe der Quelle, aus der das Ungeheuer zu trinken pflegte, eine große Grube zu graben, sich darin zu verstecken und dem Lindwurm das Schwert von unten ins Herz zu stoßen. Sigurd aber mißtraute dem Rat: er fürchtete, im Blute Fafnirs, das sich in der Grube sammeln werde, zu ertrinken. Da erschien ihm Odin und befahl, die Grube mit Abzugsgräben zu versehen. Durch diese List gelang die Tat. Sterbend prophezeite Fafnir seinem Überwinder, daß ihm der Besitz des Goldhortes Unheil bringen werde. Da kam Regin herbei, schnitt Fafnir das Herz aus dem Leibe und gab es Sigurd, damit er es am Feuer röste, denn der feige Zwerg wollte es verspeisen, um sich dadurch den Mut des Drachen anzueignen. Doch als Sigurd das Herz nur berührte und den Finger, mit dem er es berührt hatte, in den Mund steckte, da verstand er die Sprache der Vögel. So hörte er, was ihm die drei Adlerinnen sagten. Die erste rief ihm zu, er solle das Drachenherz selbst verspeisen, die zweite warnte ihn vor Regins Tücke, die dritte riet ihm, den Zwerg zu erschlagen. Sigurd tat, was ihn die Vögel geheißen. Und dann ver-

nahm er auch von ihnen wunderbare Weissagungen: wie er Brünhild befreien und lieben, sie aber um Gudruns willen verlassen werde.

SIGURD UND BRÜNHILD

Brünhild spricht: *Sigurd spricht:*
Wer schnitt die Brünne?   *Der Sohn Sigmunds:*
Wie brach mein Schlaf?   *Sigurds Klinge*
Die bleiche Not,   *Löste die Zweige*
Wer nahm sie mir?   *Des Leichenvogels.*

Mit dem Goldhorte Fafnirs zog Sigurd nach Süden. Dort fand er im
Frankenlande, was ihm die Vögel geweissagt hatten: eine herrliche
Burg inmitten lodernder Flammen. Das war die Burg, in die einst
Odin Brünhild gebannt hatte. Brünhild war eine Walküre gewesen,
doch als man ihr das Schwanenhemd geraubt, einem König namens
Agnar untertan geworden. Wider den Willen Odins hatte sie dem
Agnar, als dieser mit einem Schützling Walvaters kämpfen mußte,
den Sieg verliehen. Zur Strafe dafür traf sie Odin mit dem Schlaf-
dorn und bannte sie in die von der Waberlohe umzüngelte Burg.
Zwar verhieß er der Walküre einen Erretter, doch nahm er ihr das
göttliche Wesen und machte sie zum sterblichen Weib. Dieser Erretter war Sigurd. Unerschrocken ritt er auf seinem Hengst Grani
durch die Waberlohe. Er fand Brünhild in tiefem Schlaf. Doch als
Sigurd den schweren Panzer, der ihren Leib umschloß, mit seinem
Schwerte durchschnitten hatte, erwachte sie. Leidenschaftliche
Liebe ergriff die beiden, und sie schwuren einander ewige Treue.

SIGURD UND GUDRUN

War schön als Maid,　　*So stand Sigurd*
Die Mutter erzog mich,　　*Vor den Söhnen Giukis*
Die lichte, daheim,　　*Wie grüner Lauch,*
War hold den Brüdern,　　*Der im Grase wächst,*
Bis Giuki mich　　*Wie der hohe Hirsch*
Mit Gold beschenkte,　　*Von hurtigem Wild,*
Mit Gold beschenkte　　*Wie glutrotes Gold*
Und Sigurd gab.　　*Vor grauem Silber.*

König Giuki, der am Rhein herrschte, und seine Gattin Krimhild hatten drei Söhne: Gunnar, Guttorm und Högni, dazu eine schöne Tochter, Gudrun mit Namen. Als nun Sigurd auf seinen Fahrten an Giukis Hof kam, wohl empfangen wurde, bald auch mit Gunnar und Högni Blutsbrüderschaft schloß und in mancher Schlacht an ihrer Seite focht, kam Krimhild auf den Gedanken, ihre Tochter Gudrun dem Helden anzutrauen. Doch weil sie wußte, daß Liebe und Schwur Sigurd an Brünhild banden, reichte sie ihm einen Vergessenstrank, so daß Sigurd die Walküre vergaß und von nun an Gudrun liebte. Da beschloß man, an Giukis Hof eine Doppelhochzeit zu feiern. Denn Gunnar wünschte sich Brünhild zur Frau, von der er wußte, daß sie nur dem Manne folgen werde, der mutig genug sei, durch die Waberlohe zu ihr zu dringen. Da aber Gunnar dieser Mut fehlte, nahm Sigurd die Gestalt seines Blutsbruders an und vollbrachte zum zweiten Male die Heldentat. Dann nahm er Brünhild zum Zeichen der Verlobung den verhängnisvollen Ring Andvaranaut ab, den sie einst selbst von ihm empfangen hatte, und gab ihr dafür einen anderen Reif aus Fafnirs Schatz. Doch als er das Lager mit ihr teilte, legte er zwischen sich und Gunnars Braut sein scharfes Schwert. Bei der festlichen Doppelhochzeit aber, die darauf an Giukis Hofe gefeiert wurde, sah Brünhild Sigurd an Gudruns Seite. Sie schwieg, von leidenschaftlichem Schmerz ergriffen, und in ihrem Herzen bewegten sich Rachegedanken.

SIGURDS TOD

Gunnar spricht:	Högni spricht:
Der Held schwur mir	*Brünhild hat dir*
Heilige Eide,	*Zu böser Tat*
Heilige Eide,	*Haß entzündet,*
Und hielt keinen;	*Harm zu wecken;*
Aller Eide	*Gudrun gönnt sie*
Ewiger Hort	*Den Gatten nicht,*
Sollte er sein	*Nicht will sie dir*
Und sann auf Trug!	*Als Weib gehören.*

An jenem Tag der Doppelhochzeit sah Brünhild nur dies: daß Sigurd seinen Treuschwur gebrochen hatte; bald erfuhr sie von Gudrun Schlimmeres: daß Sigurd in Gunnars Gestalt zum zweiten Male durch die Waberlohe geritten war. Von da an sann die Betrogene auf Rache. Sie erzählte Gunnar, entgegen der Wahrheit, Sigurd habe als Brautwerber seinen Eid nicht gehalten und einst in ihren Armen geruht. So gewann sie den Gatten zum Helfer. Gunnar freilich konnte Brünhilds Rache nicht vollziehen, da ihn Blutsbrüderschaft mit Sigurd verband, und sein Bruder Högni warnte ihn vor Brünhilds Arglist; aber Gunnar überredete seinen anderen Bruder, Guttorm, der außerhalb der geschworenen Eide stand, den Mord zu vollbringen. «Der rasch Entschlossene», heißt es in der Edda, «war schnell gereizt; es stand Sigurd der Stahl im Herzen.» Im Schlaf traf Guttorm den Helden; doch der Sterbende warf sein Schwert mit solcher Kraft nach dem Mörder, daß es dessen Leib in zwei Teile spaltete. In späteren Sagen hören wir, Sigurd sei auf der Jagd erschlagen worden: als er sich durstig über einen Brunnen beugte, habe ihn Guttorm von rückwärts mit dem Speer durchbohrt. Ein Eddalied erzählt, Gudrun habe an jenem Tage, von bösen Träumen geschreckt, voller Angst auf ihren Gatten gewartet. Da sei Grani, Sigurds Hengst, mit gesenktem Haupt ohne seinen Herrn heimgekommen: die Trauer des Tieres verkündete der Ahnungsvollen, was ihr Högni nur allzubald bestätigte. Und bald

brachte man auch seinen Leichnam. Dem wilden Schmerzens-
schrei Gudruns antwortete Brünhilds grauenhaftes Lachen, als sie
die Rache vollbracht sah. Tag und Nacht klagte Gudrun um den
ermordeten Gatten. Brünhild aber erwies dem Toten die größere
Treue, denn als man seinen Leichnam verbrannte, bestieg sie, wie
einst Nanna bei Balders Leichenbegängnis, den Scheiterhaufen und
starb an der Seite des Mannes, dem sie den Tod gebracht und den
sie dennoch über alles geliebt hatte.

ATLI

Gunnar spricht:

Einzig bei mir
Ist allverhohlen
Der Hort der Niblunge:
Nicht lebt mehr Högni!
Immer war mir Zweifel,
Da wir zwei lebten:
Aus ist er nun,
Da ich einzig lebe.

Nun hüte der Rhein
Der Recken Zwisthort,
Der schnelle, den göttlichen
Schatz der Nibelunge!
Im wogenden Wasser
Das Welschgold leuchte,
Doch nimmer an den Händen
Der Hunnensöhne!

Von Sigurd hatten die Giukungen den herrlichen Niblungenschatz
geerbt; sie wurden deswegen auch die Niblungen genannt. Den
Hunnenkönig Atli aber gelüstete nach dem Golde, und darum warb
er um Gudrun, Sigurds Witwe. Die lebte seit dem Tode des Helden
in tiefer Trauer bei ihrer Freundin Thora in Dänemark und ver-
brachte ihre Zeit damit, Abbilder von großen Heldentaten in wundervolle Teppiche zu wirken. Da kam Krimhild zu ihr und riet der
Einsamen, Atlis Werbung zu folgen, denn der Hunne sei ein gewaltiger Fürst, und sie werde an seiner Seite als eine mächtige
Herrin leben. Lange wehrte sich Gudrun gegen die Bitten ihrer
Mutter, doch endlich zog sie mit Swanhild, ihrem und Sigurds schö-
nem Töchterchen, an den Hunnenhof und wurde Atlis Frau. Weil
ihr aber die Giukungen den Niblungenhort nicht als Morgengabe

gegeben hatten, wie Atli gehofft hatte, beschloß der Hunne, die Brüder zur Herausgabe des Schatzes zu zwingen. Er sandte einen Boten, Wingi mit Namen, zu ihnen und ließ sie zu einem Fest laden. Vergebens erzählten Kostbara und Glamnör, Högnis und Gunnars Gattinnen, ihren Männern unheilverkündende Träume, die sie geträumt; vergebens sandte Gudrun ihren Brüdern Warnung: eine Runenbotschaft, deren Zeichen freilich Wingi entstellt hatte, und einen Ring, der mit einem Wolfshaar umwunden war und auf Atlis wölfische Absichten deutete. Gunnar wollte keine Furcht kennen und befahl die Fahrt ins Hunnenland. Bevor die Niblungen aber ihre Heimat verließen, versenkten die Brüder den Niblungenhort im Rhein. In Atlis Burg erwartete böser Verrat die Helden. Schon am Tore kam es zum Kampf. Högni tötete Wingi. Umsonst versuchte Gudrun, die Streitenden zu versöhnen: mörderisch tobte der Streit in Atlis Hallen. Zwar wehrten sich die Giukungen und ihre Krieger heldenhaft, schließlich unterlagen sie doch der hunnischen Übermacht. Von den Königen wurde erst Gunnar gefangen, dann Högni gefesselt. Trotzdem wollten die Brüder den Ort nicht verraten, wo der Hort verborgen war. Da töteten die Hunnen einen feigen Menschen, den Koch Hjalli, schnitten ihm das Herz aus der Brust, brachten es Gunnar und sagten: «Das ist Högnis Herz; dein Bruder ist tot.» Gunnar aber erwiderte: «So feig wie dieses bebte Högnis Herz nie.» Nun schnitten die Hunnen Högni das Herz aus dem Leibe, und Gunnar erkannte es gleich, denn es zitterte nicht; dennoch wollte er den Hort nicht verraten. Atli aber ließ den gefesselten König in eine Grube werfen, die von Schlangen wimmelte. Heimlich sandte ihm Gudrun eine Harfe dorthin, und er spielte, weil ihm die Hände gebunden waren, mit den Füßen darauf: so wunderbar, daß die Schlangen einschlummerten. Nur eine giftige Natter bezwang sein Lied nicht. Die biß ihn zu Tode. Eine Sage sagt, diese Natter sei Atlis Mutter gewesen.

GUDRUNS RACHE UND TOD

Sorglos hatte Atli
Sinnlos getrunken;
Nicht hatte er Waffen,
Nicht wehrte er Gudrun.
Besser war das Spiel,
Wenn beide sich oft
Innig umarmten
Vor den Edelingen!

Blut gab mit dem Schwerte
Dem Bett sie zu trinken
Mit helgieriger Hand;
Die Hunde löste,
Trieb sie vors Tor,
Die Trunkenen weckte sie
Mit heißem Brande:
So rächte sie die Brüder.

Grauenhaft rächte Gudrun den Tod ihrer königlichen Brüder. Sie tötete Erp und Eitil, die beiden Söhne, die sie mit Atli gezeugt, ließ die Hirnschalen der Knaben in Silber fassen und reichte dem Gatten in diesen Gefäßen den Wein; die Herzen der Kinder aber setzte sie dem Ahnungslosen als Speise vor. Und nachdem sie ihm bekannt, was er gegessen und woraus er getrunken hatte, stieß sie dem Hunnenkönig den Dolch ins Herz. Dann warf sie die Brandfackel ins Schloß, so daß alle in den Flammen umkamen, die an den Giukungen Verrat geübt hatten. Sich selbst gab sie den Tod in den Fluten des Meeres. Andere Sagen freilich erzählen, sie habe nach dieser Rachetat den König Jornaker geheiratet und mit ihm zwei Söhne, Hamdir und Sörli, gezeugt. Ihre Tochter Swanhild aber gab sie dem Gotenkönig Jörmunrek zur Frau. Eines Tages nun bezichtigte Jörmunreks Ratgeber Bikki die Swanhild des Ehebruches mit ihrem Stiefsohne Randver. Da ließ der Gotenkönig Randver hängen und Swanhild von Rossen zerstampfen. Als Gudrun von diesem furchtbaren Tod ihrer Tochter erfuhr, sann sie wiederum auf Rache. Sie rief Hamdir und Sörli zu sich und befahl ihnen, Jörmunrek zu töten; ein Halbbruder der beiden, Erp mit Namen, Jornakers und einer Kebse Sohn, sollte sie auf dieser Fahrt begleiten. Aber Hamdir und Sörli erschlugen unterwegs den Erp und beraubten sich so durch eigene Schuld eines Helfers, der ihnen im Kampf mit Jörmunrek bitter nötig gewesen wäre. Denn der Gotenkönig und seine Kämpfer erwehrten sich nicht nur der Gudrunssöhne, sondern töteten nach hartem Kampf die beiden letzten Sprößlinge aus dem Giukungenhause. Wann aber und wo Gudrun gestorben sei, wissen diese Sagen nicht zu erzählen.

ANDERE NIBELUNGENSAGEN

Die Taten Sigurds oder Sigfrids, der Giukungen oder Niblungen, Brünhilds und Gudruns sind uns in mancherlei Gestalt überliefert. Was hier bisher davon erzählt worden ist, steht in den Heldenliedern der nordgermanisch-isländischen Edda. Dieser ganze Sagenkreis scheint aber südgermanischer Herkunft zu sein, doch sind uns diese Ursagen fast völlig verloren. Man hat versucht, mit Hilfe der Thidrekssaga, die auf Erzählungen niederdeutscher Kaufleute zurückgeht und um die Mitte des 13. Jahrhunderts im norwegischen Bergen verfaßt wurde, die deutsche Sigfrid- und Nibelungensage, soweit als möglich wiederherzustellen; dieser Versuch liegt der folgenden Erzählung zugrunde. Darauf folgt in der allerknappsten Form, was in dem mittelalterlichen Nibelungenlied enthalten ist.

DIE DEUTSCHE SIGFRID- UND NIBELUNGENSAGE

Sigmund, König im Kerlingenlande, war mit Siglind, der Tochter des Königs Nidung von Spanien, vermählt. Während Sigmund auf einem Feldzug abwesend war, hinterbrachte ihm ein Verleumder, daß Siglind die eheliche Treue gebrochen habe. Der König ließ darum die Nidungstochter im Walde aussetzen. Sie aber gebar ihm einen herrlichen Sohn, Sigfrid mit Namen. Während die Mutter bei der Geburt starb, wurde das Kind gerettet: eine Hirschkuh fand es und zog es mit ihren Jungen auf. Bei jenem Walde lebte der kunstreiche Schmied Mime. Der fand eines Tages den Königsknaben,

Der Bug des Osebergschiffs (Norwegen, Wikingerzeit, 9. Jh.)
(Oslo, Sammlung der Universität)

Taten Thidreks (Dietrichs von Bern) · Relief einer mittelalterlichen Holztür
(Valthjofstadir, Island) (Reykjavik, Nationalmuseum)

und da er selbst keine Kinder hatte, nahm er ihn zu sich. Doch Sigfrid wuchs so gewaltig und wurde so stark, daß er Mimes Gesellen prügelte und in der Schmiede den Amboß, an den ihn sein Pflegevater gestellt hatte, bis in den Boden schlug. Da begann Mime sich vor dem Knaben zu fürchten und wollte ihn verderben. Er sandte ihn in den Wald, wo sein Bruder Regin, ein furchtbarer Drache, hauste. Sigfrid aber erschlug den Drachen Regin, schnitt ihn in Stücke und kochte sein Fleisch. Als er von der Lindwurm-brühe kostete, verstand er die Sprache der Vögel. Die rieten ihm, Mime zu töten. Auch salbte er sich mit dem Blute des Lindwurms, so daß seine Haut hürnen und unverwundbar wurde. Dann wollte er sich an dem verräterischen Schmied rächen, wie es ihn die Vögel geheißen hatten. Vergebens bot ihm Mime kostbare Lösung: Gram, der Schwerter bestes, die herrliche Rüstung, die er selbst für Kaiser Ortrit geschmiedet hatte, dazu versprach er ihm den herr-lichen Hengst Grani, der der schönen Brünhild gehörte. Sigfrid nahm wohl die Waffen, aber er tötete Mime dennoch. Dann zog er an Brünhilds Hof. Von ihr hörte er zum erstenmal seinen und sei-nes Vaters Namen, auch gab sie ihm den Hengst. Und ehe er ver-ließ, schwur er ihr, er wolle einst sie und keine andere zur Frau nehmen. Von Brünhilds Hof zog Sigfrid ins Nibelungenland und fand dort die Zwerge Schilbung und Niblung, die um das Erbe ih-res toten Vaters, einen unermeßlichen Goldhort, stritten. Die ba-ten ihn, ihren Zwist zu schlichten. Zwar teilte der Held gerecht, doch die beiden waren nicht zufrieden mit seinem Urteil und begannen Streit mit ihm. Da erschlug er sie und ihre Gefolgsleute: Zwerge und Riesen. Nur ein Zwerg, der mächtige Alberich, blieb am Leben. Dem riß Sigfrid die Tarnkappe vom Leib und machte ihn sich dadurch untertan, ja er setzte ihn zum Hüter des Schatzes ein, den er sich durch diesen Sieg gewonnen hatte.

Zu Worms lebte ein König, Aldrian mit Namen, der hatte von sei-ner Frau Ute drei rechtmäßige Söhne Gunther, Gernot und Gisel-her, dazu eine Tochter, die wunderschöne Griemhild. Doch hatte Ute mit einem Elfen noch einen vierten Sohn gezeugt: den blei-chen, bösen Hagen. An diesen Hof kam eines Tages der gewaltige König Dietrich von Bern, und in seinem Gefolge ritt der junge Sigfrid. Und weil Sigfrid so stark und so tapfer war wie kein anderer Held, gaben ihm die Aldrianssöhne ihre Schwester Griemhild zur Frau und machten ihn zum Mitherrscher in ihrem Reich. Dafür brachte der Sigmundssohn den Nibelungenhort nach Worms, half seinen Schwägern in manchem Krieg, und als Gunther, der nach seines Vaters Tode König geworden war, eine Königin suchte, warb er für ihn um Brünhild. Zwar erinnerte ihn Brünhild an seinen Treueschwur, doch als sie erfuhr, daß er inzwischen Griemhild geheiratet hatte, folgte sie ihm widerwillig nach Worms zur Hochzeit mit Gunther. In der Hochzeitsnacht fesselte dann das hünenhafte Mädchen ihren Gatten und gab ihn erst am Morgen wieder frei, denn sie wollte sich nur einem Manne ergeben, der stärker war als sie selbst. Ganz im geheimen klagte Gunther dem Sigfrid, was ihm seine Frau angetan. Da versprach ihm der Held Hilfe: er machte sich mit Alberichs Tarnkappe unsichtbar, überwand in schwerem Ringen die Widerspenstige und legte sie in Gunthers Arme; dabei streifte er ihr ein Ringlein vom Finger, das er später seiner Frau Griemhild gab. Durch dies Ringlein nun erfuhr eines Tages Brünhild, was in jener Nacht mit ihr geschehen war, denn in einem Wortstreit, den sie mit ihrer Schwägerin hatte, zeigte ihr diese das Kleinod zum Beweise dafür, daß sie von Sigfrid und nicht von Gunther überwunden worden war. Von da an sann Brünhild auf Rache an Sigfrid. Und bald stand auch Gunther auf ihrer Seite, denn Sigfrid hatte ihm geschworen, über die Ereignisse jener Nacht zu schweigen, doch seinen Eid gebrochen, indem er Griemhild davon erzählte. Und Gunther gewann wiederum Hagen zum Mitverschworenen. Als die Aldrianssöhne und ihr Stiefbruder eines Tages mit Sigfrid auf die Jagd gingen und dieser, weil ihn dürstete, sich über einen Quell beugte, stieß ihm Hagen von hinten einen Speer zwischen die Schultern: genau an der Stelle, an die Sigfrid einst, als er sich mit dem Drachenblut salbte, nicht hatte hinreichen können. So starb der gewaltige Held. Griemhild und alle Völker weinten um ihn. Brünhild aber jubelte über die gelungene Rache.

Als König Etzel, der gewaltige Hunnenfürst, auf seiner Burg Susat vom Tode Sigfrids vernahm, sandte er seinen Brudersohn Herzog Osid nach Worms und ließ ihn für sich um Griemhild werben. Die

Witwe und ihre Brüder willigten in diese neue Ehe, und Griemhild wurde Hunnenkönigin. Sieben Jahre lebte sie in Susat, doch wurde sie nicht froh, denn sie konnte Sigfrid nicht vergessen und sann auf Rache für seinen Tod. Darum bat sie eines Tages ihren Gatten Etzel, er möge doch ihre Brüder zu seinem Fest laden, und Etzel erfüllte ihr die Bitte. Zwar warnte Hagen König Gunther vor dieser Fahrt, und Frau Ute träumte böse Träume; doch Gunther befahl den Aufbruch, und Gernot, Giselher, Hagen, dessen Genosse Volker und viele Ritter zogen mit ihm. Als die Nibelungen – so nannten sich die von Worms, seit Sigfrids Hort ihnen gehörte – an einen Strom kamen und dort lagerten, hielt Hagen nachts die Wache. Da ward ihm neue Warnung: Meerweiber, die aus dem Fluß auftauchten, weissagten ihm und den Nibelungen Unheil. Trotzdem setzten Gunther und die Seinen ihren Weg fort. Unterwegs waren sie einige Tage bei dem Markgrafen Rüdiger in Bechlaren zu Gast. Der gab dem jungen Giselher seine Tochter zur Frau und schenkte ihm Gram, Sigfrids Schwert, das nach dem Tode des Helden in seinen Besitz gekommen war. Dann begleitete Rüdiger mit seinen Rittern die Nibelungen nach Susat. Als sie ins Hunnenland kamen, ritt ihnen zuerst Dietrich von Bern, der als Verbannter am Hofe Etzels lebte, mit seinen Amelungen entgegen und hieß sie in des Königs Namen willkommen, in dessen gewaltiger Burg sie dann von Etzel und Griemhild festlich empfangen wurden. Bei Etzel waren auch Herzog Blödel, sein Bruder, und Meister Hildebrand, ein mächtiger Ritter. Ein herrliches Fest war für all diese Fürsten gerüstet, und da die Halle die vielen Gäste nicht fassen konnte, hatte man die Tafel in einem schönen Garten gedeckt. An jener Tafel aber geschah großes Unheil. Denn Griemhild hatte dem Knaben Aldrian, ihrem und Etzels Sohn, insgeheim befohlen, er solle Hagen, wenn der Held sich über seinen Teller beuge, einen Schlag gegen das Kinn versetzen.

Das unschuldige Kind tat, was ihm die Mutter geheißen. Da ergriff der grimmige Hagen Aldrian und schlug ihm das Haupt ab. Und das war das blutige Zeichen zu einem grauenhaften Kampfe, der von da an zwei Tage und zwei Nächte hindurch Stadt und Burg von Susat erfüllte. Das Unheil der Nibelungen begann damit, daß die

Hunnen König Gunther fingen und fesselten, obwohl er sich heldenhaft wehrte. Dann tötete Gernot den Herzog Blödel. Als Markgraf Rüdiger, der sich bisher vom Kampfe ferngehalten, das erfuhr, stellte er sich mit den Seinen auf Etzels Seite, wurde aber von Giselher, seinem Schwiegersohn, erschlagen. Das hörte wiederum Dietrich von Bern, der auch bis dahin nicht mitgefochten hatte, weil er beiden Parteien befreundet war, und kam nun den Hunnen mit seinen Amelungen zu Hilfe. Mit ihm focht Meister Hildebrand. Dietrich tötete Volker, Hildebrand Gernot und Giselher. Dann kam es zu einem gewaltigen Kampf zwischen Dietrich und Hagen, die einst Freunde gewesen waren. Und so entsetzlich war der Streit, daß dem Dietrich Feuer aus dem Munde lohte und Hagens Rüstung davon glühte, so daß er sich seinem Feinde ergeben mußte. Da brachte Dietrich den Gefangenen vor Griemhild und empfahl ihn ihrer Gnade. Die Königin aber forderte von Hagen den Nibelungenhort als Lösegeld. Hagen antwortete, er habe seinen Brüdern geschworen, nie zu verraten, wo der Schatz verborgen sei. Nun ließ Griemhild ihrem gefangenen Bruder Gunther das Haupt abschlagen, brachte es Hagen und fragte ihn abermals nach dem Hort. Doch Hagen blieb standhaft. Da ergriff Griemhild Sigfrids Schwert Gram, das sie dem toten Giselher abgenommen, und erschlug damit den Wehrlosen. Als Dietrich von Bern das sah, sagte er zu Etzel: «König, deine Frau ist eine Teufelin. Sieh, was sie ihren Brüdern tat. Könnte sie's, täte sie uns das gleiche.» Und Etzel antwortete: «Sie verdient den Tod.» Da hieb Dietrich Griemhild nieder.

DAS NIBELUNGENLIED

Uns ist in alten mœren wunders vil geseit
von helden lobebœren, von grôzer arebeit,
von frôuden, hôchgezîten, von weinen und von klagen,
von küener recken strîten muget ir nu wunder hœren sagen.

Die alten Mären, aus denen der mittelalterliche Dichter des Nibelungenliedes (er ist unbekannt, vielleicht war er Geistlicher am
Hofe des Bischofs von Passau um das Jahr 1200) seinen Stoff geschöpft hat, waren wohl vor allem jene Sigfrid- und Nibelungen-
sagen, die im vorigen Abschnitt erzählt worden sind. Der Inhalt des
Nibelungenepos sei hier nur mit ganz wenigen Worten berichtet.
Sigmund und Sigelind, Sigfrids Eltern, herrschen zu Xanten in den
Niederlanden. An diesem Hof wuchs der junge Held heran, und
von dort zog er aus und versuchte den Zwist der Brüder Niblung
und Schilbung zu schlichten, wofür er das herrliche Schwert Bal-
mung erhielt, tötete die Streitenden, gewann den Hort und setzte
Alberich, nachdem er ihm die Tarnkappe genommen und ihn be-
zwungen hatte, zum Hüter über Gold und Land; auch tötete er in
jener Jugendzeit einen Lindwurm, badete in dessen Blut und wurde hürnen davon. Dieser gewaltige junge Held kam eines Tages
nach Burgund an den Hof zu Worms, wo König Gunther mit seinen Brüdern Gernot und Giselher herrschte; die waren Söhne
König Danrats und seiner Frau Ute. Ihnen dienten der gewaltige
Hagen von Tronje, dessen Bruder Dankwart, Ortwin von Metz,
die Markgrafen Gere und Eckewart, dazu der ritterliche Sänger
Volker von Alzey. Ihre Schwester aber war Krimhild, und da Sigfrid
von der wunderbaren Schönheit dieser Königstochter gehört hatte, war er gekommen, um sie zu gewinnen. Die Burgunden nahmen ihn freundlich auf. Auch half er König Gunther, seine Feinde,
Liudeger von Sachsen und Liudegast von Dänemark, zu überwinden. Endlich aber gewann er dem Herrn des Burgundenlandes die
schöne Brünhild zur Frau, die in Iseland lebte und so stolz und
stark war, daß sie nur dem Manne ihre Hand geben wollte, der sie

im Speerwerfen, im Steinschleudern und im Springen besiegen konnte. Gunther hätte das nie vermocht. Doch Sigfrid machte sich mit der Tarnkappe Alberichs unkenntlich und gewann ihm das Spiel. Zum Lohn dafür erhielt er Krimhild. Festlich wurde die Doppelhochzeit zu Worms begangen. In der Hochzeitsnacht aber fesselte die riesenstarke Brünhild ihren königlichen Gatten und gab ihn erst am Morgen wieder frei, denn sie wollte sich nur einem Manne ergeben, der stärker war als sie selbst. Im geheimen klagte Gunther Sigfrid, was ihm seine Frau angetan. Da half ihm der Held abermals: er machte sich mit seiner Tarnkappe unsichtbar, überwand in schwerem Ringen die Widerspenstige und legte sie in Gunthers Arme; dabei streifte er ihr ein Ringlein vom Finger und raubte ihr den Gürtel: beides gab er später seiner Frau Krimhild. Dann aber kehrte er mit Krimhild heim in die Burg seines Vaters und lebte lange Jahre als König in Xanten, bis es eines Tages Brünhild in den Sinn kam, Gunther darum zu bitten, daß er Sigfrid und Krimhild zu einem Hoffest einlade. Gerne kamen die Geladenen; doch bei diesem Fest geschah schlimmes Unglück. Ein Wortstreit erhob sich zwischen den Königinnen. Brünhild, die Sigfrid in Gunthers Diensten gesehen hatte, nannte Krimhilds Mann einen Lehnsmann Gunthers; Krimhild aber nannte Brünhild eine Kebse, weil sie in Sigfrids Armen gelegen, ehe sie Gunthers Frau wurde. Und um ihr zu beweisen, was sie gesagt, zeigte sie ihr den Ring und den Gürtel, die ihr einst Sigfrid gegeben hatte. Von da an sann die Burgundenkönigin auf Rache. Zuerst gewann sie Hagen für ihren Plan, dann auch Gunther. Zum Schein ließ man nun Boten aus Dänemark kommen, um König Gunther den Krieg anzusagen. Gleich bot sich Sigfrid an, seinen Freunden zu helfen. Doch Krimhild fürchtete um ihn. Und darum befahl die Ahnungslose ihren Gatten dem Schutze Hagens. Sie erzählte dem Tronjer, daß Sigfrid, als er einst im Drachenblut gebadet habe, ein Lindenblatt zwischen die Achseln gefallen sei; nur dort sei der Held verwundbar; darum wolle sie an jene Stelle insgeheim ein Kreuzlein auf sein Gewand sticken, damit Hagen wisse, wo er Sigfrid zu schützen habe.

Hagen aber wußte nun genug. Der Scheinkrieg wurde abgesagt, dafür blies man zur Jagd. Und als sich Sigfrid nach heißem Jagen durstig über eine Quelle beugte, stieß ihm der Tronjer von rückwärts den Speer zwischen die Achseln.

Was von da an geschah, gleicht so sehr den anderen deutschen Sagen vom Untergang der Nibelungen, daß es hier nicht erzählt zu werden braucht. Erwähnt sei nur, daß die Flußfrauen, die Hagen auf der Fahrt Unheil weissagten, im mittelalterlichen Nibelungenepos Namen tragen: sie heißen Hadeburg und Sigelind. Es sei noch hinzugefügt, daß am Schluß dieses Gedichtes nicht Dietrich von Bern, sondern Hildebrand Krimhild erschlägt.

DAS KUDRUNEPOS

Die Tiere in dem Wald ließen die Weide stehn,
Die Würmer, die im Grase sollten gehn,
Die Fische, die da sollten hin im Wasser fließen,
Die ließen ihren Weg: – als Horand sang!

Sigebant, König in Irland, und seine Frau Ute hatten einen schönen und starken Knaben, Hagen mit Namen. Aber bei einem großen Feste, das Sigebant einst in seinem Schloß feiern ließ, erschien plötzlich ein gewaltiger Greif, entriß den jungen Hagen seiner Pflegerin und trug ihn weit davon über Land und Meer. Als der Vogel zu seinem Nest und zu seinen Jungen gekommen war, packte einer der kleinen Greife den Knaben und wollte mit ihm davonfliegen, doch ein Ast, auf den er sich setzte, brach, er konnte seine Beute nicht halten, und Hagen fiel in ein Gesträuch, wo er den Raubvögeln verborgen war. Dort fanden ihn drei Königstöchter, die einst auch von den Greifen geraubt worden und ihnen, Gott weiß wie, entkommen waren. Sie hießen Hilde von India und Hildeburg von Portugal, die dritte aber war eine Prinzessin aus dem fernen Iseland. Als nun eines Tages ein Pilgerboot an jener Küste scheiterte und die Wellen einen gerüsteten Mann tot an den Strand warfen, nahm Hagen dem Ertrunkenen die Waffen ab und tötete damit alle Greife. Bald darauf segelte das Fahrzeug des Grafen von

Cardigan an jenem Ufer vorüber. Hagen rief ihn an, und der Graf nahm den jungen Helden und die drei Königstöchter in sein Schiff auf. Doch als er hörte, daß er den Sohn Sigebants, mit dem er in Feindschaft lebte, gerettet hatte, trachtete er Hagen nach dem Leben. Der aber war so gewaltig, daß er den Grafen und seine Leute zwang, nach Irland zu segeln; auch versprach er ihm, daß ihm Sigebant seine Tat lohnen werde. So kehrte Hagen nach langen Jahren zu seinen Eltern heim. Sigebant nahm den Grafen freundlich auf und entließ ihn reich beschenkt. Hagen wurde König in Irland und heiratete Hilde von India, die Königstochter aus Iseland bekam einen norwegischen Fürsten zum Mann, und Hildeburg von Portugal wurde eine der geehrtesten Frauen am irischen Hof.

Hagen und Hilde von India hatten eine wunderschöne Tochter, die sie nach der Mutter wiederum Hilde nannten, und der Vater liebte dies Kind so sehr, daß er es keinem Manne gönnen wollte und alle Boten hinrichten ließ, die als Werber fremder Fürsten nach Irland kamen. Trotzdem beschloß der mächtige König Hetel von Hegelingen, Hilde zu gewinnen. Er sandte darum einige seiner besten Ritter mit großem Gefolge zu Hagen: den alten Wate von Stürmen, bei dem er selbst erzogen worden war, Horand und Frute von Dänemark, den jungen Morung von Niefeland und Isolt von Ortland. Die Ritter kamen aber nicht als Werber an den Irenhof, sondern gaben sich als reiche Kaufleute aus, die Hetel ihres Landes beraubt und gebannt habe. Darum nahm Hagen sie gastlich auf. Horand aber war ein wunderbarer Sänger. Wenn sein Lied erklang, schwiegen die Vögel, die Tiere des Waldes verließen ihre Weide, die Würmer im Gras und die Fische im Wasser lauschten, und die Kranken wurden gesund. Und Horands Gesang bezauberte die junge Hilde so sehr, daß sie den Sänger insgeheim in ihr Gemach kommen ließ. Da gestand ihr Horand, warum er nach Irland gefahren sei, und überredete sie schließlich, mit ihm und seinen Genossen zu fliehen und in Hegelingen König Hetels Gattin zu werden. So ging sie denn, wie sie es mit Horand verabredet, eines Tages mit allen ihren Frauen, unter denen auch Hildeburg von Portugal war, ans Ufer und bestieg die Fahrzeuge der Hegelinger; sie hatte ihrem Vater und ihrer Mutter gesagt, daß sie die Kaufmannsware der Fremden sehen wolle. Als aber die Frauen auf den Schiffen waren, hißten Hetels Ritter die Segel und fuhren davon. Nach langer Fahrt landeten sie an den Marken von Waleis. Dorthin kam bald auch Hetel, um seine schöne Braut zu begrüßen. Doch die Freude sollte nicht lange währen: eines Morgens sahen sie Segel auf dem hohen Meer, und bald trug der Abendwind den wilden Hagen mit all seinen Rittern ans Ufer. Er wollte blutig rächen, was man ihm angetan. Grausam tobte bald der Kampf zwischen Iren und Hegelingen. Die junge Hilde mußte für ihren Vater und für ihren Verlobten fürchten. Darum bat sie Hetel, er möge Frieden stiften zwischen den Kämpfenden. Und wirklich, es gelang dem König, Hagens Zorn zu besänftigen und die Schlacht zu beenden. So wurde Hilde Hetels Gattin. Hagen aber begleitete seine geliebte Tochter ins Land der Hegelingen und feierte dort mit ihr und Hetel das Hochzeitsfest.

Hetel und Hilde hatten zwei Kinder: Ortwin, den der alte Wate von Stürmen erzog, und Kudrun. Deren Ruhm drang bald in alle Lande. Denn wenn die junge Hilde schöner gewesen war als ihre Mutter Hilde von India, Sigebants Frau, so war Kudrun wiederum schöner als ihre Mutter Hilde, Hetels Frau. Bald warben darum mächtige Könige um sie: erst Sigfrid, König in Mohrenland, dann Hartmann, der Sohn König Ludwigs von Normannenland, auch der tapfere Herwig. Doch Hetel wies alle ab. Da beschloß Herwig, sich Kudrun mit Gewalt zu gewinnen, und ritt mit seinen Rittern vor Hetels Burg Matelane. Dem Hegelingenkönig aber gefiel die kriegerische Werbung nicht schlecht, und als er gesehen, wie tapfer Herwig fechten konnte, und auch Kudrun zu erkennen gab, daß ihr der Werber lieb sei, verlobte Hetel seine Tochter dem Helden, und es war beschlossen, daß die Hochzeit übers Jahr gefeiert werden solle. Davon hörte Sigfrid von Mohrenland, überzog den glücklichen Bräutigam mit Krieg und brachte ihn in so große Not, daß Herwig Hetel um Hilfe bat. Nun mußte Sigfrid in seine Burg weichen. Inzwischen aber geschah Schlimmeres: Ludwig von Normannenland und sein Sohn Hartung fielen in Hegelingenland ein, erstürmten Matelane und entführten Kudrun mit allen ihren Frauen. Als König Hetel davon erfuhr, schloß er Frieden und Bündnis mit

Sigfrid, dann nahm er die Verfolgung der normannischen Räuber auf. Er traf die Feinde auf dem Wülpensand, und dort kam es zu einer furchtbaren Schlacht. Im Kampf fiel Hetel von Ludwigs Hand. Als aber die Nacht kam, flohen die Normannen mit den gefangenen Frauen übers Meer. Und da die Hegelingen zu schwach waren, um ihnen zu folgen, kehrten sie heim und brachten Frau Hilde die traurige Botschaft, daß Hetel gefallen, Kudrun aber in den Händen der Feinde geblieben sei. Viele Jahre hindurch rüsteten Hilde und die Ihren für den Rachezug ins Normannenland. In diesen Jahren litt Kudrun bittere Not. Denn sie weigerte sich standhaft, das Verlöbnis mit Herwig zu brechen und Hartungs Gattin zu werden. Darum quälte Gerlind, Hartungs böse Mutter, die Gefangene mit harter Arbeit. Aber Hetels Tochter ließ sich nicht umstimmen. Selbst Ortrut, Hartmuts gütige Schwester, konnte sie nicht von ihrem Entschluß abbringen. Immer schlimmer peinigte Gerlind die Königstochter, ja sie zwang sie, am Strande des Meeres Wäsche zu waschen auch in der kältesten Winterszeit. Eines Tages aber, als Kudrun und ihre treue Freundin Hildeburg von Portugal am Ufer standen und Gerlinds Hemden wuschen, kamen zwei Ritter in einem Boot übers Meer gefahren. Der eine war Herwig, der andere Ortwin, Kudruns Bruder. Sie gaben sich den Mädchen zu erkennen und erzählten ihnen, daß sie auf Kundschaft kämen und daß der Hegelingen Heer mit allen seinen Helden nicht fern sei. Da freute sich Kudrun so sehr, daß sie Gerlinds Hemden ins Meer warf. Darum wollte Gerlind die Königstochter mit Dornenruten schlagen. Listig erwiderte ihr Kudrun, sie möge ihr verzeihen, denn ihr Sinn habe sich endlich gewendet; nun wolle sie Hartmuts Frau und Königin im Normannenlande werden. Hartmut freute sich nicht wenig und mit ihm sein ganzes Haus. Doch als der Morgen graute, landete vor dem Normannenschloß mit wehenden Fahnen und blinkenden Waffen das gewaltige Racheheer, das Frau Hilde gesandt hatte. Und bald begann eine grausame Schlacht. Herwig tötete den alten König Ludwig im Kampf. Dann wurde Hartung gefangen. Endlich stürmte der alte Wate die Burg und rächte furchtbar, was Gerlind der Heteltochter angetan: er packte die Königin an ihrem weißen Haar und schlug ihr das Haupt ab. Und auch Hartung und Ortrut wären von seiner Hand gefallen, wenn Kudrun nicht für sie gebeten hätte. Denn sie wollte Frieden zwischen den Hegelingen und dem Normannenvolk. Ihr Wille geschah: mit einer vierfachen Hochzeit endete dieser grausame Krieg. Als Kudrun mit allen Hegelingen nach Matelane zu ihrer Mutter heimgekehrt war, da gab sie Hartung ihre Freundin Hildeburg zur Frau, ihrem Bruder Ortwin die Ortrut, dem Sigfrid von Mohrenland Herwigs schöne Schwester, sie selbst aber heiratete den tapferen Herwig, dem sie durch soviel Not und Kummer die Treue gehalten hatte.

HELGI HUNDINGSBANI

Helgi spricht:
Keiner singe
Uns Klagelieder,
Sieht er die Brust auch
Durchbohrt vom Speer!
Nun ist die Maid
Mir, dem Toten,
Die Herrschertochter,
Im Hügel gesellt.

Sigrun spricht:
Ein Lager hab ich dir,
Helgi, bereitet,
Frei von Kummer,
Du Königssproß:
Im Arm will ich,
Edler, dir ruhn,
Wie ich im Leben
Weilte bei dir.

Wölsung, der Stammvater des so gewaltigen Wölsungengeschlechts, gab einst dem Werber um seine Tochter Sigyn, dem König Siggeir aus Gautland, ein festliches Mahl. In Wölsungs Saal stand eine riesige Eiche, die das Dach des Hauses trug. Als nun alle Gäste versammelt waren, erschien ein einäugiger Alter mit breitem Hut und fleckigem Mantel unter ihnen und stieß ein herrliches Schwert in den Baum. Der Alte aber, der niemand anders als Odin war, sagte: «Wer dies Schwert aus dem Stamme herausziehen kann, ist der beste von allen.» Da tat Sigmund, Wölsungs Sohn, spielend, was kein anderer vermocht hätte: so gewann er die Götterwaffe. Das kränkte Siggeir tief; von Rachegedanken erfüllt, kehrte er mit Sigyn heim. Bald darauf lud er Wölsung und die Seinen zu Gast und erschlug seinen Schwiegervater und dessen ganzes Geschlecht. Nur Sigmund entkam mit Sigyns Hilfe und übte Rache an Siggeir. Später vermählte er sich mit Borghild, die ihm den Helden Helgi gebar; als Borghild starb, nahm er Hiördis, Eylimis Tochter, zur Frau und zeugte Sigurd, den Drachentöter, mit ihr. König Sigmund aber hatte einen gewaltigen Feind: Hunding von Hunaland. Helgi tötete Hunding und alle seine Söhne bis auf Lyngi, der später Rache an Sigmund nahm. Wegen dieser Tat heißt Helgi auch Hundings-bani, der Hundingtöter. Während er mit seines Vaters Feinden stritt, erschien dem jungen Helden eine herrliche Walküre, Sigrun, Högnis Tochter, und als der schwere Kampf, in dem sie ihm beige-standen, beendet war, trat Sigrun zu ihm und klagte ihm ihr Leid. Ihr Vater, so erzählte sie, habe sie einem Manne verlobt, der ihr verhaßt sei: Hödbrod, Granmars Sohn; wenn Helgi sie von diesem Freier erlösen könne, wolle sie ihm gehören. Da ergriff den Sig-mundssohn leidenschaftliche Liebe zu der schönen Walküre, und er beschloß, sie zu gewinnen. In der wilden Schlacht beim Fraka-stein, in der die Meeresgöttin Ran die Bundesgenossin der Gran-marssöhne war, Sigrun aber Helgi zur Seite stand, erschlug er alle Söhne Granmars bis auf einen: Dag, der ihm beim Unterwelts-strom Leipter Frieden und Treue schwor. Dann lebte er lange Jahre glücklich an der Seite der schönen Walküre. Doch Dag vergaß sei-nen heiligen Eid und rächte seine Brüder: eines Tages ermordete er Helgi im Walde und brachte selbst seiner Schwester die Kunde von der furchtbaren Tat. Der Held ging in Walhall ein; manche Sagen erzählen sogar, daß Odin mit ihm die himmlische Herrschaft geteilt habe. Sigrun aber blieb in grenzenlosem Schmerze zurück und weinte so sehr, daß ihr eines Nachts der tote Helgi an seinem Grabhügel erschien und sie ermahnte, keine Tränen mehr um ihn zu vergießen, damit er in Walhall der himmlischen Freude teilhaf-tig werden könne. Dann umarmte er die Geliebte, und in Küssen verging ihnen die Grabesnacht. Erst das Morgenrot rief Helgi nach Walhall zurück. Bald darauf starb auch Sigrun: in Folkwangs Hal-len, im Saale Freyjas, fanden die Liebenden ein Glück, das kein Ende nimmt. In der Leonorensage lebt diese wunderbare Geschichte vom Liebesbund zwischen dem Helden und der Walküre fort.

HELGI, HIÖRVARDS SOHN

Swawa spricht:　　　　*Helgi spricht:*
Nie wirst du, Helgi,　　*Was nehm ich noch*
Hoher Kampfbaum,　　　*Zum Namen Helgi,*
Der Ringe walten　　　　*Den du mir schenkst,*
Noch der Rödulsflur –　　*Schimmernde Maid?*
Früh ruft der Aar –　　　*Wohl nun wäge*
Wenn du immer schweigst,　*Die Worte all!*
Hegst du, Herrscher,　　　*Nicht denk ich an Dank,*
Auch Heldenmut!　　　　*Wirst du nicht mein.*

Weil Hiörvard durch seinen Milchbruder Atli vergebens um Sigurlin, Svafnirs Tochter, hatte werben lassen, zog er mit Waffengewalt gegen Svafnir, sich das Mädchen zu gewinnen. In dessen Land aber fand er Hrodmar, der auch mit seinen Mannen gekommen war, Sigurlin zu freien. Doch Sigurlin war von einem Freund ihres Vaters, Franmar mit Namen, verborgen worden; in der Gestalt eines Adlers hütete Franmar die Schöne. Atli entdeckte das und tötete den Adler: so wurde Sigurlin Hiörvards Frau. Sie gebar ihm einen herrlichen Sohn. Doch dieser war stumm, «so daß kein Name an ihm haftete». Eines Tages nun saß der Knabe im Walde und sann vor sich hin. Da erschien ihm eine herrliche Walküre, Svava, Eylimis Tochter, und gab ihm den Namen, der ihm bis dahin gefehlt: Helgi. Und Helgi, Hiörvards Sohn, begann zu reden, wurde ein gewaltiger Held und gewann sich durch große Taten Svavas Liebe. Er überwand Hrodmar, der einst um seine Mutter geworben, dazu dessen Bundesgenossen, den Riesen Hati. Vergebens versuchte Hatis Tochter, das grauenhafte pferdegestaltige Meerweib Hrimgerd, seine Schiffe zu vernichten: glücklich kehrte er heim von dieser gefährlichen Fahrt, und nahm Svava zur Frau. Doch Helgi - hatte einen Halbbruder, Hedin mit Namen. Dem begegnete eines Tages ein Weib in Wolfsgestalt und bot ihm ihre Begleitung an. Als Hedin das ausschlug, rief sie ihm drohend zu, er werde seine Weigerung noch bereuen. Und wirklich, als er einmal mit seinen Gesellen beisammensaß und jeder eine kühne Tat gelobte, vermaß sich Hedin, zu schwören, er wolle Svava entführen. Doch gleich reute ihn der Schwur. Er eilte zu Helgi und bekannte ihm alles. Da ahnte der Held Arges: «Ich erkenne», so sagte er, «daß mein Tod beschlossen ist.» Bald darauf fiel er im Kampf gegen Alfr, Hrodmars Sohn. Im Sterben bat er Svava, die Frau seines Bruders zu werden. Svava aber erwiderte, daß sie sich ewige Liebe zu Helgi geschworen habe: in Walhall fanden der Held und die Walküre ein Liebesglück, das kein Ende nimmt.

VÖLUNDR

Mädchen von Süden
Durch den Myrkwid flogen,
Die Schwanenjungfraun,
Schlacht zu wecken;
Zu säumen am Seestrand
Saßen sie nieder,
Des Südens Kinder,
Spannen köstliches Linnen.

Einst lebten drei Brüder: Slagfider, Egil und Völundr. Die begegneten am Ufer der See drei Walküren, raubten den göttlichen Mädchen ihre Schwanenhemden und machten sie zu ihren Geliebten. Sieben Winter waren sie glücklich mit ihnen; doch als die Mädchen eines Tages ihre Hemden wiederfanden, flogen sie davon, «Schlacht zu wecken». Vergeblich suchten Slagfider und Egil nach ihren Geliebten in Ost und Süd, vergeblich harrte Völundr im Wolfstal seiner schönen Hervör: die drei kehrten nicht wieder. Völundr aber war ein kunstvoller Schmied und schmiedete herrliche Ringe. Davon hörte Nidud, der Njarenkönig. Er ließ Völundr fangen, raubte ihm seine Ringe und schnitt ihm die Sehnen durch, damit er ihm immer dienen müsse. Furchtbar rächte sich der Schmied. Als einst Niduds junge Söhne zu ihm kamen, schlug er den Knaben die Köpfe ab, verbarg die Leichen, faßte die Hirnschalen der Prinzen in Silber, fertigte aus deren Augen edle Steine und aus den Zähnen prächtigen Brustschmuck. Oft trank König Nidud aus diesen Schalen, oft zierte sich seine Gattin mit diesen Steinen, mit diesem Schmuck, niemand aber erfuhr, wer der Mörder gewesen war. Ein anderes Mal zerbrach Niduds Tochter Bödvild ein Ringlein, und da sich das Mädchen fürchtete, ihren Eltern den Schaden zu zeigen, ging sie zu Völundr, damit er den Ring wieder zusammenschmiede. Der aber machte die Königstochter trunken und tat mit ihr, was er wollte. Dann fertigte er sich ein Fluggewand aus Vogelfedern, flog auf Niduds Dach und rief den König hervor. Und da sagte er ihm, woraus er getrunken, womit sich seine Frau geschmückt und von wem Bödvild nun ein Kind erwarte. Dann hob er sich lachend in die Lüfte. Das war Völunds Rache.

WIELAND DER SCHMIED

Völundr heißt in der deutschen Sage Wieland. Da hören wir, er sei ein Enkel des mächtigen Königs Wilzinus gewesen. Der habe einst in einem Walde am Meer mit einem Meerweib einen Riesenknaben gezeugt, Wate mit Namen. Dieser Wate aber sei Wielands Vater geworden. Und da der Riese selbst nicht zum Krieger taugte, wollte er, daß sein Sohn ein Handwerk lerne. Drei Jahre hindurch arbeitete Wieland bei dem kunstvollen Zwerg Mime; doch weil dort kein Geringerer als Sigfrid Geselle war und die Lehrbuben prügelte, kehrte Wieland heim. Da tat ihn sein Vater zu zwei kunstfertigen Zwergen in die Lehre, die in dem hohlen Berge Ballofa wohnten. Um zu denen zu gelangen, durchwatete Wate mit seinem Knaben auf dem Rücken den neun Ellen tiefen Grönasund. Die Zwerge aber waren heimtückische Geschöpfe und machten Wate den Vorschlag, seinen Sohn zwar bei ihnen zu lassen, ihn aber an einem genau vorherbestimmten Tage wieder abzuholen; wenn er an jenem Tage nicht käme, wollten sie Wieland töten. Der Riese ging darauf ein, doch versteckte er in einem Sumpf, der unweit des Berges Ballofa lag, ein gutes Schwert und sagte Wieland insgeheim, er solle es zu gebrauchen wissen, wenn er selbst aus irgendeinem Grunde nicht am festgesetzten Tage zur Stelle wäre. Drei Tage vor diesem Tag kam Wate zurück. Da er aber sehr geeilt war und sich müde fühlte, den Berg auch verschlossen fand, legte er sich nieder und schlief ein. Da erbebte die Erde von seinem Schnarchen, Felsblöcke lösten sich vom Berge Ballofa, fielen auf Wate, verschütteten und töteten ihn. So fanden ihn Wieland und die Zwerge nicht, als sie aus dem Berge traten. Und da Wieland Wate nicht sah, suchte er im Sumpf seines Vaters Schwert, erschlug die Zwerge, raubte ihnen all ihr Werkzeug und wollte heimkehren.

Unterwegs kam er an den Fluß Wizara, die Weser, baute sich aus einem Baum ein kunstvolles, fest verschlossenes Boot und versuchte, damit über den Strom zu setzen. Der aber trieb ihn ins Meer hinaus, und so landete er nach achtzehn Tagen auf Jütland, wo König Nidung, herrschte. Fischer fanden den Baum. Da sie meinten, er enthalte einen Schatz, riefen sie Nidung herbei. Doch als man das seltsame Fahrzeug mit der Axt öffnen wollte, ertönte eine menschliche Stimme, und Wieland zeigte sich den Erstaunten. Der König nahm ihn freundlich auf und gab ihm ein seltsames Amt: drei Tischmesser für ihn zu bewahren und zu putzen. Daran wollte er den Fremden erproben. Es schmerzte darum Wieland sehr, als er eines dieser Messer verlor. Nidung aber hatte einen Schmied in seinen Diensten, Amilias mit Namen. Während Amilias aus seiner Werkstatt abwesend war, schmiedete Wieland ein Messer, das dem verlorenen völlig glich. Doch als der König damit sein Brot schneiden wollte, durchschnitt er nicht nur das Brot, sondern auch den Tisch. Zwar behauptete Amilias, als Nidung ihn danach fragte, dies treffliche Messer sei sein Werk, Nidung aber glaubte ihm nicht, und als Wieland, den man herbeigeholt, bekannte, er habe die Klinge geschmiedet, sah sich Amilias vor seinem Herrn so sehr in seiner Handwerkerehre gekränkt, daß er dem König eine Wette vorschlug, in der sich zeigen solle, wer an diesem Hofe der tüchtigste Schmied sei. Er wollte eine Rüstung, Wieland sollte ein Schwert schmieden; wenn das Schwert die Rüstung zerschnitte, wolle er selbst sterben; wenn die Rüstung standhielte, müsse Wieland des Todes sein.

Nidung gefiel der Vorschlag. Tag und Nacht arbeitete nun Amilias mit all seinen Gesellen an der Rüstung. Wieland aber unternahm nichts und diente Nidung wie zuvor. Das wunderte den König, und er mahnte den Schmied, an die Arbeit zu gehen. Endlich entschloß sich Wieland dazu. Als er aber ging, um sein Werkzeug zu holen, das er bei seiner Landung in Jütland unter der Erde verborgen hatte, fand er es nicht mehr. Offensichtlich war das Gerät gestohlen worden. Sein Verdacht fiel auf einen Mann des Königs, der ihm von ferne zugeschaut hatte, als er das Werkzeug vergrub; doch erinnerte er sich nur an das Gesicht, nicht an den Namen dieses Menschen. Er klagte Nidung sein Leid. Der ließ nun alle seine Ritter und Knechte zusammenrufen und fragte Wieland, ob er den Dieb unter ihnen finden könne. Wieland konnte das nicht. Da verspottete ihn der König. Doch Wieland schuf ein Abbild jenes Mannes, den er für den Dieb hielt, und stellte es insgeheim in des Königs Halle. Als nun der König in den Saal trat und das Bild sah, glaubte er, es lebe, so ähnlich war es, und redete es also an: «Nun, Freund Regin, bist du wieder daheim?» Da wußte Wieland den Namen des Diebes. Der Ritter Regin war von Nidung auf Gesandtschaft in ferne Lande geschickt worden, darum hatte ihn Wieland unter des Königs Leuten nicht finden können; als Regin heimkehrte, bekannte er den Diebstahl, und der Schmied erhielt sein Werkzeug zurück. Damit schmiedete er nun ein herrliches Schwert: Mimung. Wenn man in einem Fluß eine Wollflocke dagegen treiben ließ, zerschnitt es sie mühelos. Mimung aber gefiel Nidung so, daß er es besitzen wollte. Darum schmiedete Wieland ein anderes, ähnliches. Und als der Tag der Wette gekommen war, durchschlug er mit Mimung des Amilias Rüstung und teilte den Leib des Schmiedes in zwei Teile. Diese wunderbare Waffe behielt er für sich, dem König aber gab er die nachgeahmte.

Von da an stand er bei Nidung in hoher Gunst. Einstmals zog nun Nidung ins Feld, hatte aber seinen Siegstein, einen Talisman, der ihm Sieg verleihen sollte, daheim vergessen. Darum verhieß er dem unter seinen Rittern, der ihm diesen Siegstein im Laufe einer Nacht herbeischaffen könne, die Hand seiner Tochter und sein halbes Reich. Das schien unmöglich, denn der Weg war mehrere Tagereisen weit. Wieland gelang es doch: auf seinem geschwinden Hengst Schimming war er vor Morgengrauen mit dem Siegstein wieder in des Königs Lager. Da vertrat ihm des Königs Truchseß den Weg und wollte ihm den Stein abnehmen, um selbst die Königstochter zu gewinnen. Wieland aber schlug den Truchseß nieder, eilte zu Nidung und forderte den Lohn für seine Tat. Umsonst. Nidung hielt sein Wort nicht. Unter dem Vorwand, Wieland habe seinen Truchseß erschlagen, verjagte er ihn sogar aus seinem Lande.

Und so irrte der Schmied lange in der Fremde. Dann machte er sich unkenntlich, kehrte an Nidungs Hof zurück, nahm Dienst in des Königs Küche und tat eines Tages Gift in des Königs Speisen. Nidungs Tochter Bathild aber besaß ein wunderbares Messer, das erklang, wenn man etwas Vergiftetes damit schnitt, und so konnte sie ihren Vater warnen. Wieland wurde entdeckt. Doch weil der Schmied ein kunstreicher Mann war, ließ ihn Nidung nicht töten, sondern befahl, daß man ihm die Sehnen durchschneide, so daß er weder entfliehen noch schaden, wohl aber für den König arbeiten konnte. Furchtbar rächte sich der verkrüppelte Mann. Als einst die zwei jüngsten Söhne Nidungs zu ihm kamen, damit er ihnen Pfeile schmiede, erschlug er die Knaben, verbarg ihre Leiber, fertigte Trinkschalen aus ihren Schädeln und sandte sie dem König. Niemand erfuhr, wo die Knaben geblieben waren. Ein anderes Mal kam Nidungs Tochter Bathild zu ihm, denn ihr war ein goldenes Ringlein gebrochen, und sie fürchtete sich, ihren Eltern den Schaden zu zeigen. Wieland machte das Mädchen trunken und tat mit ihr, was er wollte.

Zu jener Zeit ließ der Schmied seinen Bruder Egil aus Seeland kommen. Der war ein Meisterschütze. Doch Nidung wollte seine Meisterschaft auf die Probe stellen. Dieser Egil hatte einen kleinen Sohn, den er sehr liebte. Dem legte Nidung einen Apfel aufs Haupt und befahl dem Vater, den Apfel herunterzuschießen. Egil fügte sich, nahm drei Pfeile aus seinem Köcher und traf schon mit dem ersten so gut, daß er den Apfel in zwei Teile spaltete. Der König lobte den Meisterschuß, doch fragte er den Schützen, warum er denn drei Pfeile zur Hand genommen habe. «Die zwei anderen», antwortete Egil, «wären für dich gewesen, wenn ich mein Kind getroffen hätte». Nidung gefiel die kühne Antwort, und er nahm den Schützen in seinen Dienst. Wieland aber bat seinen Bruder, er möge im Walde große Vögel schießen und ihm deren Federn in die Werkstatt bringen. Daraus fertigte er insgeheim ein kunstvolles Flughemd. Als er diese Arbeit vollendet hatte, rief er Egil und bat ihn, das Hemd zu erproben. «Gegen den Wind», so sagte er zu seinem Bruder, «sollst du auffliegen, und mit dem Wind sollst du dich niederlassen.» So tat Egil: leicht flog er empor, doch hart fiel er, als er sich niederließ. «Wenn dies Hemd», sagte der Schütze, «zum Niederlassen gut wäre, wie es zum Aufsteigen ist, so sähest du mich nicht mehr an König Nidungs Hof.» Da schlüpfte Wieland in das Federkleid, flog auf ein hohes Dach und antwortete: «Ich weiß wohl, daß die Vögel nicht nur gegen den Wind auffliegen, sondern sich auch gegen den Wind niederlassen. Aber ich habe dir's nicht gesagt, sonst hättest du mir das Hemd nie wiedergegeben. Jetzt flieg ich selbst in die Heimat. Doch zuvor will ich mit Nidung reden. Wenn er gehört hat, was ich ihm sagen will, wird er dich rufen und dir befehlen, nach mir zu schießen. Tu's, Bruder, aber triff unter die Achsel.» Unter der Achsel nämlich hatte Wieland eine mit Blut gefüllte Schweinsblase versteckt. Dann flog der verkrüppelte Schmied auf die höchste Zinne von Nidungs Burg, rief den König herbei und sagte ihm, aus was für Schalen er getrunken habe und von wem seine Tochter ein Kind erwarte. In seiner Wut rief Nidung den Egil und hieß ihn, auf Wieland zu schießen. Als nun Egil die Schweinsblase traf und das Blut herausfloß, glaubte der König, Wieland sei tödlich verwundet. Der aber flog davon in seine Heimat Seeland und auf die Höfe, die einst seinem Vater Wate gehört hatten.

Bald darauf starb Nidung aus Kummer darüber, daß seine Tochter von Wieland schwanger war. Da wurde sein ältester Sohn Ortwin König. Er versöhnte sich mit Wieland; der Schmied kehrte nach Jütland zurück und wurde Bathilds Mann. Die Königstochter gebar ihm einen Knaben. Den nannte er Witig. Witig wurde ein großer

Held und führte das Schwert Mimung, das sein Vater geschmiedet hatte, als er die Wette mit Amilias einging.

FRITHJOF

Björn spricht:
Eine traute Maid
Zum Trunk uns entbeut,
Die Lichte im Saal
Lädt uns zum Mahl:
Salzige Lauge
Läuft mir ins Auge,
Vom Anblick der Schönen
Die Augen mir tränen.

Frithjof spricht:
Auf gepolsterter Bank
Im Baldershag
Sang ich vieles
Der Fürstenmaid.
Bald ruh ich bei Ran
Auf rauhem Bett,
Ein anderer aber
Bei Ingibjörg.

König Bele von Noreg und Thorsten Wikingssohn waren Blutsbrüder. Darum wurde Beles Tochter Ingeborg und Thorstens Sohn Frithjof gemeinsam bei dem alten und weisen Hilding erzogen. Doch Bele hatte auch zwei Söhne, die an seinem Hofe aufwuchsen: den weichlichen Halfdan und den finsteren Helge, der Tag und Nacht an den Opferaltären zubrachte oder sich der dunklen Kunst der Runen hingab. Als nun Bele und Thorsten gestorben waren und man die beiden Freunde, wie sie es gewünscht, in einem gemeinsamen Grab beigesetzt hatte, wurde Helge König in Noreg, Frithjof aber Herr auf Framnäs, seines Vaters Gut. Dort lebte er mit Björn, seinem treuen Waffenbruder. Drei herrliche Dinge besaß Frithjof: das Schwert Augurwadel, das Drachenschiff Ellide, ein Geschenk des Meergottes Ägir, den Thorsten einst, ohne ihn zu kennen, gastlich aufgenommen hatte, und einen goldenen Armring. Dieser Ring war Völunds Werk, und man sah darauf in erhabener Arbeit den Göttersitz Asgard mit den zwölf Himmelsburgen und Balders Leichenbrand. Als nun Frithjof in das Alter gekommen war, in dem er heiraten konnte, beschloß er, um Ingeborg zu werben, denn er hatte die Königstochter von seiner Jugend an

Goldener Schwertgriff · Suartemo (Norwegen, 6. Jh.)

Stonehenge (Wiltshire, Südengland, prähistorisch)

Runenstein mit verschlungenem Tierornament (Stockholm)

geliebt, und er wußte, daß sie seine Liebe von ganzem Herzen erwiderte. Doch als er vor Helge und Halfdan trat, die am Grabhügel ihres und seines Vaters Gerichtstag hielten, und sich von ihnen Ingeborgs Hand erbat, wies ihn Helge voll Hohn zurück; er wolle die Schwester, so sagte er, nur einem Königssohne zur Frau geben. Da zog Frithjof sein Schwert Augurwadel und spaltete des Königs Schild mitten durch. Schlimmeres tat er Helge nicht, um den Frieden des Grabes zu ehren. Dann kehrte er nach Framnäs zurück. Bald danach ließ der alte König Ring um Ingeborg werben. Auch ihn wies Helge ab und ließ Ring voller Hohn sagen, er solle doch selbst kommen und sich die Braut holen. Darauf rüstete der Alte zum Kriege. Nun war guter Rat teuer: Helge und Halfdan mußten Frithjof um Hilfe bitten. Der Held aber weigerte sich. Jetzt versuchte Helge, ihn zu vernichten. Weil der Krieg drohte, hatte sich Ingeborg zu jener Zeit in Balders heiligen Hain geflüchtet. Dort traf Frithjof manches Mal insgeheim mit der Geliebten zusammen. Helges Späher kundschafteten das aus, und Helge verklagte nun Frithjof vor dem Thing, daß er den Hain Balders entweiht habe. Tod oder Verbannung hätten den Helden wegen dieses Vergehens treffen können, doch gab man ihm die Möglichkeit, sich durch eine große Tat von Strafe zu befreien; er sollte fern im Westen die Inseln aufsuchen, auf denen der Jarl Argantyr herrschte, und den Zins eintreiben, den dieser Fürst einst an König Bele entrichtete, seit einiger Zeit aber nicht mehr gesandt hatte; wenn er aber ohne den Zins wiederkehre, solle er ehrlos und gebannt sein. Vor seiner Abfahrt schenkte er Ingeborg als Pfand der Treue jenen Armring, Völunds Werk, den er von seinem Vater geerbt hatte. Eine stürmische und gefahrvolle Fahrt mußte er mit seinem Drachenschiff Ellide bestehen. Ein Walfisch, auf dem zwei wilde Meertrolle, ein Adler und ein Bär, saßen, begegneten ihm auf hoher See: doch Ellides Kiel zerschnitt das Ungeheuer. Fast sah es so aus, sagt die Edda, als ob Frithjof und sein Gefährte Björn der Seegöttin Ran zum Opfer fallen sollten. Endlich aber gelangten die kühnen Seefahrer doch zu Argantyr, der sie freundlich aufnahm, erhielten den Zins und blieben ein Jahr lang bei ihm. Dann kehrten sie in die Heimat zurück. Doch dort erwartete sie Schlimmes. König Ring war ins Land gefallen, hatte Ingeborg geraubt, Helge und Halfdan zur Flucht gezwungen: fliehend hatte der rachsüchtige Helge die Brandfackel in Frithjofs Hof Framnäs geworfen. Als der Held das alles von seinem alten Erzieher Hilding erfuhr, ergriff ihn rasende Wut. Das war zur Zeit des Mittsommerfestes, und in Balders Heiligtum feierte man den Tag. Dorthin eilte Frithjof, denn er vermutete Helge unter den Priestern des Gottes. Und er fand ihn auch. Am Arm des Balderbildes aber erblickte er den Ring, den er einst Ingeborg geschenkt hatte. Er will ihn herunterreißen, doch der Ring scheint unbeweglich. Da packt er heftiger zu, das Bild wankt, stürzt in die Opferfeuer, geht in Flammen auf, und der ganze Tempel verbrennt mit ihm. Furchtbare Tempelschändung hatte Frithjof dadurch auf sich geladen. So mußte er fliehen und viele Jahre hindurch harte Verbannung ertragen. Eines Tages aber überwältigte den Geächteten die Sehnsucht nach Ingeborg, und er beschloß, an König Rings Hof zu fahren, um die Geliebte ein einziges Mal wiederzusehen. Der alte König nahm ihn freundlich auf, doch der Held gab sich nicht zu erkennen. Ring aber wußte wohl, wer sein gewaltiger Gast war, und auch Ingeborg hatte ihn erkannt. Lange Zeit lebte Frithjof, der sich unerkannt glaubte, am Hofe des Königs. Einmal aber forderte ihn Ring auf, er möge ihn auf die Jagd begleiten. Als sie in den Wald gekommen waren, legte sich der Alte unter einen Baum und sagte, er wolle ein wenig schlafen. Frithjof hielt neben ihm Wacht. Da hörte der Held zwei Vögel singen, einen schwarzen und einen weißen, und verstand ihre Sprache. Der schwarze riet ihm, den Schlafenden zu töten, der weiße warnte ihn vor dieser Tat. Es war ein harter Kampf, den Frithjof mit sich kämpfte; dann aber warf er sein Schwert fort, und nun erwachte auch Ring. «Ich wollte dich prüfen, Frithjof», sagte der König, «denn ich weiß wohl, wer du bist. Stets habe ich dich erwartet, doch glaubte ich, daß du mit Heeresmacht kommen würdest, um Ingeborg zu gewinnen. Ich bin alt und dem Tode nahe. Wenn ich sterbe, nimm Ingeborg und führe die Herrschaft für meinen Sohn, denn solchen Lohn hast du verdient, weil du dem Rate des weißen Vogels folgtest.» Bald darauf schnitt sich der greise Fürst, weil er nicht den Strohtod sterben wollte, Todesrunen in die Brust, bestieg sein Schiff, zündete es an, ließ das brennende Fahrzeug in die Wellen hinausstoßen und ließ sein Leben auf dem hohen Meere. Doch bevor Frithjof Ingeborg heimführen konnte, mußte er die Tempelschändung sühnen. Flehentlich betete er zu Balder und bat den Gott, er möge ihm doch ein Zeichen geben, wie er sich von dieser Schuld lösen könne. Da sah er eine Lichterscheinung: ein herrlicher Tempel zeigte sich am Himmel. Er verstand die göttliche Weisung und baute Balder ein neues Heiligtum. So wurde Frithjof entsühnt und heiratete Ingeborg, die er von früher Jugend an von ganzem Herzen geliebt hatte.

HILDEBRAND UND HADUBRAND

Ich hörte das sagen,
Daß sich Ausfordrer einzeln trafen,
Hildebrand und Hadubrand zwischen den Heeren.
Sie, Sohn und Vater, sahen nach ihrem Panzer,
Schlossen ihr Schirmhemd, gürteten sich ihr Schwert um,
Die Reisigen über die Ringe, um zu solchem Streit zu reiten.

Mit diesen Worten beginnt das alte deutsche Hildebrandslied. Es erzählt, wie Meister Hildebrand, der Waffenmeister des großen Dietrich von Bern, nachdem er dreißig Jahre in der Fremde gelebt hatte, endlich heimkehrt. An der Grenze seines Landes wehrt ihm Hadubrand, sein eigener Sohn, der inzwischen ein Mann geworden ist, den Eintritt. Hildebrand gibt sich Hadubrand zu erkennen und bietet ihm Gold als Gabe; Hadubrand aber, der gehört hat, daß sein Vater in der Fremde gestorben sei, glaubt ihm nicht, und so kommt es zum Zweikampf. Der Schluß des alten Liedes ist uns verloren. Es erzählte, daß der Vater den Sohn verwundete und ihm das Schwert abnehmen wollte. Doch da schlug Hadubrand nach Hildebrands Hand. «Den Schlag», so sagte der Vater, «lehrte dich ein Weib.» Dann begann noch einmal der Kampf, und Hadubrand fiel. So lesen wir im jüngeren Hildebrandslied. In der späten Thidreksaga, in der Hadubrand den Namen Alebrand führt, versöhnen sich Vater und Sohn, bevor es zum Schlimmsten kommt, und von dieser Versöhnung wissen auch andere deutsche Lieder zu berichten.

Beowulf

Das angelsächsische Lied von Beowulf erzählt: Rodgar, Halfdans Sohn aus dem Geschlecht der Schildinge, König der Dänen, hatte eine herrliche Halle erbaut, deren First mit einem Hirschgeweih geschmückt war und die darum Halle Hirsch hieß. Dort zechte und sang der alte Fürst alle Tage mit seinen Kriegern und gedachte der großen Taten seines Lebens. Da kam eines Nachts, als die Dänen schliefen, ein grausames und gewaltiges Moorgespenst, der abscheuliche Grendel, in die Halle Hirsch geschlichen, raffte in der Dunkelheit dreißig der besten Helden in seinen klauenbewehrten Arm, schleppte sie in den Sumpf und sog ihnen das Blut aus. Das gleiche tat er in der folgenden Nacht. So kam schweres Unglück über Rodgar und sein Volk, und da die Dänen dem Unhold nicht zu wehren wußten, blieb die herrliche Königshalle zwölf Jahre hindurch verödet. Davon hörte der Held Beowulf, der Schwestersohn König Hygelaks von Jütland, und er machte sich auf, um das befreundete Volk von diesem Unglück zu befreien. Rodgar freute sich nicht wenig, als ihm Beowulf eröffnete, warum er gekommen war, und führte ihn und die Seinen in die Halle Hirsch, wo der Held Grendel erwarten wollte. Und wirklich, kaum schliefen die Jütländer, erschien das Moorgespenst. Schon hatte es einem Ritter das Blut aus dem Leibe gesogen und wollte nun Beowulf selbst ans Leben gehen, da packte der Gewaltige das Ungeheuer, seine Gefährten eilten mit gezogenen Schwertern zu Hilfe, ein furchtbarer Kampf begann. Keine Waffe konnte Grendel verwunden, denn ein Zauber schützte ihn. Doch Beowulf zerdrückte ihn schließlich in seinen Armen, so daß die Knochen knackten und die Sehnen rissen: todwund floh das Scheusal ins Moor. Eine seiner krallenbewehrten Pratzen blieb in Beowulfs Hand. Als nun Rodgar am nächsten Morgen diese Kralle als ein Siegeszeichen an der Decke der Halle Hirsch hängen sah, freute er sich herzlich über die Befreiung aus solcher Not. Aber schon in der folgenden Nacht zeigte sich, daß dem Grendel eine Rächerin lebte: seine Mutter. Auch sie kam im Dunkeln, ergriff einen von Rodgars Rittern, und ehe seine Gefährten ihn befreien konnten, verschwand die Unholdin mit ihm im Moor. Beowulf selbst hatte in jener Nacht nicht in der Halle Hirsch geschlafen und erfuhr erst am Tage darauf, was geschehen war. Darum machte er sich auf, das Gespenst im Sumpf aufzusuchen und zu bezwingen. Kühn sprang er in das düstere Moorwasser. Lange dauerte es, bis er Grund faßte. Da packte ihn auch schon Grendels Mutter und schleppte den Helden in ihren Saal. Vergeblich focht er mit ihr: sein Schwert zerbrach an ihrer Schuppenhaut; vergeblich versuchte er, sie niederzuringen: ihre Kraft war gewaltig. Nun sah er an der Wand der Halle ein riesenhaftes Schwert, das einst Grendel geschwungen hatte. Mit dieser Waffe, die kein anderer als Beowulf hätte handhaben können, tötete er endlich das Moorweib. Dann schnitt er der Leiche Grendels den Kopf ab und kehrte mit diesem Siegeszeichen zu Rodgar zurück. Doch von Grendels Schwert behielt er, als er die Moorhalle verließ, nur den Griff in Händen, denn die Klinge wurde vom giftigen Blut der beiden Sumpfgespenster zerfressen; auf dem goldenen Griff aber las man in uralten Runen von Asen und Riesen. Zum Dank für seine Tat beschenkte Rodgar den Beowulf reichlich; dann kehrte der Held mit den Seinen nach Jütland zu König Hygelak zurück, der ihn mit Freuden empfing und zu einem großen Fürsten in seinem Reiche machte. Wenige Jahre danach fiel Hygelak im Kampf. Da regierte Beowulf Jütland für Hygelaks Sohn Hardred, der noch unmündig war. Doch als der Knabe zum Jüngling herangewachsen war und in seinen ersten Kampf zog, fiel er auf dem Schlachtfeld. Nun wurde Beowulf König und herrschte viele Jahre hindurch gerecht über sein Volk. Es geschah aber einmal, daß ein Sklave an Beowulfs Hof, der eines schweren Verbrechens wegen verurteilt worden war, in den Wald floh und an eine entlegene Stelle im Felsgebirge kam, die nie eines Menschen Fuß betreten hatte. Dort sah er einen Drachen, der schlafend auf einem herrlichen Goldhort lag. Der Sklave schlich sich heran, raubte einen kostbaren goldenen Becher aus diesem Schatz und kehrte damit zu Beowulf zurück, denn er hoffte, mit diesem Kleinod und der Kunde von dem Gold- hort Straffreiheit zu gewinnen. Und so geschah es auch. Als aber der Drache erwachte und merkte, daß er beraubt worden, suchte er Jütland mit glühendem Feueratem heim: Höfe und Ernten ver- brannten, und großes Unglück kam über Beowulfs Untertanen. Da zog der alte Held zum Drachenkampfe aus. Wenige Ritter beglei- teten ihn, und auch sie flohen, als sie des Drachen ansichtig wur- den. Nur einer von ihnen, Wiglaf mit Namen, eilte Beowulf zu Hilfe. In furchtbarem Kampfe überwanden Beowulf und Wiglaf das Untier, doch der Zahn des Drachen verwundete den König: tödliches Gift drang dem Helden ins Blut. Seine brechenden Augen sahen noch den gewaltigen Schatz, den er durch diesen letzten Streit gewonnen hatte, dann starb er. Auf Wiglafs Befehl aber wur- de der Drachenhort dem toten König ins Grab gelegt.

WALTHER UND HILDEGUND

Ein lateinisches Gedicht des Ekkehart von Sankt Gallen erzählt: Als König Etzel mit seinen gewaltigen Hunnenscharen nach We- sten zog, stellten ihm viele Fürsten Geiseln, damit er ihr Land ver- schone. Gibich, der zu Worms der Franken König war, gab ihm den adeligen Knaben Hagen von Tronje, der an seinem Hof erzogen wurde, Herrich, der zu Châlons über die Burgunder herrschte, sandte dem Hunnen sein Töchterchen Hildegund, und Alpherr, der Gotenkönig, erkaufte sich und seinem Volke den Frieden, in- dem er seinen einzigen Sohn und Erben Walther an den Hunnen- hof schickte. Hildegund von Burgund aber und Walther, der Go- tenprinz, waren von ihren Vätern einander verlobt worden und liebten sich von Herzen. König Etzel und seine Frau Helche hiel- ten die Geiseln in Ehren, gaben den beiden Knaben eine ritterliche Erziehung, und die Königin setzte Hildegund zur Bewahrerin ih- rer Schätze ein. Doch als die Kunde von Worms kam, Gibich sei gestorben und Gunther, sein Sohn, der zur Zeit des Hunneneinfalls noch ein kleines Kind gewesen war, sei nun Herr im Frankenland, floh Hagen von Tronje und erreichte glücklich den Rhein und die Heimat. Walther suchte ebenfalls eine Gelegenheit zur Flucht. Er verabredete sich insgeheim mit Hildegund und sagte ihr, sie solle sich bereithalten, auch zwei Truhen mit Gold aus Etzels Schatz füllen. Eines Tages nun gab Etzel Walther zu Ehren ein Fest, denn der junge Held hatte einen großen Sieg für ihn errungen. Als aber die Hunnen alle trunken waren, schlich sich Walther aus der Halle, rief Hildegund, holte sein Pferd aus dem Stall, hob das Mädchen und die Truhen mit Gold in den Sattel und ritt der Heimat zu. Und so gefürchtet war er unter den Hunnen, daß keiner von ihnen den Flüchtigen nachzureiten wagte. Viele Tage lang zogen die beiden Verlobten durch den Wald, schliefen unter den Bäumen, nährten sich von Wildbret, das Walther erjagte, und von Fischen, die er in den Flüssen fing. Endlich kamen sie bei Worms an den Rhein. Sie fanden einen Fährmann, der sie über den Strom ruderte, dann ritten sie westwärts den Bergen zu. Zum Lohne aber hatte Walther dem Fergen zwei Fische gegeben von einer Art, die im Rhein nicht gefangen wird. Der Fährmann verkaufte sie an König Gunthers Koch, und so kamen sie auf des Königs Tisch. Der wunderte sich nicht wenig über diese seltsame Speise, ließ den Fährmann rufen und fragte ihn, von wem er die Fische erhalten habe. Der Mann antwortete, daß er von einem herrlichen Helden und von einer schönen Prinzessin damit entlohnt worden sei; auch erzählte er, daß die beiden zwei große Truhen voller Gold mit sich geführt hätten. Als Hagen das hörte, rief er: «Das ist Walther, mein Blutsbruder, der mit Hildegund in die Heimat reitet!» Gunther aber, der auf das Gold lüstern war, antwortete ihm: «Das ist Gold, das einst mein Vater König Etzel gab! Walther soll es herausgeben!» Und so sehr Hagen auch warnte, Gunther ritt mit zwölf seiner besten Ritter aus der Burg, um die Flüchtigen zu verfolgen, und Hagen mußte wohl oder übel mit seinem Herrn reiten. Sie trafen Walther und Hildegund am Wasgenstein in einer Schlucht. Die war so eng, daß nur ein einzelner hindurchkonnte. Als nun Gunther sah, daß ihm da seine Übermacht nichts nütze, sandte er seinen Ritter

Gamelo zu Walther und ließ ihn fragen, ob er den Schatz freiwillig herausgeben wolle. Der Held bot erst hundert, dann zweihundert Goldringe als Lösegeld, doch Gunther forderte den ganzen Schatz. Der ergrimmte Walther tötete Gamelo. So kam es zum Kampf. Einer nach dem andern ritten die Frankenritter gegen Walther an; alle erschlug er sie in der engen Schlucht. So fielen Skaramund und Werinhard, Eckefried und Haduwart, Patafried und Gerwig, Randolf und Helmnot, Drogo und Tannast. Da ritten Gunther und Hagen davon. Als er seine Feinde nicht mehr sah, verließ Walther die Schlucht und wollte mit Hildegund weiterziehen. Doch die beiden waren noch nicht weit, da kehrten Gunther und Hagen zurück: sie hatten den Gotenprinzen durch ihre List aus dem Wasgenstein gelockt. Traurig sah Walther seinen Blutsbruder gegen sich reiten, und auch Hagen ging schweren Herzens in diesen Streit, doch er mußte seinem König Folge leisten. Es begann ein furchtbarer Kampf zweier gegen einen. Walther schlug Gunther das Bein von der Hüfte. Hagen hieb Walther die rechte Hand ab. Mit der Linken schlug der Gotenprinz dem Tronjer ein Auge und sechs Zähne aus. Da waren die Helden kampfmüde, und die Waffen ruhten. Gemeinsam verbanden Walther und Hagen den schwerverwundeten Frankenfürsten. Hildegund kam herbei und schenkte den Kämpfern Wein. Die drei schlossen Frieden miteinander.

ZUR ALTGERMANISCHEN RELIGIONSGESCHICHTE

Von bleibendem Wert können bei jeder Religion, die nicht mehr gelebt wird, einzig und allein das von ihr geschaffene Weltbild und die
von ihr verkündete Sittenlehre sein. Beim altgermanischen Götterglauben lassen sich diese Grundgedanken an allem Wesentlichen
aus den Göttercharakteren und den Sagen ablesen. Auch die Geschichte dieses Glaubens kann uns helfen, seinen Ideengehalt besser
zu verstehen, doch dürfen wir ihre Hilfe nicht überschätzen oder
gar, wie das oft geschieht, die Historie für wichtiger halten als die
Religion. Wir fassen darum den folgenden religionsgeschichtlichen
Abriß noch knapper als die vorangegangenen Erzählungen. Diese
Zusammenstellung der Tatsachen ruht vor allem auf den Forschungen und Werken von Friedrich von der Leyen und Jan de
Vries.

ZEUGNISSE

Unsere ältesten Zeugnisse religiöser Vorstellungen sind Boden-
funde, zumeist Gräber und Grabbeigaben; unsere Kenntnisse beginnen darum mit dem Totenkult. Bei vielen dieser Funde aber
bleibt fraglich, ob sie nicht der vorgermanischen Zeit angehören.
Das gilt auch für jene seltsamen Zeichnungen, die einst Bewohner
Skandinaviens in die Felsen gemeißelt haben. Die ältesten schriftlichen Berichte über die Religion der Westgermanen erhalten wir
von den Römern: die wichtigsten von Tacitus und Cäsar, weitere
von Plutarch, Strabo, Sueton und anderen. Für die spätere Zeit bie-
ten einzelne Nachrichten: die Lebensbeschreibungen der christlichen Bekehrer, germanische Rechtstexte und Gesetze Karls des
Großen, Chroniken, auch die berühmten Merseburger Zaubersprüche und zwei Taufgelöbnisse, in denen der alte Glaube abge-
schworen wird. Dies spärliche Material wurde ergänzt, indem man

Orts- und Personennamen, in denen Götternamen stecken, durchforschte, was vor allem für Skandinavien ertragreich war. Manches ließ sich aus Volksbräuchen, Liedern und vor allem aus Märchen herausdeuten. Doch wir wären bitter arm, hätte uns nicht der Norden dichterische Quellen erhalten, aus denen wir weitverzweigte Kenntnisse der nordischen und das wesentliche Gedankengut der gesamtgermanischen Religion schöpfen können. Die schönsten und reichsten unter diesen Zeugnissen sind die Edda-Lieder. Zeit, Ort, Art ihrer Entstehung sind sehr umstritten. Die ältesten werden im achten nachchristlichen Jahrhundert und vielleicht früher entstanden sein. Ihr Inhalt ist viel älter. Sie enthalten die altgermanische Glaubenslehre. Wir verdanken die Lieder verschiedenen Verfassern, doch einem Geist. Im dreizehnten Jahrhundert hat dann Snorri Sturluson, ein gelehrter und begabter Schriftsteller, in einem Lehrbuch für Dichter von den Göttern erzählt; diese Snorri-Edda, auch Jüngere Edda genannt, ist eine schöne, auf guter Überlieferung aufbauende Schrift, an der man nicht zu viel herumdeuten sollte. Wichtig für die Forschung wurden außerdem die Runeninschriften und lateinische Inschriften aus Süd- und Westdeutschland. Die großartigen isländischen Sagas wissen meist mehr vom Aberglauben als vom Glauben zu erzählen.

STEINZEIT

In der letzten Periode der Altsteinzeit, rund zehntausend Jahre vor Christi Geburt, hat es Künstler gegeben, deren Können durch viele Jahrtausende nicht mehr erreicht worden ist: neben den von ihnen geschaffenen Tierbildern, die man in Deutschland, Frankreich, Spanien meist in Höhlen fand, wirken zum Beispiel die skandinavischen Felszeichnungen der Bronzezeit wie Kinderkritzeleien. Unter diesen Höhlenbildern hat man in Südfrankreich eines entdeckt, das einen tanzenden Menschen mit einer Hirschmaske darstellt. Von der Leyen vergleicht diesen Hirschtänzer mit den ohne Zweifel erweisbaren keltisch-germanischen Hirschgöttern und mit den noch im zwanzigsten Jahrhundert im Salzburgischen gebräuchlichen Hirschmasken. Vielleicht hat sich also in diesem besonderen Fall wirklich eine religiöse Vorstellung der Urbevölkerung bis in unsere Tage erhalten. Einer etwas späteren Epoche als die Höhlenbilder gehören die sogenannten steatopygischen Idole an, die nicht nur in weiten Teilen des Mittelmeergebietes, sondern auch in Deutschland und Frankreich ausgegraben wurden. Es sind kleine weibliche Figuren, bei denen Leib, Brüste und Gesäß überstark hervortreten. Unter den Funden dieser Art ist die «Venus» von Willendorf an der Donau am besten erhalten. Diese Bilder, so meint man, drücken eine Bitte um Fruchtbarkeit aus, stellen vielleicht eine «Mutter Erde» der Urzeit dar.

In der mittleren Steinzeit, die etwa von 8000 bis 3000 vor Christi Geburt angesetzt wird, gab es eine Epoche, in der man mancherorts bei der Bestattung den Toten die Schädel abtrennte, meist zwischen dem dritten und vierten Halswirbel; in einer Höhle bei Nördlingen sind solche Schädel gefunden worden, und zwar Frauenschädel, mit Schnecken und Hirschzähnen geschmückt, mit Rötel bestreut und mit nach Westen gerichtetem Antlitz in konzentrischen Kreisen aufgestellt. Was bedeutet dieser seltsame Brauch? Sah man im Kopf des Menschen den Sitz des Lebens, der Seele? Wir wissen es nicht.

In der jüngeren Steinzeit ging die Bevölkerung des späteren Deutschland vom Jäger-, Fischer-, Hirtenleben allmählich zum Ackerbau über. In Süddeutschland entstanden die Pfahlbauten; was deren Bewohner geglaubt haben, ahnen wir nicht einmal. Im Norden sind uns Gräber verschiedener Gestalt, darunter sehr große Grabbauten, erhalten, die wohl Geschlechtergräber, vielleicht auch Stätten eines dem Fürsten und seiner Familie gewidmeten Totenkultes waren. Der Eingang dieser gewaltigen Bauten öffnet sich fast immer nach Süden, die Toten lagen also im Norden. Im Norden aber suchten die Germanen das Totenreich. Riesenhafte Fürstengräber haben ja auch die Hellenen der Frühzeit erbaut. Außerdem scheint das Wort «Norden» mit einem griechischen Wort verwandt, das «die Unterirdischen», die Toten, bedeutet (de Vries). Vielleicht haben also Vorläufer der Germanen die steinzeitlichen Gräber

Norddeutschlands errichtet; doch wäre auch denkbar, daß Nicht-germanen diese Form der Totenehrung von einem indogermani-schen Volk entlehnt hätten. Neben diesen «Hünengräbern» gab es manche andere Grabform. Zu Beginn der Bronzezeit kommt die Sitte der Leichenverbrennung auf. Aus dieser Tatsache aber läßt sich kaum etwas über die religiösen Anschauungen, etwa solche vom Leben nach dem Tode, erschließen; oft üben ja die Völker Erd- und Feuerbestattung gleichzeitig.

BRONZEZEIT

Die Bronzezeit dauerte in Skandinavien und Norddeutschland etwa von 2000 bis 800, in Süddeutschland von 1500 bis 500 vor Christi Geburt. Schmuck und Waffen jener Epoche zeigen hohes handwerkliches Können. Wir gewinnen den Eindruck, daß sie ein Friedenszeitalter war, in dem die Kultur auf einer hohen Stufe stand.

In den Gräbern jener Zeit fanden sich die sogenannten Luren, mächtig geschwungene Bronzehörner, deren unheimlicher Ruf wahrscheinlich bei kultischen Handlungen ertönte. Andere Weih-gaben, die wohl religiöse Bedeutung haben, sind kleine Schiffe und Äxte. Der älteren Bronzezeit gehört der in Seeland gefundene so-genannte Trundholmer Sonnenwagen an: auf einem sechsrädrigen Untergestell steht eine teilweise mit Goldblech überdeckte, von einem Pferdchen gezogene Bronzescheibe. Die Scheibe dürfte ein Sonnensymbol sein. Das Ganze ist vielleicht die Nachbildung eines Kultwagens, der auf dem Lande umhergefahren wurde, um die Saaten zu sonnen. Wir müssen aber auch an den Wagen des Son-nengottes denken. Wer wagt da eine Entscheidung?

Aus jener Zeit besitzen wir noch einige Idole aus Holz und Bronze. Viele davon versinnbildlichen die männliche Zeugungskraft, wie noch jenes Bild des Gottes Freyr zu Upsala, von dem uns der Chro-nist Adam von Bremen berichtet hat, und sie könnten wohl ge-danklich mit den Fruchtbarkeitsriten, die wir auf den Felszeichnungen finden, zusammenhängen. Von magischen Praktiken jener Zeit erzählen uns möglicherweise ein Bronzeeimer, in dem man Pferdezähne, Wieselknochen, eine Luchsklaue, Wirbelknochen einer Natter, die Luftröhre eines Vogels, Schwefelkies und Kohle beisammen fand, und andere Gefäße ähnlich gemengten, zauberischen Inhalts. Die wichtigsten religiösen Zeugnisse der Bronzezeit sind aber die vor allem in Südschweden gefundenen Felszeichnungen. Deren Darstellungen stimmen inhaltlich vielfach mit Bildern überein, die wir auf Steinplatten aus einem Grabe bei Kivik in Schonen sehen. Künstlerisch sind die Zeichnungen ganz primitiv, obwohl einige schon der Eisenzeit angehören. Die ältesten entdeckte man in der Umgebung von Oslo, sie zeigen jagdbare Tiere, und man darf sie als Jagdzauber deuten: die gezeichneten Tiere sollen die lebenden locken und beschwören. Auf anderen sieht man aber deutlich Religiöses: Tänzer, Beter, Lurenbläser, dann symbolische Schlangen, Bäume, Fußspuren, Sonnenräder, ferner Pflügende, Liebespaare, sehr viele Schiffe, Krieger mit Äxten, einen Riesen mit einem Speer. Der Schwede Oskar Almgren hat uns diese Bilder gedeutet. Dargestellt sind gewiß Kulthandlungen, vielleicht ein Fruchtbarkeitskult. Man hat vermutet, daß er Fruchtbarkeitsgottheiten, vielleicht den späteren altnordischen Wanen galt, die ja Götter der Fruchtbarkeit waren. Die Schiffe, meinte man, weisen auf die wanischen Meer- und Schiffahrtsgötter, auch auf das Totenschiff. Sehr schön hat von der Leyen die Fußspuren mit den Sagen von Skadi und vom Urriesen Ymir, in denen der Fuß eine geschlechtliche Bedeutung hat, in Verbindung gebracht. Aber ob die Krieger mit den Äxten, überhaupt das Axt-Zeichen auf Donar-Thor, den Hammergott, und der Riese mit dem Speer auf Tyr gedeutet werden dürfen, bleibt doch fraglich. Einmal sehen wir den «Gott» mit der Axt neben einem sich umarmenden Liebespaar stehen und denken daran, daß der Hammer im «Thrymlied» der Edda ein Fruchtbarkeitssymbol ist. Doch das sind nur Annäherungen, keine Deutungen. Von Odin-Wotan finden wir auf den Felsbildern keine Spur. Völlig ungewiß bleibt außerdem, ob diese Wanen-Bilder, wenn es solche sind, von germanischen oder vorgermanischen Menschen in die Felsen eingeschliffen und eingemeißelt wurden.

DIE INDOEUROPÄER

Auf die heiß umstrittene Frage, woher die Germanen nach Germanien kamen, können wir hier nicht eingehen. Seit dem Beginn des zweiten vorchristlichen Jahrtausends sind sie wohl in Skandinavien und Deutschland nachweisbar. Daß sie mit den Völkern der sogenannten indoeuropäischen Völkerfamilie stammesverwandt waren, steht fest. Man hat lange Zeit hindurch versucht, aus den verschiedenen Religionen der indoeuropäischen Völker die indoeuropäische Urreligion zu rekonstruieren. Der Versuch scheiterte und wurde aufgegeben. Seit einiger Zeit spinnen die Forscher wieder behutsam die abgerissenen Fäden, mit vollem Recht, denn die Zusammenhänge sind unverkennbar da. Aber vielleicht fände man sie rascher, wenn man weniger die Taten und Eigenschaften der Götter und die Fabeln miteinander vergliche als die religiösen Ideen. Um ein Beispiel zu nennen: die Raben Hugin und Munin, Odins Begleiter, und die Göttinnen Metis und Mnemosyne, Zeus' erste Gattinnen, tragen Namen, die das gleiche aussagen, nämlich «Rat» und «Gedächtnis»; Vögel und Frauen sind also Gestaltwerdungen der gleichen Idee. In den Gedanken über Tod und Unsterblichkeit, Weltschöpfung und Weltende wird sich das Gemeinsame am ehesten finden lassen, und solche Funde wären der größte Gewinn.

Es gibt eine ganze Reihe von religiösen Vorstellungen in der germanischen Religion, in denen wir bestimmt indoeuropäisches Erbe sehen dürfen. Zunächst die den großen Ahnen, vor allem den Fürsten entgegengebrachte Verehrung. Dann die bedeutende Rolle der Frau in Kult und Weissagung, über die römische Schriftsteller wiederholt berichten. Heilig, eine Stätte des Göttlichen, war den Germanen immer der Wald; da denken wir an das Wesen der griechischen Artemis, die eine Göttin der freien Natur ist und in ihrer rein hellenischen Form nie Tempel gehabt hat. Viele Wald- und Wassergeister sind indoeuropäisches Erbe. Vor allem ist die Verehrung von Wassermädchen, von Nixen und Nymphen, Griechen und Germanen gemeinsam. Das Wasser, das Fließende, ist in diesen Vorstellungen eng mit dem Tod und dem ewigen Leben verbunden, und darum fließen die «rächenden» Ströme, bei denen man Eide schwört, zum Beispiel der germanische Leipter und die hellenische Styx, in der Unterwelt. Die nordische Hel ist das Verborgene (oder: die Verborgene), der griechische Hades das (oder der) Unsichtbare; in beiden Fällen tragen der unterweltliche Ort und die darin herrschende Gottheit den gleichen Namen. Wir dürfen also in der Hel nichts Christliches sehen und es ist fraglich, ob die Germanen eine Höllenvorstellung hatten, die zur ewigen Gerechtigkeit gehört.

Auch die Vorstellung von einer Säule, die den Himmel trägt, ist wohl indoeuropäisch. Bei den Sachsen hieß sie Irminsul, «Säule des Erhabenen», ein Zeugnis nennt sie *universalis columna*, «Weltsäule». Man darf sie mit der Weltesche Yggdrasill vergleichen.

Alle großen Götter der Germanen sind indoeuropäisches Erbe: Teiwaz-Tyr, Donar-Thor, Freyja-Frigg, Wotan-Odin. Der Himmelsgott Teiwaz trägt den gleichen Namen wie Zeus-Jupiter, der indische Dyauspita; die lateinischen Wörter *divus* und *deus*, das griechische *theos* stecken darin. Aus diesem Teiwaz wurde dann der Kriegsgott Ziu-Tyr. Donar aber wurde dem Jupiter als verwandt empfunden, der Dies Iovis zum Donars-, Donnerstag. Ähnliche Bedeutung hat es, wenn der Tag der Venus, Dies Veneris, zum Tag der Freyja, Freitag, geworden ist: Freyja-Frigg und Aphrodite-Venus sind einander verwandt. Alle Indoeuropäer verehrten die Mutter Erde und glaubten an die «heilige Ehe» zwischen Erde und Himmel. Auch in Wotan-Odins Wesen liegt Indoeuropäisches: der Hermes-Merkur; davon später. An doppelgeschlechtige Wesen, Hermaphroditen, die im Anfang waren, ehe es Mann und Frau gab, glaubten Inder und Germanen. Doppelgeschlechtig ist die Erde, die im Anfang ohne Erzeuger aus sich selbst zeugt. Es gab nach Tacitus eine germanische Erdgöttin Nerthus; diesem Namen entspricht sprachlich genau der männliche Niördr Skandinaviens. Der Urriese Ymir ist zweigeschlechtig. Fjörgyn (sie gehört zur Mutter Thors, der Jörd), auch eine «Mutter Erde», gilt bald als männlich, bald als weiblich. Der Zwitter Ymir zeugt Bur, das heißt «Mann», und nach Tacitus verehrten die Germanen den Tuisto, das heißt «Zwitter», der den Mannus, das heißt wiederum «Mann», hervorbringt. Neben dem Zwitter sind die Zwillinge indoeuropäisch. Bei den Germanen hießen sie Alcis, «Beschützer»; das sind die indischen Aschwins, die griechischen Dioskuren, die auch Beschützer waren. Die Alcis sind Ritter, Reiter wie Kastor und Pollux, eng mit dem Pferd verbunden; die germanischen Fürsten Hengist (Hengst) und Horsa (Roß), die Eroberer Englands, erinnern an sie. Die germanische Ostara, die Östliche, die bei den Angelsachsen Eostra heißt, ist der indischen Uschas, der hellenischen Eos verwandt, der Glaube an die göttliche Morgenröte darum indoeuropäisch. Es fehlt also nicht an gut begründeten Tatsachen, auf denen die neu erwachenden Forschungen über die religiöse Verwandtschaft der indoeuropäischen Stämme aufbauen können.

DIE KELTEN

Vom sechsten vorchristlichen Jahrhundert an spielen auf dem Boden Deutschlands und vor allem an den Ufern des Rheins die Kelten die entscheidende Rolle. Von den Germanen wissen wir in jener Zeit wenig. Im Osten Deutschlands sind Urnen gefunden worden, die die Gestalt von Häusern oder menschliche Gesichtszüge zeigen; sie erinnern so sehr an die Urnen der in Mittelitalien beheimateten Villanova-Kultur, daß wir mit einer Verbindung zwischen Germanien und Italien in jener Zeit rechnen müssen. Auch ein Einfluß der keltischen Religion auf die germanische wird sich nicht leugnen lassen, waren doch Kelten und Germanen einander nahe verwandt. Die germanischen Wörter für Zauberspruch, Rune, Begeisterung und Besessenheit scheinen keltischer Herkunft; keltische Magie hat also vielleicht auf die Germanen eingewirkt. Bei den Kelten gibt es eine Kriegsgöttin, die auf dem Schlachtfeld die Leichen ausweidet und manchmal Krähengestalt annimmt; das tun auch die Walküren der Edda. Die Kelten verehrten «die Mütter», auf lateinischen Inschriften heißen sie matres oder matronae; diesen Glauben scheinen die Germanen mancherorts übernommen zu haben. Wir kennen viele, zum Teil germanische Einzelnamen dieser Mutter-Göttinnen, was aber an diesen Kulturen den Kelten, den Germanen, den Römern angehört, läßt sich oft schwer sagen. Daß Ziu-Tyr einarmig ist, der keltische Gott Nuada aber einen silbernen Arm hat, wird kein Zufall sein, auch die Namensverwandtschaft zwischen Donar-Donaras und dem keltischen Gott Tanaros ist es nicht. Auf dem berühmten, wohl in Gallien gearbeiteten Silberkessel, der zu Gundestrup in Jütland gefunden wurde, scheint der keltische Hirschgott Cernunnus dargestellt zu sein; der Hirsch hat auch in den religiösen Vorstellungen der Urzeit und der Germanen eine Rolle gespielt, wovon schon die Rede war.

Doch das sind alles Einzelnachrichten. Viel bedeutsamer wird die Frage, ob Wotans Wesen ganz oder teilweise keltisch ist. Der Grundgedanke in dieser herrlichen Göttergestalt, nämlich der Vater und König, war gewiß indoeuropäisches Erbe; der König ist selbstverständlich auch Kriegsherr. Der Weisheitssucher, der Dichter und Seher Odin, wird wohl rein germanisch sein; bei Griechen und Römern werden diese Vorstellungen in anderen Göttern, nicht im Götterkönig Gestalt. Aber es ist noch ein drittes in Wotan: der ewige Wanderer, der sich mit dem Totengott verbindet. Das aber ließ die Römer Wotan mit Hermes-Merkur vergleichen. Die Kelten haben Merkur hoch verehrt, auch die Keltengötter Esus und Gwydion werden ihm gleichgesetzt. Es ist nicht unwahrscheinlich, daß die Kelten zu den Thrakern in Beziehung standen, die in Hermes ihren Ahnherrn sahen, und daß dadurch mittelbar etwas vom Wesen dieses wandernden Gottes, des fahrenden Gesellen unter den Olympiern, der zugleich Totengeleiter war, in Wotans Wesen eingegangen wäre. Der Gedanke einer Verwandtschaft zwischen der tiefsinnigsten der germanischen und der liebenswürdigsten der hellenischen Göttergestalten hat jedenfalls etwas Gewinnendes und gute Gründe für sich.

DIE RÖMERZEIT

Die Römer geben uns endlich bestimmte schriftliche Nachricht über germanische Religion. Tacitus berichtet uns, daß die Germanen wie Italiker und Etrusker aus Flug und Ruf der Vögel weissagten. Da erinnern wir uns der Vogelweissagungen, die dem Sigfrid und dem Frithjof wurden. Der große Römer erzählt ferner von weißen Rossen, die den Germanen als heilig galten und die sie in einem Hain verehrten; überhaupt bestätigt er uns, daß der Wald den Germanen heilig gewesen ist, auch daß die Frauen als Seherinnen und Priesterinnen bei ihnen in hohem Ansehen standen. Durch lateinische Inschriften und Berichte kennen wir eine Reihe weiblicher Gottheiten der Germanen. Da ist Tamfana, die Herrin der Fülle, eine Volla oder Fulla also. Wir lesen von einer Dea Hludana, das ist die Hlodyn der Edda, unsere Frau Holle. Auf einer Inschrift ist Haewa, die Gattin des Herkules, bezeugt: haewa gehört zu hîwiski, Familie, hirat, Heirat; Thors Gattin aber heißt Sif, Sippe. Wir lernen inschriftlich auch die Nehalennia, «die Schiffe Beschützende», kennen, vor allem aber Nerthus, deren Frühlingsfest Tacitus uns genau beschreibt. Der berühmte Bericht lautet: «Dann folgen die Reudigner, Avionen, Anglier, Variner, Eudosen, Suardonen und Nuithonen, die durch Flüsse und Wälder geschützt sind. Zu den einzelnen Stämmen ist nichts Besonderes zu bemerken, außer daß sie gemeinsam die Nerthus, das ist die Mutter Erde, verehren und glauben, daß sie sich in die menschlichen Dinge mischt und zu den Völkern gefahren kommt. Auf einem Eiland des Meeres liegt ein unentweihter, ihr geheiligter Wald, da steht ihr Wagen mit Decken umhüllt. Nur ein einziger Priester darf ihm nahen. Dieser weiß es, wann die Göttin im heiligen Wagen erscheint; zwei weibliche Rinder ziehen sie fort, und jener folgt ehrerbietig nach. Wohin sie kommt und wo sie zu herbergen würdigt, da ist froher Tag und Hochzeit; da wird kein Krieg gestritten, keine Waffe ergriffen, das Eisen verschlossen. Nur Friede und Ruhe ist dann bekannt und gewünscht; das währt so lange, bis die Göttin genug unter den Menschen gewohnt hat und der Priester sie wieder ins

Heiligtum zurückführt. In einem abgelegenen See werden Wagen, Decke und Göttin selbst gewaschen; die Sklaven aber, die dabei dienen, verschlingt der See alsbald. Ein heimlicher Schrecken und eine heilige Unwissenheit sind daher stets über das gebreitet, was nur diejenigen anschauen, die gleich darauf sterben.»

Es handelt sich also um die Umfahrt des Bildes der Mutter Erde. Solche Umfahrten sind uns auch sonst bezeugt. Von Tacitus lernen wir auch die Namen der germanischen Dioskuren kennen: die Alcis. «Als Brüder in Jünglingsgestalt», so berichtet er, «werden sie verehrt.» Hauptgötter der Germanen nennt Tacitus Mars, Herkules, Merkur. Mars ist ohne Zweifel Ziu-Tyr. Mit Herkules meint er Donar: die zwei Gewaltigen ähneln einander im Wesen. Man hat ja sonst, wie wir schon sahen, Donar dem Jupiter gleichgestellt (obwohl Jupiter sprachlich zu Teiwaz-Ziu-Tyr gehört), und darum wurde aus dem Dies Iovis unser Donnerstag. Mit Merkur ist natürlich Wotan gemeint; im Englischen heißt der Dies Mercurii immer noch Wednesday, und dieser Wotanstag lebt auch im Friesischen, Holländischen, in den nordischen Sprachen fort. Eine vereinzelte Inschrift nennt den Baldruus, das ist Balder. Mittelbar wird uns dadurch, daß der Dies Veneris zum Freitag, also zum Tag der Freyja geworden ist, bestätigt, daß die Westgermanen diese Göttin verehrten. Wir finden also bei ihnen alle Hauptgötter wieder, die auch der Norden kennt: Ziu, Donar, Wotan, Balder, Freyja-Frigg. Das berechtigt uns vollkommen, eine Wesensgleichheit zwischen west- und nordgermanischem Glauben anzunehmen. Im übrigen gewinnen wir den Eindruck, daß der sich langsam zum Kriegsgott wandelnde indogermanische Himmelsgott Teiwaz in den ältesten Zeiten den Donar und den Wotan an Macht übertraf.

Wir stellen den Bericht des Tacitus über die Verehrung, die der Semnonenstamm seinem höchsten Gott, wohl dem Ziu, entgegengebracht hat, an den Schluß dieser lateinischen Quellen zur germanischen Religionsgeschichte:

«In einer bestimmten Zeit des Jahres schickten alle Stämme gleichen Blutes Vertreter in einen Wald, der geheiligt war durch alte Schrecken und durch den Gottesdienst der Väter. Dann erschlugen sie im Angesicht aller einen Menschen, und es begannen die fürchterlichen Weihen eines barbarischen Gottesdienstes. Auch ein anderer ehrfürchtiger Brauch galt dem Hain. Jeder betrat ihn gefesselt, und wenn er strauchelte oder fiel, durfte er nicht aufstehen und nicht aufgehoben werden. Am Boden wälzten sie sich heraus. Das scheint der Sinn des ganzen Aberglaubens, daß hier gleichsam die Anfänge des Stammes sichtbar werden. Herr über alle ist Gott, die andern unterworfen und gehorchend.»

Der seltsame Bericht zeigt uns, welcher Demut die alten Germanen ihrem Gott gegenüber fähig waren. Übrigens fällt auch Helgi Hundingbani im «Fesselhain»: das erinnert an den Hain der Semnonen.

DIE VÖLKERWANDERUNG

Aus der Zeit der Völkerwanderung, also aus dem Zeitraum, der vom 4. bis ins 6. Jahrhundert nach Christi Geburt reicht, besitzen wir vereinzelte, aber sehr wertvolle Nachrichten über die religiösen Vorstellungen verschiedener germanischer Stämme. Die Goten haben den Kriegsgott hoch verehrt, ihm Menschenopfer dargebracht und ihm das Schönste aus ihrer Beute gelobt. Im althochdeutschen Hildebrandslied, das in den Kreis um den Gotenkönig Theoderich (Dietrich) verweist, ruft Hildebrand den Irmingot, den «großen Gott», als Zeugen an. Wir wissen aber nicht, ob damit der höchste heidnische oder der Gott der Christen gemeint ist. Vor allem durch Platens Ballade ist der Kult berühmt geworden, mit dem die Goten den Alarich im Bett des Flusses Busento beigesetzt haben. Von den Langobarden ist uns Schlangenkult bezeugt. Die Fabel von den Wandalen und Winnilern, die wir auf S. 210f. erzählt haben, deutet von der Leyen als «die Bitte zweier germanischer Stämme um Fruchtbarkeit»; wir können hier die geistreiche Begründung seiner sehr gewinnenden Auffassung nicht wiedergeben. In dieser Fabel werden die Führer der beiden Völker mit Namen genannt; es sind die Brüderpaare Ybor und Aio, Ambri und Assi, in denen vielleicht göttliche Zwillinge stecken, wie in Hengist und Horsa. Von den Schwaben hören wir, daß sie ihrem höchsten Gott, dem Wotan, einmal sechsundzwanzig Scheffel Bier geopfert haben: da denken wir an Odrœrir und den Dichtermet in der Edda. Aus schwäbischem Gebiet stammt die Spange von Nordendorf mit einer Runenschrift, die sich auf Donar und Wotan bezieht. Da wird Donar aufgefordert, die Runen zu weihen; es folgen die Worte «logathore wodan», was vielleicht heißt «Flammenbringer sei Wodan» und uns an jenen Lodur (Lodhur) erinnert, der in der Völuspa das erste Menschenpaar beseelen hilft. Die Alemannen haben die Wirbel der Flüsse verehrt, die Franken, um die Zukunft zu erfragen, Gefangene als Opfer in den Po geworfen: das war altindogermanischer Wasserkult. Ostfränkisch ist der erste Merseburger Zauberspruch, in dem wir von sonst nirgends erwähnten, doch gewiß den Walküren verwandten Schlachtenjungfrauen, den Idisi, hören. Im zweiten Merseburger Zauberspruch werden uns mehrere Götter genannt: der Gott Phol, der wohl die männliche Form der Volla oder Fulla ist; Odin; Balder; Sunna und Sinthgunt, das heißt wohl Sonne und «die den Weg sich Erkämpfende», also der Mond; Frija; Volla. Sehr wichtig ist dies zweite Zeugnis einer Balder-Verehrung bei den Westgermanen. Bei den alten Hessen wurde Donar in einer uralten Eiche verehrt: wir hören, wie der heilige Bonifatius diese Eiche gefällt hat. Spärlich sind leider unsere Nachrichten über die Göttervorstellungen der Angelsachsen. Daß sie an Ziu-Tyr, Wotan, Donar, Freyja glaubten, beweisen die Namen der Wochentage. Ein altenglisches Runenlied nennt Ing einen Gott der Fruchtbarkeit. Unter dem Namen Baeldaeg ist uns Balder bei den Angelsachsen bezeugt. Bei den Sachsen hat ein Gott Saxnot geheißen; das könnte Tyr sein, es kann der Kriegsgott aber zugleich ein Stammesgott gewesen sein. Von der sächsischen Irminsul, die Karl der Große zerstört hat, war schon die Rede. Diese Nachrichten werden ergänzt durch einzelne Berichte über den Götterkult der alten Germanen. Unsere Märchen legen außerdem die Vermutung nahe, daß all die kleineren, in der Mehrzahl auftretenden übernatürlichen Wesen wie Elben, Nixen, Zwerge, Riesen, Feen auch bei den Westgermanen bekannt waren.

DER NORDEN

Wir haben bisher aus den verschiedensten Quellen eine Reihe von Namen und Tatsachen mitgeteilt, die sich in unseren Nacherzählungen der Götter- und Heldensagen nicht erwähnen ließen, ohne die Erzählung zu zerstören, die aber für das Verständnis der altgermanischen Religion zum Teil unentbehrlich sind. Zur Geschichte der nordgermanischen Religion fließen die Quellen so reichlich, daß wir uns nunmehr kurz fassen können: die Sagen sprechen ihre eigene Sprache, und es kommt alles darauf an, diese Sprache richtig zu verstehen. Da sind Auslegungen oft ein Hindernis. Wir wollen daher im folgenden nur Hinweise auf einige Grundgedanken germanischer Religiosität geben: auf das, was man wohl die «altgermanische Theologie» nennen könnte. Diese Benennung wird manchem fremd klingen, vielleicht aber zeigen unsere Beispiele, daß es eine solche Theologie tatsächlich gegeben hat.

BALDER

Die Balder-Sagen sind vielfach, doch nie befriedigend gedeutet worden; den tieferen Sinn des Mythos vom Mistelzweig hat noch keiner recht ergründet. Von der Leyen verweist uns auf das Märchenmotiv vom übersehenen Ding, aber damit gewinnen wir nur eine Teileinsicht. Vielleicht ist auch die Mistel für das Verständnis der Sage nicht wesentlich. Immer wieder hat man erklärt, dieser Mythos zeige in der uns erhaltenen Form christlichen Einfluß, vor allem die Erzählung von Balders Helfahrt. Wir glauben das nicht. Muß denn jeder Germanengott und -held ein Tat-Gewaltiger sein? Ist unter den Asen kein Leidender denkbar? Wir meinen vielmehr, daß Balders Gestalt und seine Reise in die Unterwelt uraltes indogermanisches mythologisches Gut sind. Der Name Balder bedeutet «der Leuchtende»; zum Wesen des Gottes gehört die Reinheit. Licht aber und Reinheit liegen beide in dem griechischen Namen

Phoibos, und der Phoibos war die urhellenische Form des Apollon. Dieser Phoibos ist auch in der Unterwelt gewesen, nämlich als er dem Admetos die Herden hütete; denn der Name Admetos zeigt deutlich, daß dieser König einmal Unterweltbeherrscher war. Wir nehmen also bestimmt an, daß diese Unterweltfahrt von allem Anfang an zum Dasein des leuchtend-reinen Gottes gehört hat, daß in diesen Sagen ein uralter Jenseits-Mythos liegt, dessen Inhalt ein echtes Geheimnis, ein Mysterium war. Sollte es dies Geheimnis gewesen sein, das Odin seinem Sohn auf dem Scheiterhaufen ins Ohr flüsterte? Im übrigen wird bei der Beurteilung der Balder-Gestalt zu leicht übersehen, daß der Gott ein gewaltiger Held und Kämpfer war, wie ja Apollon auch. Ferner lesen wir, Balder sei der weiseste der Asen und der beste Redner, doch keiner seiner Urteilssprüche habe Bestand. Weisheit und Musisches sind auch apollinisch, und Apollon hat Kassandra damit gestraft, daß kein Mensch ihren Weissagungen glaubte.

DIE WANEN UND ELBEN

Wir sagten schon, daß sich schwer entscheiden läßt, ob die Wanen germanische oder vorgermanische Götter waren. Deutlich wird durch Funde und Berichte, daß der Gedanke der Fruchtbarkeit bei Pflanzen, Tieren und Menschen in den Wanen, zum Beispiel bei Freyr, seinen Ausdruck in einer sehr deutlichen Symbolik fand. Es ist die sexuelle Symbolik der steatopygischen Idole der Vorzeit, von denen schon die Rede war. Bei den vorgriechischen Bewohnern von Hellas, den Pelasgern, finden wir die gleiche Symbolik. Wir glauben darum, daß zumindest dies Element bei den Wanen vorgermanisch ist. Daß Nerthus ein Femininum zu Niördr ist, haben wir schon gesagt, die zwei gehören zusammen wie Freyr und Freya. Beides sind Geschwisterpaare. Geschwisterehen waren, wie wir ausdrücklich hören, den Wanen erlaubt; wir glauben darum, daß wir in Nerthus die erste Gattin des Niördr sehen dürfen. Deren Kinder waren Freyr und Freyja. Auch Kronos und Rhea sind Geschwister und Gatten gewesen, ebenso wiederum deren Kinder Zeus und Hera. Daß dann Freyja, die Erdmutter, zur himmlischen Königin wird, zeigt uns deutlich die Wandlung der Wanen in germanischer Zeit.

Vielleicht steckt auch in den Elben Vorgermanisches. Sie müssen einmal mächtiger gewesen sein, als sie später erscheinen, das beweisen die Märchen. Nach dem Sterben der großen Götter sind sie im Volksglauben wieder stark hervorgetreten. Zwei bedeutende Göttergestalten sind elbischer Herkunft: Heimdall und Loki. Für Heimdall hat das von der Leyen erwiesen: er vergleicht ihn mit Oberon, dem Elbenkönig der französischen Sagen, der die Engel im Himmel singen hört und ein Nothorn besitzt; auch Heimdall ist hellhörig und bläst das Giallarhorn, wenn den Asen Gefahr droht. Loki war einmal der Bringer des Feuers, der Lohe, das sagt sein Name; er war der germanische Prometheus und wurde, wie sein hellenisches Ebenbild, an einen Felsen gefesselt. Wenn er auch als der Vater aller Höllengewalten, als der An-sich-Böse erscheint, so dürfen wir darin nichts Christliches sehen: der Luciferus, der teuflische Feuerbringer, ist eine uralte Vorstellung. Wenn Loki dem Reinsten, dem Balder, als Gegensatz gegenübergestellt wird, so ist das nicht nur sinnvoll und schön, sondern entspricht allgemeinmenschlicher Erfahrung, die in vielen vorchristlichen Religionen zum Ausdruck kommt. In manchem, was sie das Christentum lehrte, haben dann die Germanen ihre Gedanken bestätigt gefunden.

Tyr und Thor

Der Kriegsgott war ursprünglich ein Himmelsgott wie Zeus und Jupiter. Als Himmelskönig wurde er später zum himmlischen Kriegsherrn. Er war auch einmal wie der Zeus Nomios ein Walter des Rechts: ein Mars Thingsus, das heißt «der des Things Waltende», ist uns inschriftlich bezeugt. Als dann Odin zum obersten Gott geworden war, sank Tyr zum Nur-Kriegsgott herab und erscheint, wie Ares in der Ilias, in manchen Berichten als ein blutdurstiger Gewalttäter, während Odin, wie bei den Griechen Athena, der kluge Krieger, wir dürfen sagen: der Staatsmann ist. Ein Himmelsgott wie Tyr war wohl einmal auch Ullr, der Wintergott. Wir lesen, daß er einst an Odins Stelle die Welt regierte. Ein dänischer Geistlicher, Saxo Grammaticus, erzählt uns von einem gewissen Mithodyn, mit dem Frigg Odin betrogen habe; aus Schmerz darüber sei Walvater eine Zeitlang freiwillig in die Verbannung gegangen. Der Name des Mithodyn, der im Nordischen Mjötudr heißt, bedeutet «das Zugemessene, das Schicksal». Wir wissen ja, daß das Schicksal mächtiger als Odin ist; auch die Griechen haben einst die Schicksalsmächte über Zeus gestellt. Steckt in dieser krausen Sage des Saxo ein Stück uralter indogermanischer Schicksalskonzeption? Es sieht fast so aus.

Thor war unter den Germanen wohl der volkstümlichste Gott; wie schwer sie sich von ihm trennten, zeigt die schöne Geschichte von König Olaf. Vielleicht ist er vor allem ein Gott des Volkes gewesen, während die Herren mehr dem Odin anhingen. Thor ist der große Verteidiger der Götter und Menschen gegen die Mächte des Abgrundes, Lokis Geschöpfe, und gegen die grauenhaften Riesen. Was in seinem Wesen an Herakles erinnert, nämlich der Kämpfer gegen die Unholde, ist gewiß indogermanische Überlieferung. Die Riesensagen sind schwer zu deuten. Vieles darin ist reines Märchen, ınderes deutlich mythische Naturbeschreibung. Die Midgardschlange, Thors ärgste Feindin, umgürtet wie der hellenische Okeanos die ganze Welt. Auch das ist also indogermanisch. Diese Schlange ist eine Unterweltsmacht. Thor war wie Herakles auch einmal in der Unterwelt, nämlich bei Utgardloki, und beiden Gewaltigen gelang die Fahrt nicht recht. Rein germanisch aber erscheint die Geschichte, daß Thor den Riesenbaumeister erschlug und dadurch Schuld auf die Asen lud. Die großartige Sage vom Götteruntergang, das Kernstück altgermanischer Weltweisheit, wäre sinnlos ohne diese Schuld, denn was die Asen taten, als Gullveig und Heid zu ihnen kamen, hat das Ende des Goldenen Zeitalters der Unschuld herbeigeführt; Thors Tat aber, der Eidbruch, bringt Schuld und den letzten Kampf als Sühne. Das bedeutet: wenn sogar die Götter Eide brechen, bricht die Weltordnung. Auch bei den Griechen hören wir von der Strafe, die eidbrüchige Götter trifft; denn der Göttereid bedeutet mehr als Menscheneid: er ist die Bürgschaft der Weltordnung. Sehr schön erklärt von der Leyen die Rolle Thors bei diesem unheilvollen Geschehen: «Thor rettet die Götter nicht durch List und Betrug, sondern durch ehrliche Kraft. Aber was in der Urzeit Notwehr war und die Tat des Starken, verwandelt sich in Treubruch und rohe Gewalt in einer Zeit, die Recht und Eid über sich setzt.» So wird die uralte Heraklesgestalt zum Träger der Hauptrolle in einem Mythos, der Ausdruck höherer Gesittung und reineren Glaubens ist.

ODIN

Der Gott dieser ethisch-religiösen Vorstellung ist Odin. Er hat den Himmelsgott Tyr verdrängt, dem Thor vieles von seiner alten Macht genommen, die Wanin Freyja zu sich erhoben, so daß sie mit der himmlischen Frigg Gemeinsamkeiten teilte. Er ist Sieg- und Walvater, Dichter, Seher, Totengott. Vielleicht ist der Gedanke nicht abwegig, daß die Germanen einmal einen allmächtigen Gott gekannt haben, der die Welt aus dem Ginnungagap schuf, der Frieden stiftete zwischen Asen und Wanen, dessen Altar in Balders Halle stand. Allmählich ist diese reine Vorstellung blasser geworden, aber ein Licht von ihr fällt immer noch auf Odin. Wie die anderen Seiten von Odins Wesen aus Indoeuropäischem, Germanischem, Keltischem, mittelbar auch aus Hellenischem wuchsen, haben wir schon gesagt. Diese reiche Gottesidee Wotan-Odin ist die Summe aller großen religiösen Gedanken, die die Germanen gedacht oder nachgedacht hatten, der höchste, letztgültige Ausdruck ihres eigenen Wesens. Odin ist, wie sein Name sagt, der Begeisterte und Begeisternde. Er ist, so dürfen wir deuten, der Geist, der über den Menschen kommt. Darum ist Odin auch von jeher Dichtergott gewesen; seine Freundin war Saga, die Gestalt gewordene Sage. Er war also Gott der Überlieferung. Wotan-Odin gehört ferner zur Wilden Jagd unserer Märchen: das war der Totengott, und in dieser Erscheinung heißt er Wode; Hœnir, sein Bruder, verleiht dem Menschen die «Seele»; da denken wir an den Hermes Psychopompos (Seelengeleiter) und an das Hermeshafte in Odin. Zu Odin, dem Totengott, gehören die Walküren, die Totenwählerinnen. Bei den Nordleuten hören wir auch von den Fylgjen oder Disen: sie sind Schutzgeister des einzelnen, persönliche Schicksalsgottheiten. Die Schicksalsgöttinnen der Allgemeinheit aber waren die Nornen. Es waren ihrer drei wie die hellenischen Moiren. Und wie diese versinnbildlichen sie, was in ihren Namen zum Ausdruck kommt: Vergangenheit, Gegenwart und Zukunft. Das ist uralte, indoeuropäische Anschauung, keine Erfindung später Dichter. Von den Moiren sagt Platon, Lachesis bedeute das Vergangene, Klotho das Gegenwärtige und Atropos das, was geschehen soll. Welch wunderbare Übereinstimmung!

Wir wählen noch (nach von der Leyen) die Sage von Nornagest: «Als er in der Wiege lag, über der zwei Kerzen brannten, traten die drei Nornen zu ihm. Zwei verhießen ihm Gutes, die dritte ward im Gedränge der Gäste zu Boden geworfen und rief: ‹Ich schaffe, daß das Kind nicht länger lebt, als die Kerze neben ihm brennt.› Die älteste Norne löschte rasch die Kerze und mahnte die Mutter, sie nicht anzuzünden, und diese gab sie dem Kind erst und erzählte ihm, welche Bewandtnis es mit ihr habe, als es herangewachsen war. Nornagest behielt sie bei sich und lebte dreihundert Jahre, die ganze Zeit, in der das nordische Heidentum blühte und verwelkte. Als dann das Christentum kam, schloß Nornagest mit ihm seinen Frieden, mochte aber nicht länger leben. Er begab sich in das Gefolge von König Olaf und erzählte ihm die Sage von Sigurd, danach seine eigene Geschichte. Dann zündete er die Kerze an und legte sich nieder. Als er die Letzte Ölung empfing, verlosch das Licht, und in dem gleichen Augenblick verlosch sein Leben.»

Mit Recht hat von der Leyen daraufhingewiesen, wie diese Sage der hellenischen von Meleagros und den Moiren ähnelt. Wie es denn auf dem gesamten Gebiete der Mythologie selten eine Übereinstimmung gibt, die so deutlich ist wie die zwischen Nornen und Moiren.

DIE SCHÖPFUNG

Uralt sind vor allem die Vorstellungen der Germanen vom Werden und Wesen der Welt. Im Anfang war das Nichts, das Ginnungagap; die Griechen nannten es Chaos. Aus dem Nichts entstand die Welt. Von jeher gab es darin Himmel und Unterwelt. «Walhall hat 540 Türen, und jede gewährt 800 Einheriern Durchlaß. In der indischen Kalijuga ist die Zahl der Jahre 432 000, das ist 540 x 800» (von der Leyen). Auch Hel und ihre Ströme sind eine uralte Vorstellung; Hel war immer ein Saal des Schreckens, ein regelrechter Ort der Strafe, wurde es wohl erst unter christlichem Einfluß. Das Böse, das in Loki Gestalt wird, haben nicht erst die Christen in der Welt gesehen. Nidhöggr, der Haßdrache, und das zwietrachtsäende Eichhorn Ratatoskr sind altgermanisch. Unter ihnen leidet der Weltenbaum, und immer wird die Welt unter diesen Mächten leiden.
Als das Christentum den Erlösungsglauben brachte, fand es die Germanen nicht taub. An vielen Orten ist der altheidnische Götterglaube mit Feuer und Schwert ausgerottet worden, an anderen drängten Fürsten, die ihn aus Berechnung angenommen hatten, dem Volk das Christentum auf; aber es hätte nicht gesiegt, wenn ihm die Menschen nicht entgegengekommen wären. Ihr alter Glaube enthielt ja manches, was die neue Lehre brachte. Auch sie kannten den Reinen, der zur Hölle gefahren war, und seinen Gegenspieler, den Bösen, auch sie kannten ein paradiesisches Leben bei den Göttern und das düstere Totenreich, auch sie eine Weltschuld und einen Untergang der Götter, der an den Jüngsten Tag erinnerte, und vor allem einen Gott des Geistes und des Geistigen, der neben anderen Benennungen auch den Namen Allvater trug. Das Wessobrunner Gebet lautet:

Mir gestand der Sterblichen Staunen als das Größte,
Daß Erde nicht war / noch oben Himmel,
Noch irgend ein Baum / noch Berg nicht war,
Noch Sonne nicht schien,

Noch Mond nicht licht war / noch die mächtige See.
Da dort nirgends nichts war / an Enden und Wenden,
Da war doch der eine / allmächtige Gott.

Was da beschrieben wird, ist das altgermanische Ginnungagap. Aber wir wissen nicht, wer der almahtico cot, der allmächtige Gott, war, mit dem dies Gebet des achten Jahrhunderts schließt: Allvater oder der Allmächtige der Christen. Im Gefühl des Betenden jener Zeit haben sich vielleicht die beiden Vorstellungen innig miteinander verbunden, denn diejenigen, die einen «Allvater» anriefen, konnten auch den neuen Glauben begreifen und ergreifen und ihn zu ihrem eigenen machen.

ANHANG

VERZEICHNIS DER ABBILDUNGEN

GÖTTER UND HELDEN DER GRIECHEN

Namen- und Sachregister

Das nachstehende Register hält sich in der Namenschreibung, dem Text entsprechend, an die Formen, die dem Laien heute am geläufigsten sind. Mögliche andere Schreibweisen oder Namensformen sind in einzelnen Fällen in Klammern beigefügt. Eine Verdeutschung der Schreibweise wurde, von wenigen Ausnahmen abgesehen, bewußt vermieden, um dem Leser das Eingangstor zur Welt des griechischen Mythos so weit wie möglich zu öffnen. Aus diesem Grund ist in dem vorliegenden Verzeichnis auch eine Reihe von Namen und Begriffen erklärt worden, die sich nicht in den Text einschalten ließen, ohne der Darstellung Zwang anzutun.

Quellenangaben

Das folgende Quellenverzeichnis orientiert den Leser darüber, welchen Dichtungen die den einzelnen Kapiteln vorangestellten Verse angehören und wer sie ins Deutsche übertragen hat. Die Namen der Übersetzer sind in Klammern angegeben; wo ein solcher Hinweis fehlt, wurde der betreffende Vers für dieses Buch neu übersetzt.

Aischylos, Eumeniden
    [Wilamowitz] 16
Horaz, Oden 17
Theognis [Binder] 18 Home-
    rischer Hymnos an Hera 19
Aristophanes, Ritter [Droysen] 20
Homer, Ilias [Voß] 22

Kallimachos, Artemishymnos
    [Körte] 23
Homer, Ilias [Voß] 24
Hesiod, Theogonie 25
Aischylos, Agamemnon
    [Wilamowitz] 26
Homerischer Hymnos an
    Hermes 27

GÖTTER UND HELDEN DER RÖMER

Da die römische Mythologie vielfach der griechischen entspricht oder mit dieser verwandt ist, sind in entsprechenden Fällen die griechischen Namen beigefügt. Näheres über griechische Gestalten siehe im griechischen Register. Dem Register wird eine Vergleichsliste der wichtigsten Namen vorangesetzt:

Römische Entsprechungen griechischer Gottheiten

Griechisch:	Römisch:
Zeus	Jupiter
Hera	Juno
Apollon	Apollo
Artemis	Diana
Leto	Latona
Athena	Minerva
Nike	Victoria
Poseidon	Neptunus
Amphitrite	Amphitrite
Ares	Mars
Aphrodite	Venus
Eros	Amor
Helios	Sol
Selene	Luna
Eos	Aurora
Demeter	Ceres
Hephaistos	Vulcanus
Hermes	Mercurius
Dionysos	Bacchus, Liber Pater
Satyros	Satyrus, Faunus
Aiolos	Aeolus
Hestia	Vesta
Kronos	Saturnus
Asklepios	Aesculapius
Griechisch:	Römisch:
Ge [Gaia]	Tellus
Pan	[Faunus]
Musen	Musae
Nymphen	Nymphae
Nereiden	Nereidae

Namen- und Sachregister

Acca Larentia 147, 172

Achates 167

Achill, griechischer Held 107, 112

Adel, römischer 131, 133

Aeneas, Fürst aus Trojas Königs-
haus, Sohn des Anchises und der
Göttin Venus 103ff., 120, 167,
184
- Fahrt des, 104, 107
- Liebe zu Dido 106ff.
- Abstieg in die Unterwelt 108

Aeneas, der Jüngere, König von
Alba 115

Aeneis, vergilisches Epos 103 ff.,
107, 113, 117, 168, 184

Aetolien 113

Afrika 106

Agamemnon 103, 176

Agrippa, König von Alba 115

Aktium, Landung des Aeneas
beim Vorgebirge von 104, 105

Alba, König 115

Alba, Könige von [gens Silvia]
113, 114f.

Alba, Stadt, Vorläuferin Roms
115, 117, 121, 135

Albanersee 115

Allades, König von Alba 115

Allia, Fluß im Norden von Rom
155

Altar, s. Ara maxima

Amazone 112

Amphiaraos, ein Sohn des thebanischen Sehers A. 112

Amulius, König von Alba 115,
116f.

Anchises, Vater des Aeneas
103f., 105, 107, 110

Ancilien [heilige Schilde] 138f.,
181

Ancus Martius, 4. König Roms
147

Andromache, Witwe des
Trojaners Hektor 105

Anna Perenna, Nymphe des
Numicius 167ff.

Antemna, Stadt der Antemnaten
126

Antemnaten 126

Antenor, Trojaner 112

Apoll, als Schutzgott des Oktavian Augustus 1o4f.

Apollonios Rhodios 101

Apotheose 132

ara maxima, Altar des Jupiter
142ff.

Arboriger, Volk Italiens 111f, 118

Argiletum, Straße Roms, 152ff.

Argiletum, Tod des Argivers 153

Argiver, s. Argiletum, Tod des
Argivers

Argos, griechische Landschaft
176

Ariadne 182

Arkadien 118

Artemis, italische Diana 109

Arvalbrüder 181

Ascanius, genannt Julus, Sohn
des Aeneas 103, 113, 114ff.

Asyl 123

Athamas 165f.

Athena, s. Minerva

GÖTTER UND HELDEN DER GERMANEN

Namen- und Sachregister

In diesem Verzeichnis ist auch eine Reihe von Namen und Begriffen erklärt worden, die sich, ohne der Darstellung Zwang anzutun, nicht in den Text einschalten ließen. Einzelne in diesem Buch nicht gebräuchliche Namensschreibungen sind in einigen Fällen in Klammern beigefügt.

Quellenangaben

Die den einzelnen Kapiteln vorangestellten Verse sind fast ausnahms-
los der Edda-Übertragung von Felix Genzmer [Eugen Diederichs
Verlag, Jena 1920] entnommen. Der Anfang des Hildebrandsliedes
[S. 291] und das Wessobrunner Gebet [S. 317-318] werden in der Über-
setzung von Karl Wolfskehl dargeboten [vgl. Karl Wolfskehl und Friedrich von der Leyen, Älteste deutsche Dichtungen, Insel-Verlag, Leip-
zig 1909], während der Nacherzählung des Nibelungenliedes [S. 272]
und des Kudrunepos [S. 274] je ein Vers aus diesen Epen vorausgeht.

ALLTAG IM
ALTEN ROM
DAS LEBEN IN DER STADT
Ein Lexikon von Karl-Wilhelm Weeber

Was trug die Römerin im Bade? Anhand zahlreicher literarischer
Quellen und archäologischer Befunde wird das Alltagsleben der
Römerinnen und Römer bis in kleine Details hinein rekonstruiert –
eine Geschichte des Volkes, nicht der Eliten. Das Buch ist Lexikon,
unterhaltsames Lesebuch, kompetentes Nachschlagewerk in einem.
Zahlreiche Quellenauszüge und über 300 Abbildungen belegen das
Berichtete in Wort und Bild.

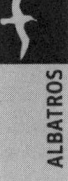

448 Seiten
ISBN 978-3-538-07623-5